병원 매출 전략

HOSPITAL
SALES STRATEGY

병원 매출 전략

제원우 김우성 손병극 지음

어떻게 하면 압도적인 매출을 창출하고
장기적으로 생존하는 1차 의료기관을 만들 것인가

클라우드나인
CLOUD 9

이제 병원 경영에서 매출을 이야기해보자

이 책은 병원 경영에서도 특히 '매출이 높은 병원의 특징'을 정리했다고 할 수 있다. '병원'이란 단어가 '매출'이란 단어와 나란히 붙어 있는 걸 보고 마음이 거북한 사람이 있을 것 같다. 심지어 자신이 개원의이면서 이런 생각을 하는 사람도 있다. 그들을 바라보면 성전을 정결케 한 예수의 모습이 연상된다. "예수께서 성전에 들어가사 성전 안에서 매매하는 모든 자를 내어쫓으시며 돈 바꾸는 자들의 상과 비둘기 파는 자들의 의자를 둘러 엎으시고 저희에게 이르시되 기록된바 내 집은 기도하는 집이라 일컬음을 받으리라 하였거늘 너희는 강도의 굴혈을 만드는도다 하시니라."(「마태복음」 21:12-13 개역한글판) 이 대목의 예수처럼 우리는 의료의 숭고함과 환자를 위한 히포크라테스Hippocrates 정신을 강조하곤 한다.

하지만 대한민국에서 병원은 성전이 아니고 개원의는 예수가 아니다. 스스로 투자해서 리스크를 감수하여 그 결과로 소득을 얻고 매출이 나지 않아서 적자를 보면 폐업을 신고해야 하는, 세법상 엄연히 개인사업자다. 이 책은 그러한 개인사업자가 어떻게 매출을 높일 수 있을지를 연구했다. 매출을 추구하라고 해서 과잉진료를 하라는 뜻이 아니다. 오해 없기를 바란다. 비교과서적인 진료를 하라는 뜻도, 장사를 하라는 뜻도 아니다. 이런 논리는 매출이 높은 식당이나 기업을 보고 윤리적이지 않거나 불법을 할 것이라고 가정하는 것과 같은 이치다. 이런 가정은 불필요한 생각이다. 의료의 숭고함과 히포크라테스 정신을 준수하면서도 얼마든지 매출을 추구할 수 있다.

매출을 내기 위해서는 적극적인 행동을 실천해야 한다. 이런 적극적인 행동은 그냥 나오지 않는다. 먼저 마음을 먹어야 한다. 마음을 먹기 위해서는 개념이 정확하게 잡혀야 한다. 미온적인 태도를 보이거나 두루뭉술하게 이해하는 상태에서는 마음을 먹기 어렵고 그 결과 적극적인 행동을 실천하기가 어렵다.

그렇다면 매출이란 무엇일까? 매출을 어떻게 바라보는 것이 좋을까? 매출에 대해서 세 가지 개념을 제안해본다. 첫째, 병원 매출은 '의사가 행한 사회 기여의 총량'이다. 매출이 많은 의사는 그만큼 환자를 많이 봤고 그만큼 서비스를 많이 제공했다는 뜻이다. 개원의 목적이 '의료 서비스 제공을 통한 지역 사회 기여'라고 했을 때 번 돈으로 불우이웃을 도울 수도 있지만 올바른 진료를 통해 발생한 매출은 지역 사회 기여량이라고 해석해도 무방하다.

둘째, 병원 매출은 '의사가 노후 생존을 위한 필수 자금을 확보하는 수단'이다. 의사가 개원하고 10년 동안 병원을 운영하면 주변 빌딩도 사고 자손까지 먹고 살 만큼 부를 쌓던 시절은 이미 수십 년 전에 끝났다. 개원의에게 높은 매출은 당장 생계와 직결되고 나아가 행복한 노후 생활의 기간과도 연결된다. 물가는 계속 오르고 있다. 사회 대부분의 부가 플랫폼 기업을 위시한 기업 경영과 IT 제품 쪽으로 이동하고 있다. 하루 벌어 하루 먹고 사는 서비스 직종의 미래는 갈수록 어려워질 것이다. 의사의 삶도 마찬가지다. 쳇바퀴 돌듯 열심히 환자를 보고 열심히 저축해서는 당장에 기대하는 노후 생활 자금을 확보할 수 없다. 자칫 자만하거나 방만한 병원 경영을 하다가 노후에도 3평 진료실에 갇혀 오도 가도 못하는 신세가 될 수 있다.

셋째, 병원 매출은 '의사가 행복한 하루하루를 영위하기 위한 매우 적절한 수단'이다. 사람은 뭔가를 기대하는 마음이 있을 때, 뭔가 더 나아진다는 느낌이 들 때, 뭔가 성취하는 기분이 들 때, 뭔가 더 인정받고 뭔가 더 새로운 기회가 주어진다고 느낄 때 행복하다. 병원 매출을 높이기 위한 노력이 그러한 과정이다. 병원 매출은 더 높은 매출을 위해 새로운 것을 시도하고 또 발전되고 확장되고 새로운 사람이 충원되고 더 많은 환자가 오고 더 많은 기회를 얻는 수단이 된다. 물론 20년간 같은 장소에서 같은 진료로 같은 내용의 환자를 비슷한 직원들을 데리고 사업을 운영하는 의사가 행복하지 않다고 단언할 수는 없다. 하지만 우리가 이 세상에 태어나 의학대학을 졸업하고 개원한 이상 이에 걸맞은 성취감과 행복감도 빼놓을 수 없는 주제다. 필자는 매출을 추구하면 자연스럽게 이런 요소들이 따라올 것이라 믿는다.

2013년 7월 졸저 『피터 드러커가 살린 의사들』 1, 2권을 처음 출간했을 때로부터 벌써 만 9년이 지났다. 지난 9년을 돌아보면 국가적으로나 사회적으로나 개인적으로나 참 많은 변화가 있었다. 개원가의 현실도 그러할 것이다. 8년 전에 비하면 지금이 훨씬 더 '경쟁이 치열'해지고 '시장이 성숙'해지고 '경영 환경이 악화'되었다. 어느 정도 예측된 미래가 훨씬 더 빠른 속도로 현실이 되고 있다. 의사의 수는 점점 많아지고 있다. 일자리를 찾지 못해 어쩔 수 없이 개원하는 의사의 수는 더욱 늘어날 것이다. 출산율은 급격히 줄어들고 노인 인구 비중이 늘어날 것이다. 지역 간 격차가 심해지고 있고, 같은 지역에서도 상권 간 격차가 심해질 것이다. 모바일 시대 IT 플랫폼의 상용화로 고객의 기대 수준이 높아지는 반면 퀄리티 있는 간호사 서비스직 종사자를 구하기는 점점 더 어려워질 것이다. 인건비는 높아지고 부동산 등 물가는 계속 상승할 것이다. 하지만 의료보험 재정을 보호해야 히는 국가 입장에서 수가를 맞춰서 올려주지는 않을 것이다. 이 모든 지표는 뚜렷한 방향성을 가지고 있으며 갈수록 심화될 것이 분명하다. 거시 경제의 흐름은 수년 내에 다시 의사들의 개원 행태에 영향을 미칠 것이다. 또한 개원가를 찾는 환자의 개념도 달라지고 있다. 저녁에 주문한 처방전에 따른 약이 새벽 배송으로 문 앞에 배달돼 있는 모습은 더 이상 공상이 아니다.

이러한 시대적 흐름 속에서 개인사업자로서 경영하는 병원장의 모습을 상상해 보면 참으로 힘들고 무기력할 것 같은 생각이 든다. 기업 경영자처럼 당장 임대한 부동산이나 인테리어 세팅을 변경할 수 없고, 투자를 늘릴 만한 자금도 없고, 새로운 상품을 만들기도 어렵다. 그렇다고 비용을 줄이기도 쉽지 않다. 다시 취직하기도 어렵고 대학으로 돌아가는 것도 불가능하다. 그런 상황에서 내과 의사는 내과를 벗어날 수 없고 피부과 의사는 피부과를 벗어날 수 없다. 일종의 던져진 주사위처럼 그리고 한 번 흐르면 계속해서 흘러가는 강물처럼 시작된 인생은 멈출 줄은 모르고 계속 흘러가야만 한다. 다행히 순풍이라도 만나면 돛을 세우고 느긋하게 바람을 맞을 수 있겠지만

들려오는 이야기는 모두 역풍에 가깝다.

어떻게 해야 할까? 이 책은 이런 사유 속에서 시작되었다. 이런 상황에서 무엇을 할 수 있을까? 무엇을 하라고 주문할 수 있을까? 의사들이 이 책을 읽고 지적 충족을 통한 쾌감을 느끼게 하는 것이 목적이 아니라 매출의 변동을 통해 개원의의 삶을 변화시킬 방법이 무엇일지 고민하였다. 이 책은 병원 매출을 높일 방법을 모아둔 일종의 경영 전략서다. 매출을 높이는 방법을 체계적이고 현실적이고 구체적으로 다루었다. "매출 올리는 방법 어디 몰라서 못 하나요?"라고 반문하는 독자가 있을지 모르겠다. 필자는 이런 반문에 "몰라서 못한 겁니다."라고 말하고 싶다. 두루뭉술하게 알거나 추상적으로 알거나 중구난방 들은 대로 아는 것은 아는 것이 아니다. 최소한 이 책을 정독한다면 내가 실천하지 못한 진정한 이유를 발견할 수 있고 또한 실천의 모닥불이 두 갈비뼈 사이 움푹 들어간 곳에서 모락모락 피어오르는 것을 느낄 수 있으리라 생각한다.

모든 것은 실천에 달렸다. 실천한다면 반드시 그 결과가 나올 것이라 장담한다. 아무리 좋은 전략이라도 누군가 전쟁에 임하고자 할 때 의미가 있는 것이고 이기려는 마음이 있을 때 소용이 있다.

2022년 8월
저자들을 대표해서 제원우

3장 재진 횟수를 늘리는 방법　79

1장

매출 전략을 짜는 방법

1차 의료기관이 무너지고 있다

2020년 코로나19의 대대적인 유행으로 인해 국내 많은 산업이 어려운 상황을 경험하게 되었다. 특히 오프라인에 거점을 두고 영업을 해오던 업종들이 큰 어려움을 겪고 있는데 의료기관도 예외가 아니다.

코로나19가 유행하기 시작한 2019년 전까지만 하더라도 1차 의료기관은 작은 폭이지만 꾸준히 성장하고 있었다. 국민 소득이 늘어나면서 자연스럽게 의료 서비스에 대한 지출 의사가 높아졌기 때문일 것이다. 하지만 코로나19가 유행하면서 1차 의료기관은 10년 만에 처음으로 -15.5퍼센트라는 큰 폭의 역성장을 경험하였다.

그리고 이 추세는 당분간 이어질 것으로 보인다. 백신이 본격적으로 공급되고 있지만 변이 바이러스가 미칠 영향이 얼마나 클 것인지

연도별 1차 의료기관 주요 지표(내원일수)

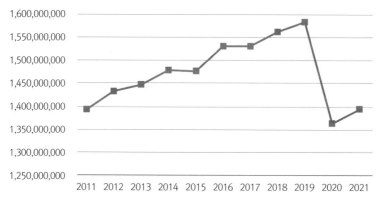

2019년부디 급속하게 감소하다가 2021년 소폭 상승했다. 코로나바이러스 검사로 인해 내원일수가 늘어난 것을 고려한다면 여전히 전체 의료 시장은 작아지고 있다고 판단된다. (출처: 건강보험심사평가원, 2021년 진료비 통계지표, 진료일 기준)

에 대한 위험이 사라지지 않기 때문이다. 이런 현상으로 인해 앞으로 환자들의 병원 내원일수가 더욱 줄어들 것이라는 사실은 매우 자명하다.

우리나라에서 '의사' 직업을 가진 사람들에게 1차 의료기관의 성장성은 매우 중요하다. 의사 면허를 가진 사람들 대부분이 언젠가는 개원을 하기 때문이다. 시장이 성장하지 못하는 상황에서 개원의 공급만 지속적으로 늘어난다면 개인이 가질 수 있는 파이는 점점 작아질 수밖에 없다. "봉직의 생활을 하는 사람들은 괜찮지 않을까요?"라고 이야기하는 분도 있을 수 있다. 하지만 현실은 그렇지 않다. 1차 의료기관이 봉직의의 플랜 B 역할을 하기 때문이다. 1차 의료기관 시장과 봉직의의 급여는 매우 큰 연관성을 가지고 있다. 코로나19 유행으로 가장 직접적인 타격을 받은 소아청소년과와 이비인후과 전문의의 급여가 많이 떨어진 작금의 현실이 이를 반영한다.

1980~1990년대 1차 의료기관이 빠르게 성장할 때는 개원의는 생존을 고민할 필요가 전혀 없었다. 일단 개원만 하면 일정 수준 이상의 수익이 보장되던 시대였다. 그 당시만 하더라도 동일 진료과목이 있는 곳에는 개원하지 않는 것이 관례였다. 또한 병원을 방문한 고객이 무언가 실수를 했을 때 혼냈다는 전설과도 같은 이야기들이 전해져 오기도 했다. 이런 일화만 보더라도 당시 의료 서비스 공급자의 파워가 얼마나 막강했는지 잘 유추해볼 수 있다.

현재 1차 의료기관의 위상은 과거와 매우 다르다. 서울을 기준으로 같은 상권 내 동일 진료과목을 진료하는 1차 의료기관이 최소 3~10개 정도 있으며 고객은 각 의료기관의 의료 서비스 질을 비교하며 병원을 쇼핑하고 있다. 코로나19의 확산으로 이런 경향은 더욱 가속화될 것으로 보인다. 고객은 1차 의료기관 시장이 줄어드는 상황 속에서 의료 서비스 수요자인 본인의 파워가 점점 강해지는 것을 체험하고 있다. 경쟁 병원이 워낙 많다 보니 자신이 선택할 수 있는 대안이 넘쳐난다는 사실을 알기 때문이다.

이런 상황일수록 1차 의료기관 개원을 준비하거나 운영하는 의사들은 더욱 매출 창출에 집중해야만 한다. 시장이 줄어들수록 경쟁 병원 대비 압도적인 의료 서비스를 제공하여 주변 모든 사람이 가장 먼저 찾는 병원이 돼야 한다. 코로나19로 변화하는 1차 의료기관 생태계에서 압도적인 매출을 창출하지 못하는 병원은 폐업의 길을 걸을 수밖에 없을 것이기 때문이다.

먼저 다소 복잡할 수 있는 이야기를 하겠다. 왜 1차 의료기관의 매출이 중요한지 경영학적으로 이해해야 그다음 논의를 진행할 수 있기 때문이다. 그 이유는 1차 의료기관의 비용 구조 때문이다. 경영학에서는 비용을 크게 고정비와 변동비로 나눈다. 1차 의료기관에서 각 항목에 대한 정의는 아래와 같다.

> 고정비: 고객 수가 변하더라도 고정적으로 발생하는 비용
> 변동비: 고객 수가 변함에 따라 비례해서 변하는 비용

1차 의료기관은 개원 비용이 많이 드는 비즈니스다. 개인으로서 3억~10억 원 정도의 개원 비용을 부담하기 때문이다. 또한 1차 의료기관은 기본 진료 프로세스를 운영하기 위해 필수적으로 필요한 인력들이 있다. 진료할 의사 한 명과 데스크 업무와 치료 업무를 담당해줄 간호사가 필요하다. 그들의 인건비 역시 고정비로 분류된다. 매월 발생하는 월세와 관리비 등도 고정비에 속한다. 고객 수가 변한다고 월세나 관리비가 변하는 것은 아니기 때문이다. 반면 1차 의료기관에서 발생하는 변동비는 거의 없다고 봐도 무방하다. 1차 의료기관은 대체로 의료인의 전문 지식을 판매하는 공간이기 때문이다. 의료비와 소모품비 정도를 제외하면 1차 의료기관에서 발생하는 대부분의 비용은 고정비다.

다음의 왼쪽 그래프는 고정비가 낮고 변동비가 높은 산업의 수익이 어떻게 변화하는지 보여주는 그래프다. 고정비가 낮아서 상대적

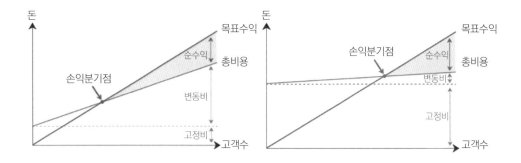

으로 손익분기점은 빨리 달성하지만 손익분기점 이후에는 매출이 늘어나더라도 순수익이 적게 늘어나는 단점이 있다. 반면 오른쪽 그래프는 고정비가 높고 변동비가 낮은 산업의 수익이 어떻게 변화하는지 보여주는 그래프다. 고정비가 높기 때문에 손익분기점 달성에는 다소 시간이 걸린다. 다만, 손익분기점 달성 이후에는 매출이 늘어날수록 빠르게 순수익이 늘어나는 특징을 가진다. 1차 의료기관은 대체로 오른쪽 그래프의 수익/비용 곡선을 가진다.

이런 비용 구조 때문에 1차 의료기관은 매출 극대화 노력을 해야만 한다. 매출이 늘어난다고 고정비가 따라 늘어나는 것이 아니기 때문이다. 병원 매출이 손익분기점을 넘어가기 시작하면서부터 순수익은 매우 빠르게 증가한다. 1차 의료기관에서 매출 극대화는 이윤 극대화와 동일한 의미이다. 현재 병원 규모상 더 이상의 환자를 볼 수 없는 수준까지 매출을 끌어올려야 개원의의 이윤을 극대화할 수 있다.

매출 극대화를 달성하는 데 가장 필요한 활동이 무엇일까? 바로 마케팅 활동이다. 지금까지 의료계에서 볼 수 있는 마케팅에 대한 잘못된 인식으로 다음 세 가지를 들 수 있다.

① 마케팅은 판매와 광고 활동이다.
② 마케팅은 왜 해야하는지 이해하기 어려운데다 비용이 많이 소요되는 활동이다.
③ 마케팅은 의료 분야에서 불경하고 부도덕한 활동이다.

현대 경영학의 아버지로 불리는 피터 드러커Peter Ferdinand Drucker는 "기업 경영의 기본적인 기능 단 두 가지는 마케팅과 혁신이다."라고 강조했다. 흔히 의료계는 마케팅을 단순히 홍보라고 오해하는 경우가 많다. 그러다 보니 단순히 비용으로 생각하거나 영업 활동으로만 생각한다. 매우 잘못된 생각이다. 마케팅의 본질은 전략이기 때문이다. 뚝심 있게 밀고 가는 것과 주기적으로 점검하고 확인하는 것이 매우 중요하다. 그러려면 마케팅에 대해서 제대로 된 정의와 전략을 세우고 그 전략에 맞는 도구로서 마케팅 믹스를 잘 이해해야 한다. 또한 마케팅 믹스의 여러 가지 요소에 관해서 많이 고민해봐야 한다.

병원도 사업이다. 삼성전자 사장이 마케팅을 전혀 하지 않겠다고 선언하면 당신은 삼성전자 주식을 사겠는가? 경쟁 제품 대비 엄청난 차별화를 만들어내는 애플 역시도 마케팅에 엄청난 노력을 기울이고 있다. 1차 의료기관 역시 압도적인 매출을 창출하기 위해 마케팅에 대해 치열하게 고민하고 실행해야만 한다.

압도적인 매출을 만드는 마케팅 공식이 있다

어떻게 해야 압도적인 매출을 만들어낼 수 있을까? 이에 대한 답은 1차 의료기관 매출의 구체적인 산식을 분석해보면 알 수 있다.

매출=초진고객 수×재진 횟수×객단가

병원을 운영해본 의사라면 누구나 이해할 수 있는 간단한 공식이다. 하지만 이 공식에 대해서 깊게 생각해본 분들은 많지 않을 것이다. 각 지표가 가지고 있는 의미는 다음과 같다.

- 초진고객 수: 이 지표는 우리 병원의 마케팅이 얼마나 잘 이루어지는지에 대한 지표다. 초진고객은 우리 병원의 의료 서비스에 대해 경험해본 적이 없는 상태에서 방문한 고객을 일컫는다. 오로지 주변 지인들의 추천, 간판을 포함한 오프라인 광고, 온라인 검색 등을 통해서 병원을 처음 방문하는 고객이다. 초진고객을 확보하는 데 영향을 미치는 요소는 병원 입지Place와 홍보Promotion다.
- 재진 횟수: 재진 횟수는 초진으로 우리 병원에서 진료를 받은 고객이 얼마나 병원 서비스에 만족했는지를 보여주는 지표다. 초진환자가 우리 병원의 서비스에 만족했을 경우 재진으로 이어

질 것이고, 만족하지 못한 환자는 재진으로 이어지지 않을 가능성이 크다. 재진 횟수가 타 병원 대비 떨어지는 병원은 그만큼 의료 서비스 설계에 문제가 많다는 것을 의미한다. 재진 횟수에 영향을 미치는 요소는 사람People, 고객경험Process, 병원 환경Physical Evidence이다.

- 객단가: 우리 병원의 의료 서비스 가격이 얼마나 경쟁력 있게 설계되었는지 보여주는 지표다. 모든 고객은 우리 병원을 방문했을 때 의료 서비스를 제공받는다. 너무나도 당연한 이야기지만, 개원의 입장에서는 고객이 병원 의료 서비스에 대해 지불하는 비용이 클수록 좋다. 다만, 이 비용은 고객의 지불의사willingness to pay를 충족시켜야만 하기 때문에 체계적인 설계가 필요하다. 객단가에 영향을 미치는 요소는 우리 병원이 판매하는 의료 서비스의 종류Product와 가격Price이다.

다시 한번 강조한다. 우리 병원의 매출은 세 가지 지표인 초진고객 수, 재진 횟수, 객단가를 얼마나 높일 수 있는지에 따라 결정된다. 이 책은 어떻게 하면 압도적인 매출을 창출하고 장기적으로 생존하는 1차 의료기관을 만들 수 있을 것인지를 고민하는 의사들을 위해 쓰여졌다. 독자 중 일부에게는 신성한 의료기관에서 지나치게 매출을 이야기하는 것이 불편하리라는 점을 이해한다. 의료는 매출로만 설명되는 것이 아니기 때문이다. 필자 역시 이 의견에 동의한다. 우리는 모든 의료기관에서 의료인의 철학이 구현되는 것이 매우 중요하다고 믿으며 의료 철학을 구현하기 위해 과감히 매출을 포기하는 개원의의 선택을 존중한다. 하지만 정부 정책이나 사회 환경이 점점 어

려워지다 보니 궁극적으로 생존하는 병원만이 스스로 의료 철학을
실현할 수 있다고 믿는다.

마케팅 분석 도구 7P 전략을 수립해야 한다

경영학에 관심이 있는 독자라면 4P라는 마케팅 도구에 대해 들어
보았을 것이다. 4P는 제품Product, 가격Price, 유통 경로Place, 판매 촉
진Promotion이다. 전통적인 제조업에서 마케팅 전략의 방향성을 제시
하는 데 자주 사용된 개념이다. 1964년에 4P가 처음 등장한 이후 지
금까지도 4P를 항상 고려한다. 그만큼 4P가 전통 제조업 마케팅의
근본을 다룬다고 볼 수 있다.

하지만 1차 의료기관은 전통 제조업과 조금 다른 방식으로 마케
팅 전략을 수립해야 한다. 전통 제조업과 달리 1차 의료기관은 고도
의 지식 기반 서비스 산업으로 복잡성이 훨씬 큰데다 사람이 직접 서
비스를 제공하기 때문이다. 마케팅 전략 수립 시 사람이 서비스를 제
공함에 따라 발생하는 변수들을 효과적으로 통제하는 것이 매우 중
요하다. 기존 4P로는 지식 기반 서비스 산업에서 사람으로 인해 발
생하는 문제를 해결하기 어려워짐에 따라 이를 해결하기 위해 나온
개념이 7P다. 기존 4P에 3요소, 즉 과정Process, 물리적 환경Physical
Evidence, 사람People을 더했다. 필자가 생각하는 1차 의료기관의 7P
항목에 대한 정의는 다음과 같다.

초진고객 수를 늘리려면 병원 입지Place를 잘 잡고 홍보Promotion를
잘해야 한다. 재진고객을 늘리기 위해서는 병원에서 일하는 사람들

People 관리가 잘돼야 하며 의료 서비스가 제공되는 과정Process이 훌륭해야 하고 물리적 환경Physical Evidence이 훌륭해야 한다. 마지막으로 객단가를 높이기 위해서는 병원 의료 서비스 구성Product이 탁월해야 하고 소비자가 만족할 수 있는 적절한 가격Price을 설정해야 한다.

① 위치: 병원 입지, 진료시간, 체인 지점, 동맹병원 등
② 홍보: 광고, 이벤트 등
③ 사람: 의료진, 상담실장, 코디, 간호사, 홍보부 등
④ 프로세스: 환자가 병원을 인지하는 시점부터 병원에 와서 첫 만남부터 마무리와 사후 관리까지 모든 서비스 과정
⑤ 물리적 환경: 인테리어, 직원 유니폼, 환자 가운, 청결한 화장실 등 서비스 환경
⑥ 의료 서비스 구성: 수술법, 장비, 시술과 수술 후 관리 서비스, 의료상품, 원내 판매상품 환자 처방 등
⑦ 가격: 급여·비급여 수가

이 7P를 효과적이며 효율적으로 사용하여 병원의 매출을 올리기 위한 방법을 설명하겠다.

2장

초진고객을 확보하는 방법

병원 입지
Medical Place

"병원 개원에서 가장 중요한 요소 첫째는 입지, 둘째는 부동산, 셋째는 리얼 에스테이트real estate다."

개원을 준비하는 의사 입장에서 가장 고민되는 문제는 병원 입지이다. 모든 의사가. 병원 입지의 중요성에 동의한다고 봐도 된다. 의사들에게 좋은 병원 입지를 정의해보라고 하면 "병원 영업 첫날부터 초진 환자들이 마구 몰려오는 위치"라고 이야기할 것이다. 좋은 병원 입지를 정의하는 데 딱 맞는 말이다. 하지만 주변에 개원 경험이 있는 의사들과 이야기를 나눠보면 개원 첫날부터 이런 행운을 누리는 병원이 거의 없다는 사실을 알 수 있다.

영업 첫날부터 초진 환자가 몰려오려면 이미 시장이 크게 형성된 곳에 내가 처음으로 개원해야 한다. 그런데 현재 우리나라 병원들의 경쟁 상황을 고려해본다면 이런 상황은 거의 기대할 수가 없다. 그렇기 때문에 영업 첫날부터 환자가 몰려오는 자리에 관해 조언하기보다는 현재 개원을 고려하는 의사 입장에서 병원 입지를 선정할 때 어떤 마음가짐을 가져야 하는지, 어떤 기준으로 입지를 판단해야 하는지 서술하겠다.

부동산 비용 지불을 두려워하지 않아야 한다

많은 의사가 개원 시 월세를 어느 정도까지 부담하는 것이 적정한지에 대해 문의한다. 의사들이 주거 공간을 제외하고는 부동산 관련 판단 경험이 부족해 의사결정을 세밀하게 하기 어렵기 때문이다. 특히 같은 상권 내에서도 부동산 입지마다 가격 차이가 매우 크다. 선뜻 좋고 비싼 자리를 선점하는 데 주저함이 생기는 것이 사실이다.

너무나도 많은 경우의 수가 존재하기 때문에 완벽한 답을 내기는 어렵지만, 병원 개원 시 부동산 월세는 투자 대비 보상reward 기댓값이 높은 투자라고 인식하는 것이 매우 중요하다. 특히 이미 형성된 상권에서 좋은 자리가 나오는 경우는 매우 드물기 때문에 부동산 투자는 공격적으로 접근하면 좋다. 왜 부동산에 큰 비용을 지불해도 괜찮다고 하는 것일까?

병원은 평균 객단가가 가장 높은 채널이다

저수가로 고통받는 의사들의 원성을 살 만한 문장이다. 필자 역시 전 세계적인 관점에서 바라본다면 우리나라 의료기관의 수가가 절대적으로 낮은 것에 동의한다. 다만, 위 문장에서 필자가 말한 객단가는 같은 부동산을 두고 경쟁하는 다른 상업 시설과의 차이를 의미하는 것이다.

부동산 가격은 수많은 상업 시설의 객단가를 기반으로 결정된다. 예를 들면 음식점을 개업한다고 생각하고 시뮬레이션을 해보자. 음식점을 개업하기 위해 A입지와 B입지를 비교할 때 가장 중요한 내용은 입지에 따른 고객 수 창출 능력이다. 시장에서 A입지를 고를 경우, B입지를 골랐을 때보다 매월 100명 정도의 고객이 더 방문할 수 있다고 평가된다. 음식점의 객단가를 2만 원으로 책정하면 한 달 동안 A입지에서 창출할 수 있는 추가 매출은 200만 원이다. 식당의 매출 수익률을 30퍼센트 정도로 가정했을 때 예상되는 이익은 60만 원이므로, A입지 월세가 B입지보다 50만 원 정도 더 비싸도 괜찮은 투자가 될 것이다.

위 케이스를 병원으로 바꿔보자. 병원은 가장 수가가 낮은 일반 급여과를 기준으로 보더라도 고객 한 명을 확보했을 때 발생하는 매출이 8~9만 원 정도(초진 1회, 재진 2회 가정)로 큰 편이다. 이 말은 좋은 입지를 잡았을 때 발생하는 기대 수익이 타 상점과 비교해 훨씬 높다는 것을 의미한다.

좋은 입지는 마케팅 비용을 절감할 수 있다

서문에서 이야기했던 것처럼, 의료기관은 병원 규모상 더 이상 환자를 받을 수 없는 수준까지 운영되는 것이 매우 중요하다. 그러기 위해 가장 필요한 일은 병원 권역 내 사람들에게 우리 병원의 존재를 인지시키는 것이다. 사람들에게 병원을 인지시키려면 병원 인지를 위한 온오프라인 마케팅을 꾸준히 진행해야 한다. 병원을 고객에게 노출하고 인지시키는 데 들어가는 마케팅 비용이 상당히 크다. 오히려 노출이 잘되는 입지에 돈을 쓰면 마케팅 비용을 상당히 아낄 수 있다. 그러므로 부동산 비용을 마케팅 비용이라 생각하고 쓰는 것이 궁극적으로는 이익이 될 가능성이 크다.

많은 사람에게 잘 노출되는 입지를 잡아야 한다

병원은 많은 사람에게 노출된 위치에 자리잡아야 한다. 내가 진료하고자 하는 환자군에 따라 어느 정도 다를 수는 있지만 노출이 잘되는 입지라는 것은 다음과 같이 정의할 수 있다.

해당 지역 랜드마크 건물에 자리잡는다

지역 사람들이 일상적인 대화를 나눌 때 거점으로 이야기하는 곳이 지역 랜드마크 건물이다. 랜드마크 건물은 유명 카페, 관공서, 교회 등 사람들이 많이 방문하다 보니 자연스럽게 떠오른 곳이다. 랜드마크 건물에 위치하면 많은 사람에게 우리 병원을 노출할 수 있다. 심지어 사람들이 서로 위치를 설명할 때 우리 병원을 기준으로 설명하는 상황을 기대할 수 있다.

병원 간판을 크게 걸 수 있어야 한다

건물 내 같은 층을 여러 상점이 분할해서 쓰는 상가의 경우, 우리 병원의 간판을 노출하기가 매우 어렵다. 간판이 여러 개 붙어 있어 주목도를 높일 수 없기 때문이다. 그래서 건물 내에서 단독 층을 사용할 수 있어 우리 병원만 간판을 걸 수 있는 상가 입지가 좋다. 또한 건물마다 간판을 걸 수 있는 공간의 크기가 다르므로 공간이 충분히 큰지를 확인할 필요가 있다.

주변 상권과 교통이 편리한 곳이 좋다

병원 입지를 선정할 때 꼭 해야 하는 일 중 하나는 상권 주변을 직접 탐색해보는 일이다. 잠재 상권 주변을 걸어보고, 차를 타고 지나가 보고, 직접 대중교통을 타고 이동하기도 하면서 내 기억에 남는 가게 이름을 떠올려 본다. 이때 떠오르는 곳들이 해당 상권에서 좋은 입지를 가진 장소다. 특히 지하철역과 버스 승하차 구간 등은 사람들이 이동하는 허브 역할을 하기 때문에 잠재 상권 근처에 이런 교통 허브가 있는지 파악하면 도움이 된다.

지역 키워드에 맞는 입지를 잡는 것이 좋다

병원 입지를 잡을 때도 온라인 노출도를 생각하면서 입지를 선정해야 한다. 해당 지역 사람들이 병원을 검색할 때 사용하는 지역 키워드를 알아본 뒤 그 지역 키워드가 포함된 행정구역에 입지를 잡는 것이 중요하다.

예를 들어 서울 목동, 신정동, 신월동 사는 거주민들은 의레 본인들이 살고 있는 지역을 목동이라고 생각한다. 그래서 이 세 동의 거주민들은 모두 '목동 내과'라는 키워드로 검색을 한다. 하지만 목동 내과라고 검색할 때 검색 엔진 알고리즘 때문에 신정동이나 신월동에 자리잡은 내과는 노출되지 않는다. 이런 상황을 검색 엔진 최적화SEO, Search Engine Optimization가 되지 않았다고 말한다. 병원 위치를 옮기지 않는 이상 이 문제를 해결할 방법이 없기 때문에 특별히 신경써야 한다.

고객의 병원 접근성이 좋아야 한다

고객은 변덕이 심하다. 고객이 우리 병원을 찾아올 때 불편한 지점이 하나도 없도록 만드는 일이 매우 중요하다. 병원은 최대한 1층 또는 2층에 자리 잡아야 하며 더 높은 층에 자리잡을 경우 엘리베이터 이용에 문제가 없는지 꼭 확인해야 한다. 엘리베이터 이용이 불편하면 병원 서비스 만족도가 크게 떨어진다. 또한 병원 주차장이 제대로 갖춰져 있는지 꼭 확인해야 한다. 병원 주차의 편리성은 서비스 만족도에 크게 영향을 미치고, 동시에 우리 병원의 잠재고객 범위를 크게 확장한다는 점에서 매우 중요하다. 주차가 편리해야만 보호자를 동반한 미성년자나 노인이 방문하기 쉬워지고 더 먼 지역에서도 찾아올 수 있기 때문이다.

차라리 경쟁 병원이 많은 곳이 좋다

이제 주변 병원과 경쟁이 아예 없는 개원 입지는 존재하지 않는다고 해도 무방하다. 그렇기 때문에 개원 입지를 정할 때는 주변 병원과의 경쟁 강도를 꼭 분석해봐야 한다. 이때 고려해야 할 점은 경쟁 병원의 수와 역량이다.

개원 입지를 기준으로 경쟁 병원의 수는 어느 정도가 적절할까?

이 역시도 정해진 답은 없지만 필자는 경쟁 병원이 하나 또는 둘 있는 입지보다는 아예 많은 곳이 더 바람직하다고 생각한다. 경쟁 병원의 수가 적은 곳은 개원 시 목표로 할 수 있는 시장 자체가 크지 않을 가능성이 있고, 경쟁 병원과 피의 경쟁을 할 가능성이 크기 때문이다. 기존 5개의 병원이 있는 곳에 1개 병원이 새로 생기는 것과 기존 1개 병원이 있는 곳에 1개 병원이 새로 생기는 것은 경쟁의 심화 측면에서 매우 다를 수밖에 없다.

또한 나와 동일한 진료과목을 보는 1차 의료기관 중 전국적으로 소문난 의료기관이 있다면 그 지역은 피하는 것이 좋다. 전국적으로 소문난 의료기관이라는 뜻은 이미 그 병원이 특별한 브랜드 자산을 갖추었다는 것을 의미하기 때문이다. 새로 시작하는 우리 병원이 이 병원을 이기기 위한 브랜드 자산을 갖추는 것은 거의 불가능하기 때문에 피하는 것이 상책이다.

그러므로 경쟁 측면에서 필자가 생각하는 가장 좋은 개원 입지는 3~4개 정도의 경쟁 병원이 이미 존재하면서 그 병원들의 역량이 뛰어나지 않은 경우다. 어느 정도 시장이 형성되어 있으면서 우리 병원이 독점할 수 있다는 자신감을 가질 수 있는 지역이 좋은 입지다.

병원 홍보
Medical Promotion

서비스가 있다는 것을 알리고 고객이 우호적인 생각을 할 수 있게 하고 서비스를 잘 팔기 위해서 하는 모든 행위를 홍보라고 한다. 지금까지 우리 의료계는 병원 홍보를 천시해왔다. 병원을 홍보하는 것은 신성한 의료를 돈벌이 수단으로 전락시키는 잘못된 활동이라는 인식이 많았기 때문이다. 또한 대부분의 의료 광고는 의료법상 제약이 너무 많아 병원 홍보를 자체에 어려움 있었다. 그러다 보니 차라리 홍보를 하지 않겠다고 이야기하는 의사들도 매우 많다.

하지만 "신성한 병원을 홍보해서는 안 된다." "홍보가 어려워서 하지 않는다."라는 이야기는 매우 잘못되었다. 현대 사회에서 홍보하지 않고 살아남을 수 있는 산업은 존재하지 않기 때문이다. 온라인 홍보 시장을 장악한 구글, 페이스북, 네이버, 카카오 등 플랫폼 기업들이 현대 사회에서 가지는 힘을 생각해본다면 더욱 그러하다. 정말 서비스 그 자체로 생존하는 것이 가능하다면 삼성전자 같은 일류 회사들이 왜 홍보에 그렇게 많은 예산을 투입하고 있겠는가?

이번 장에서는 효과적이고 효율적으로 병원을 홍보하는 방법에 관해 이야기해보겠다. 개원의 입장에서 병원 홍보를 할 때 마주할 수 있는 다양한 고민에 대한 답을 얻을 수 있기를 바란다.*

병원 이름을 지을 때 어떤 기준이 필요한가

병원 마케팅의 첫걸음은 병원 이름 정하기다. 병원 마케팅에서 가장 중요한 항목임에도 많은 개원의가 새로운 아이디어를 생각하기 귀찮거나 특이한 이름을 쓰면 다소 부끄러울 수 있다는 이유로 병원 이름을 경솔하게 짓는 경향이 있다. 하지만 병원 작명은 개원 입지 선정에 투입하는 것과 유사한 크기의 노력을 기울일 만한 가치가 있는 일이다. 병원 이름을 짓는 데 어떤 기준을 세우면 좋은지 살펴보자.

영속성에 방해가 되지 않아야 한다

영속성을 방해하는 이름의 대표적인 예시가 자신의 이름이 그대로 들어간 병원명이다. 이런 이름은 나중에 파트너 원장을 영입하게 되거나, 네트워크로 공동 마케팅을 하거나, 후배에게 병원을 처분하거나 하는 상황에서 문제가 될 수 있다. 동업자의 이름을 나열하여 지은 경우도 역시 영속성을 방해한다.

---

* 원래 이 책은 7P를 기반으로 한 마케팅을 전략 관점에서 이야기하고 있었다. 다만, 이번 장에서는 '홍보'와 '마케팅'을 동의어로 쓰고자 한다. 현업에서 마케팅이 홍보와 동의어로 사용되는 경우가 많기 때문이다. 다소 혼란이 있을 수 있는 점 양해 바란다.

상표권을 낼 수 없는 이름은 사용하지 않아야 한다

작명에서 가장 중요한 일 중 하나는 해당 이름으로 상표권 등록이 가능한지 여부를 확인하는 것이다. 예를 들어 '사랑마취통증과' '행복한정형외과'와 같은 이름은 상표권을 등록할 수 없다. '사랑' '행복한'과 같은 이름은 독점권을 주장할 수 없기 때문이다. 상표권을 등록하지 않게 되면, 경쟁자들이 비슷한 이름으로 우리 병원의 브랜드를 침해하는 행위를 막을 수 없는 문제가 있다. 우리 병원의 브랜드는 온전히 병원 이름에 귀속되기 때문에 상표권 등록이 가능한 이름을 짓고 변리사의 검토를 받아야 한다.

특허정보넷 키프리스(www.kipris.or.kr)에 들어가면 상표 검색을 해볼 수 있는데 의료업은 상품 분류상 44류에 해당한다. 내가 짓고자 하는 상표와 유사한 상표가 44류로 등록된 것이 있는지 확인하도록 한다.

온전히 내 병원만 검색되는 이름을 지어야 한다

우리는 보통 하루에 10개가 넘는 키워드를 온라인에서 검색한다. 맛집을 검색할 때도 있고 상품을 검색할 때도 있다. 검색 엔진에 키워드를 검색했을 때 나오는 화면을 잘 관리하는 것이 병원 브랜딩의 시작이다. 병원 이름을 검색했을 때 우리 병원 외에 다른 병원들도 검색되면 다른 병원 브랜드와 내 병원 브랜드가 섞여 혼란이 발생할 수 있다. 심한 경우, 다른 병원에서 잘못한 일의 불똥이 우리 병원으로 튈 수도 있다. 그러므로 꼭 다양한 검색 엔진을 활용해서 내가 지을 이름을 검색해보고 그 키워드를 내가 온전히 점유할 수 있을지 생각해봐야 한다.

어떤 병원을 갈지 정하지 못한 초진환자는 필연적으로 '지역 키워드(예시: 강남)+진료과목(예시: 산부인과)' 키워드로 검색하게 된다. 검색 엔진은 고객이 찾는 내용에 최대한 들어맞는 병원명을 상위에 노출하고자 한다. 병원 이름에 진료과목은 포함되기 때문에 지역 키워드를 자연스럽게 포함할 수 있다면 검색 엔진에서 상위에 노출되는 이점을 누릴 수 있다. 네트워크 형태로 확장할 생각이 없다면 개원하는 지역의 거주민들이 자주 검색하는 지역 키워드를 이름에 넣어도 좋다.

이름의 홍수 시대다. 어떤 식으로든 생경한 느낌의 이름이 기억하기도 쉽고 그만큼 관심을 가지게 된다. 부르기 좋은 이름은 너무 익숙하고 평범해서 '그런 병원이 있나 보다.'라는 생각에 그치고 관심을 끌기 어렵다. 필자는 학력 수준이 전체적으로 높아지는 시대적인 흐름을 고려해볼 때 영어 이름도 긍정적으로 검토하는 편이다.

1차 의료기관을 방문하는 환자들은 보통 병원 브랜드보다는 병원장 또는 담당 의사 브랜드를 중요하게 생각한다. 이는 매우 특이한 일이다. 식당, 미용실 등 병원을 제외한 다른 서비스업에서는 서비스를 제공하는 개인보다 기업 브랜드가 훨씬 중요하게 여겨지기 때문이다. 물론 병원에서는 모든 의료 서비스가 의사로부터 시작된다는 점에서 의사 브랜드가 중요한 것이 맞지 않냐는 반문이 있을 수 있다. 이런 주장에 일부 동의하지만, 그럼에도 우리나라 1차 의료기관은 의사 브랜드에 지나치게 기대는 경우가 많다.

개원 초기에는 의사 브랜드가 병원 브랜드보다 높을 수밖에 없다. 개원하면서 병원 이름을 지었겠지만 환자의 머릿속에는 나를 잘 진료해준 의사의 이름만이 남아 있을 가능성이 크다. 환자들 사이에서 대체로 "○○역 앞에 있는 정형외과에 의사 선생님이 친절하고 잘 보더라." 같은 이야기가 나올 가능성이 크다. 개원 초기에는 이런 점이 문제 되지 않는다. 막 개원한 의사는 의욕이 넘치고 있을 가능성이 크고 아직 환자 수가 많지 않아서 혼자서 모든 환자를 진료하는 데 어려움이 없다.

문제는 이 병원이 어느 정도 성장한 다음에 발생한다. 병원이 어느 정도 성장하면 의사는 환자들을 진료하는 데 버거움을 느끼게 된다. 개원 초기에는 혼자서 주 6일 진료가 가능했겠지만 매일 환자를 진료하다 보면 체력이 부족함을 느끼는 시점이 올 수밖에 없다. 이때 병원장은 본인 외에 환자를 진료할 수 있는 봉직의를 찾게 된다. 천신만고 끝에 봉직의를 채용했더라도 환자들은 강한 개인 브랜드를 가진 병원장에게 진료받기를 원한다. 환자들은 병원장 진료 대기 시간이 길어져 점점 불만이 많아지고 봉직의는 제 역할을 하지 못해 병원을 떠나게 된다.

의사 브랜드는 정립되었으나 병원 브랜드가 정립되지 않은 병원의 대표적인 사례다. 이런 사태를 대비하기 위해서는 어떻게 해야 할까? 개원 초기부터 의사 브랜드와 병원 브랜드 모두를 정립하기 위해 노력해야 한다. 단기적으로 보면 의사 브랜드로 병원이 성장할 수 있지만, 장기적으로 본다면 병원 브랜드가 정립돼야 병원이 성장할 수 있다.

병원 브랜드를 정립하려면 고객의 눈으로 보았을 때 우리 병원이 다르게 느껴지는 점들을 개원 단계에서부터 철저하게 설계해야 한다. 마케팅 전문가들은 항상 한 단어나 한 문장에 집중하는 것을 권장한다. 예를 들어 자동차 브랜드 볼보는 '안전', BMW는 '주행', 벤츠는 '최고'라는 단어를 브랜드 색깔로 강조한다. 첫 시작은 내 병원을 한 단어 또는 한 문장으로 정리해보는 것이다. 그리고 병원 직원들에게 이에 대해 어떻게 생각하는지 물어보도록 한다. 직원들도 나와 같은 생각을 하고 있을까?

여기서 또 하나 꼭 생각해야 하는 것은 고객의 인식이다. 어쩌면 고객의 인식이 실제 우리 병원의 속성보다 더 큰 영향을 미칠 수도 있다. 고객은 복잡한 것을 싫어한다. OO병원은 '최고의 의료진'을 강조한다. OO한방병원은 '척추만큼은 수술 없이'라는 문구에 집중하고 있다. 이렇게 우리 병원이 모든 것을 잘한다고 하는 것보다 가장 날카로운 한 가지를 브랜드 색깔로 강조하는 것이 훨씬 현명한 방법이다.

두 번째로 신경써야 하는 것은 판매 가치 제안USP, Unique Selling Proposition이다. 고객의 눈으로 바라보았을 때 경쟁 병원을 선택하지 않고 우리 병원을 선택해야 하는 이유를 판매 가치 제안USP이라 부른다. 병원을 선택할 때 환자들이 중요하게 생각하는 가치는 몇 가지 되지 않는다. 아마 최고의 의료진, 최신 장비, 이용 편의성, 진료 외적 서비스, 가격, 위생 등을 이야기하지 않을까? 소비자가 병원을 방문했을 때 병원 모든 영역에서 우리 병원만의 판매 가치 제안USP을 느낄 수 있도록 해야 한다. 사소한 인테리어부터 의사의 진료 방식까지 모두 판매 가치 제안USP에 맞춰 진행된다고 느끼게 하면 좋다.

마지막으로 진료 권역 내 잠재고객을 대상으로 끊임없이 병원 브랜드를 알리기 위해 노력을 기울여야 한다. 병원 브랜드를 병원 내부에서만 느낄 수 있도록 하는 것은 바람직하지 않다. 꾸준히 마케팅 예산을 편성하여 지역 내에서 병원 브랜드를 강조하는 광고를 꾸준히 진행해야 한다. 브랜드는 반복적으로 소비자에게 노출돼야 겨우 형성되는 자산이기 때문이다.

잠재고객의 구매 여정을 알아야 한다

고객은 어떤 과정을 통해 1차 의료기관을 방문하게 될까? 1차 의료기관을 홍보할 때 꼭 고민해야 하는 질문이다. 고객이 의사결정을 하는 모든 과정에서 우리 병원 이름이 등장해야 하기 때문이다. 1차 의료기관을 방문하는 고객은 보통 다음과 같은 선택 과정을 거친다.

신체 불편 인지→온라인 검색→다양한 선택지 비교→예약→
병원 첫 방문(초진)

병원 위치나 진료과목에 따라 다양한 경우의 수가 있을 수 있지만 최대한 단순화해서 설명해보겠다.

신체 불편 인지

신체의 불편함을 인지하는 영역은 홍보에서 손대기 어렵다. 물론 신체의 불편함에 대해 공포를 조장하는 형태의 홍보를 할 수는 있겠지만 이런 방법은 병원의 격을 떨어뜨릴 수 있기 때문에 좋지 않다. 또한 최근 의료 광고 심의 기준이 까다로워지면서 공포에 기반한 홍보는 현실적으로 어려워졌다. 그래서 불편함을 인지하는 영역은 고객의 몫으로 남겨두는 것이 좋다고 생각한다.

온라인 검색

신체의 불편함을 인지하였다면 고객은 본인의 질환과 방문할 병원을 온라인에서 검색한다. 처음 경험해서 잘 모르는 불편함이라면 고객은 본인이 아는 단어들을 활용해서 검색할 것이다. 이미 경험해본 적이 있는 질환이라면 자신이 사는 지역과 진료과목을 결합한 키워드를 검색할 것이다. 이 단계에서 가장 중요한 것은 우리 병원이 고객의 검색 결과에 나오도록 하는 것이다. 우리 병원이 아무리 훌륭하더라도 검색 과정에서 노출되지 않으면 소비자에게 선택될 가능성 자체가 사라진다. 그러므로 고객이 검색할 수 있는 모든 키워드를 정리하고 해당 키워드에서 우리 병원이 노출되도록 하는 것이 중요하다.

다양한 선택지 비교

검색을 통해 정보를 획득한 고객은 본인이 가진 다양한 선택지 중에 최종 하나를 선택할 것이다. 이 단계에서는 고객에게 우리 병원을 방문할 이유를 만들어주는 것이 중요하다. 여러 경쟁 병원 중에 우리 병원을 방문해야 하는 이유를 어떻게 만들 수 있을까? 이 과정에 가장 크게 영향을 미치는 것이 바로 병원 브랜드다. 고객이 검색한 결과에서 우리 병원의 브랜드, 즉 우리 병원의 장점이 일목요연하게 나와야 한다. 내가 만약 고객이라면 어떤 병원을 방문할 것인지 생각해보고 검색 결과에서 고객이 만족할 수 있을 만한 답을 줄 수 있어야 한다.

예약

마음에 드는 병원을 고른 고객은 병원을 방문할 계획을 세운다. 본인의 스케줄을 보고 병원 방문 시간을 정한 뒤 그 시간에 진료가 가능한지 알아본다. 병원에 전화를 걸거나 다양한 온라인 채널을 활용해 사전 예약할 수도 있다. 이 과정에서 신경써야 하는 것은 고객이 우리 병원을 방문할 때 마음에 불편함이 생기지 않도록 하는 것이다. 병원에 전화를 걸었을 때 데스크 직원이 친절하게 응대해야 하고 예약 과정 역시 매끄럽게 이어져야 한다. 이 과정에 문제 있으면 고객이 이탈하게 된다. 우리가 온라인 쇼핑을 할 때 결제 과정에서 불편함이 발생하면 바로 다른 쇼핑몰로 이동하는 것과 같은 문제라고 생각하면 된다.

병원 첫 방문

드디어 고객이 병원에 방문했다. 이때 고객은 본인이 온라인에서 보았던 병원의 장점이 실제 의료 서비스에서 그대로 구현되는지 유심히 살펴볼 것이다. 당연히 의료 서비스를 받는 고객경험이 완벽하게 이루어질 수 있도록 전체 과정을 신경써야 한다.

병원 홍보는 고객 선택 과정Customer Journey에서 우리 병원이 선택될 수 있도록 노력하는 과정이다. 이를 위해 실제 고객이 어떤 채널에서 어떤 정보를 얻고 있는지 알아보고 그 채널에 맞는 메시지로 홍보하는 것이 중요하다.

홍보에 대한 기본적인 이해가 필요하다

병원 이름과 병원 브랜드에 관해 결정을 내리고 고객 구매 여정까지 파악했다면 이제 병원을 홍보할 준비가 끝났다. 본격적으로 1차 의료기관의 홍보 방법을 알아보기 전에 기본적인 홍보 개념에 대해 먼저 설명하고자 한다. 다음 용어들은 마케팅에 관련된 대화를 하기 위해 필수적으로 알아야 하는 개념이다.

- 고객획득비용: 한 명의 고객을 창출하는 데 들어가는 비용을 의미한다.
- 광고비 지출 대비 매출: 집행한 광고비 대비 어느 정도의 매출이 발생했는지에 대한 지표다.

예를 들어 홍보비로 100만 원을 써서 매출을 300만 원을 올렸다면 광고비 지출 대비 매출ROAS, Return On Ads Spending는 300퍼센트가 된다.

- 고객생애가치: 한 명의 고객이 일생 동안 우리 병원의 의료 서

비스를 사용하면서 발생하는 매출의 총합을 의미한다. 예를 들어 초진환자가 1회 방문 때 5만 원의 매출을 창출하고 재진으로 2회 방문하여 각각 4만 원의 매출을 창출했다고 하자. 그럼 이 환자의 고객생애가치는 13만 원이다.

내가 쌍꺼풀 수술 전문 성형외과를 운영하고 있다고 가정해보자. 쌍꺼풀 수술비를 100만 원으로 가정한다면 고객 한 명이 창출하는 매출은 100만 원이다. 내가 이 고객을 병원 초진환자로 진료를 보기 위해 쓴 마케팅 비용이 10만 원이라고 해보자. 그럼 나는 10만 원을 써서 100만 원의 매출을 올린 셈이다. 이때 고객 한 명을 데리고 오기 위한 10만 원이 바로 고객획득비용이다.

10만 원을 써서 100만 원의 매출을 창출하는 고객을 무한히 데려올 수 있다고 가정하면 내가 운영하는 성형외과의 이윤은 병원 가동률이 100%가 될 때까지 계속 증가할 것이다. 문제는 고객획득비용이 항상 10만 원으로 고정되지 않는다는 점이다. 보편적으로 여러 명의 고객을 데려오고자 하면 할수록 고객획득비용은 증가하게 된다. 처음에는 10만 원만 써도 한 명의 고객을 데려올 수 있었는데 여러 명을 데려오려 할수록 고객획득비용이 30만 원, 50만 원으로 증가하게 되는 것이다.

이런 한계로 인해 사용하는 용어가 광고비 지출 대비 매출ROAS이다. 고객획득비용이 단일 고객 대상으로 적용하는 개념이라면 광고비 지출 대비 매출ROAS은 특정 기간 우리 병원의 전체 홍보 계획의 효율성을 이야기하는 개념이다. 즉 한 달 동안 마케팅비를 300만 원 집행해서 900만 원의 추가 매출을 만들어냈다면 광고비 지출 대비 매출ROAS은 300퍼센트가 된다. 이론적으로 생각해보면 병원은 고정비가 크고 변동비가 거의 발생하지 않는다. 따라서 광고비 지출 대비 매출ROAS 120퍼센트만 달성할 수 있다면 마케팅비를 계속 집행하여 환자를 끌어오는 것이 이윤 창출에 유리하다. 하지만 현실적으로 광고비 지출 대비 매출ROAS이 120퍼센트일 경우 마케팅비를 쓰기 어려운 경우가 많다. 광고비 지출 대비 매출ROAS이 언제 100퍼센트 이하로 떨어질지 모르기 때문이다. 이런 문제 때문에 병원은 마케팅할 때 광고비 지출 대비 매출ROAS을 높이기 위한 방법을 지속적으로 고민해야 하고 일반 급여과를 기준으로 적어도 최소 200퍼센트 이상의 광고비 지출 대비 매출ROAS을 달성하는 것을 목표로 잡아야 한다.

고객생애가치LTV는 홍보 활동을 통해 데려온 고객 한 명이 평생 우리 병원의 의료 서비스에 지불하는 금액을 의미한다. 예를 들어 쌍꺼풀 수술을 한 고객이 수술 후 결과에 만족하여 코 수술을 추가로 할 때 이 고객의 고객생애가치LTV, life Time Value가 높아지게 된다. 마케팅을 통해 초진 환자로 찾아온 고객을 만족시켜 고객이 지속적으로 재구매를 하도록 만들어야 고객생애가치LTV가 높아진다. 당연히 병원 서비스에 만족해야 고객이 지속적으로 구매할 것이다.

결국 홍보는 얼마의 비용을 투자해서 어느 정도의 매출을 창출할 수 있을 것인가에 대한 이야기다. 위 세 용어는 투자되는 비용과 창출되는 매출을 개념적으로 정리한 것으로 이해하면 된다.

예산을 들여 마케팅을 할 때, 항상 어떤 목표를 달성하기 위해 마케팅을 하는지 정의하는 습관을 가져야 한다. 필자가 봐온 대부분의 1차 의료기관은 마케팅을 진행할 때 목표를 명확히 하지 않았다. 그저 단순히 마케팅을 통해 고객이 늘어날 것이라는 막연한 기대만 하는 경우가 많았다. 마케팅은 고객을 매혹하는 활동으로 추상적이고 관념적인 특징을 가지고 있다. 이런 이유로 마케팅 활동을 통해 달성하고자 하는 목표가 명확하지 않으면 마케팅 예산이 허공중으로 사라질 가능성이 매우 크다. 이런 경험을 한 의료기관은 다시는 마케팅에 예산을 투자하지 않을 것이다. 그렇다면 어떤 것을 마케팅 목표로 삼아야 할까? 가장 많이 사용되는 마케팅 목표는 '브랜드 가치 제고'와 '실제 성과 지표 달성'이다. 이 두 가지 목표를 달성하기 위한 마케팅 방법으로 브랜드 마케팅과 퍼포먼스 마케팅을 설명하겠다.

브랜드 마케팅

브랜드 마케팅Brand Marketing은 마케팅 활동을 통해 기업 브랜드를 고객에게 알리는 것을 목표로 한다. 예를 들어 나이키의 '저스트 두 잇Just do it'이나 마켓컬리의 '새벽배송' 같은 그 기업 고유의 브랜드를 담은 광고를 종종 보았을 것이다. 이런 것들이 브랜드 마케팅의 사례다. 기업은 자사의 비즈니스가 고객에게 어떤 가치를 제공할 수 있는지 자사 고유의 이야기를 널리 알리고 잠재고객이 기업 브랜드에 친숙해지게 만들기 위해 브랜드 마케팅을 진행한다.

병원의 브랜드 마케팅 역시 앞서 정한 우리 병원 브랜드의 메시지

판매 가치 제안USP을 잠재고객에게 전달하는 것을 목표로 한다. 대부분 1차 의료기관은 지역 상권을 기반으로 하고 있다. 지역 상권에 있는 모든 사람이 우리 병원 브랜드를 알게 만드는 것을 목표로 잡고 진행하는 것이 좋다. 현재 내가 운영하는 병원의 권역을 설정하고 해당 권역에 있는 사람들에게 병원의 판매 가치 제안USP을 어떻게 전달할 것인지 고민하면 병원 브랜드에 맞는 마케팅 방법이 여럿 떠오를 것이다.

브랜드 마케팅은 잠재고객에게 수많은 경쟁 병원 사이에서 우리 병원을 선택할 수 있는 이유를 제시한다는 점에서 꼭 필요한 마케팅이다. 하지만 우리 병원이 명확한 판매 가치 제안USP을 잡지 못한 경우에는 브랜드 마케팅을 지양하는 것을 권한다. 브랜드 마케팅의 성공 여부는 브랜드가 얼마나 단순하게 소비자의 니즈를 자극할 수 있는지에 따라 결정되기 때문이다. 판매 가치 제안USP이 명확하지 않은 상태에서 브랜드 마케팅에 비용을 투여하면 아무런 결과를 얻지 못할 가능성이 매우 크다.

또한 브랜드 마케팅은 상대적으로 많은 예산을 필요로 하고 마케팅 기간 역시 길게 잡고 진행해야 하는 특징이 있다. 우리 병원 브랜드가 하고자 하는 이야기를 잠재고객에게 각인시키는 데 엄청난 시간과 노력이 필요하기 때문이다. 정말 귀에 딱지가 앉을 정도로 잦은 빈도로 꾸준히 알려야 고객의 머릿속에 브랜드 이미지가 인식될 수 있다.

마지막으로 브랜드 마케팅은 병원 내에서 이루어지는 고객경험의 영향을 매우 크게 받는다. 아무리 병원 외부에서 다양한 마케팅 채널을 통해 우리 병원의 스토리나 강점을 이야기하더라도 실제 고객경험이 이와 배치되면 고객의 머릿속에 부정적인 브랜드로 각인되기 때문이다. 그러므로 브랜드 마케팅을 진행하겠다고 마음을 먹는다면 판매 가치 제안USP을 실제 병원 의료 서비스에 적용하기 위한 노력이 함께 수반돼야 한다. 판매 가치 제안USP을 병원에서 실현하는 일은 매우 힘든 일이다. 판매 가치 제안USP 구현이 어렵다고 판단된다면 브랜드 마케팅은 지양하는 것이 좋다.

이러한 이야기들을 종합해보면 '브랜드 마케팅을 굳이 해야 하나?'라는 고민이 들 수 있다. 그만큼 브랜드 마케팅은 돈과 시간과 노력이 많이 들어간다. 하지만 브랜드 마케팅을 해야만 경쟁 병원과 차별화된 포지션을 차지할 수 있다. 우리 병원이 어떤 목표를 가졌는지 고민해보고 최고가 되기를 원한다면 꼭 브랜드 마케팅을 하는 것을 추천한다.

퍼포먼스 마케팅

퍼포먼스 마케팅Performance Marketing은 마케팅 활동의 결과로 숫자로 나타나는 성과 창출을 목표로 하는 마케팅이다. 마케팅비로 500만 원을 써서 1,000만 원의 매출을 달성했다는 정도의 단순한 목표보다는 고객이 상품이나 서비스를 구매하기까지 모든 과정을 수치화하여 각 지표를 올리는 것을 목표로 한다.

과거에는 온오프라인 마케팅 시 마케팅 성과를 숫자로 잡아내는 일이 거의 불가능했다. 오프라인에서는 몇 명이나 광고를 보았는지 측정할 방법이 없기 때문에 광고 효과를 측정할 수 없었다. 온라인에서는 기술의 한계로 광고가 얼마나 노출되었고 잠재 고객이 어떻게 반응했는지 알 방법이 없었다. 하지만 기술이 발전하면서 온라인상에서 우리 병원 광고 캠페인을 몇 명의 사람이 봤고 몇 명이 어떻게 반응했는지 다양한 데이터를 얻을 수 있게 되었다. 퍼포먼스 마케팅은 온라인 광고의 이런 장점을 활용하여 마케팅 효율성을 철저하게 측정하는 것을 목표로 잡는다. 언제나 숫자로 된 결괏값을 얻기 때문에 예산을 투자해서 원하는 결과를 얻는지 바로 파악할 수 있다.

퍼포먼스 마케팅 지표는 앞서 이야기한 고객 구매 여정에 기반하여 설정되는 경우가 많다. 고객 구매 여정의 각 단계에 대한 마케팅이 효과적으로 이루어지고 있다면 이를 반영하는 지표도 같이 올라갈 것이기 때문이다. 예를 들어 고객이 온라인 검색을 할 때 우리 병원 홈페이지가 잘 노출되고 있다면 홈페이지 방문자 수가 늘어나는 것을 숫자로 확인할 수 있을 것이다.

병원에서 퍼포먼스 마케팅을 할 때 주로 설정하는 목표는 병원 브랜드 검색량, 병원 홈페이지 유입자 수, 병원 네이버 플레이스 유입자 수, 병원에 걸려오는 전화 수, 병원 초진환자 수, 병원 매출 등이다.

어떤 광고가 병원 광고에 효과적인가

전문 마케터들이 사용할 수 있는 광고 방식은 크게 온라인 검색 광고, 온라인 디스플레이 광고, 오프라인 광고로 분류할 수 있다. 각 광고 방식의 특징은 무엇이며 병원 광고로 어떤 것들이 적합한지 이야기해보겠다.

온라인 검색 광고

온라인 검색 광고Search Ad는 네이버, 구글, 다음 등 검색 엔진에서 고객이 특정 키워드를 검색했을 때 그에 맞는 광고를 보여주는 방식이다. 검색 엔진을 기반으로 하기 때문에 당연히 온라인에서만 가능하다. 검색 광고의 장점은 키워드를 기반으로 고객을 타깃팅targeting하기 쉽다는 것이다. 예를 들어 검색 엔진에 '이수역 소아청소년과'라는 키워드를 검색한 사람은 이미 키워드를 통해 스스로 원하는 것을 나타낸 사람이다. 만약 내가 이수역 근처에서 소아청소년과를 운영하는 개원의라면 '이수역 소아청소년과'를 검색한 고개에게 병원을 노출하는 것이 매우 효율적인 광고 방식이 될 것이다.

병원은 기본적으로 몸의 불편함을 느낀 사람들이 찾는 공간이다. 그렇기 때문에 일부 피부나 성형 등의 진료과목을 제외하면 대체로 고객이 찾을 때 내 병원이 노출되도록 만드는 것이 매우 중요하다. 대다수 고객은 검색 엔진에서 '지역+진료과목' 키워드를 활용하여 방문할 병원을 찾는다. 그러므로 지역+진료과목 키워드에서 우리 병원이 노출되기 위한 광고를 진행해야 한다. 일단 고객의 선택지 안에 들어가야 고객이 병원을 방문할 가능성이 생기기 때문이다. 검색 광고는 이런 특징 때문에 마케팅 목표 중 퍼포먼스를 달성하는 용도로 사용되는 경우가 많다.

온라인 디스플레이 광고

온라인 디스플레이 광고Display Ad는 전광판 형태로 온라인에서 불특정 다수 고객에게 광고하는 방법이다. 오프라인에서 흔히 볼 수 있는 버스와 지하철 광고판, 높은 건물의 전광판, 현수막 등을 온라인으로 옮겨놓았다고 생각하면 된다. 온라인상에서는 웹페이지 여러 지면에서 보이는 광고들, 페이스북과 인스타그램의 피드Feed에서 보이는 다양한 광고들이 디스플레이 광고에 해당한다.

과거에는 온라인 디스플레이 광고를 진행할 때 내가 원하는 고객군을 타깃팅하기 어려운 측면이 많았다. 병원은 대체로 지역 기반으로 운영되는데 온라인 디스플레이 광고는 전국에 있는 모든 사람을 대상으로 했기 때문이다. 이런 이유로 병원들은 대체로 지역 기반의 버스와 지하철 등에 오프라인 광고를 주로 이용해왔다. 그나마 오프라인 광고는 내가 원하는 지역 거주민을 대상으로 광고할 수 있었기 때문이다.

최근에는 온라인 디스플레이 광고가 오프라인 광고보다도 훨씬 정밀하게 타깃팅할 수 있게 되면서 병원들도 온라인에서 디스플레이 광고를 진행하고 있다.

오프라인 광고

오프라인 광고Off-line Ad는 오프라인에서 볼 수 있는 모든 광고 방식을 포함한다. 병원에서 활용할 수 있는 대표적인 사례는 버스와 지하철 광고, 전단지, 배너, 현수막 등이다. 과거에는 병원 진료 권역에 해당하는 지역을 타깃팅할 수 있다는 측면에서 많이 선호되었다. 하지만 기술이 발달함에 따라 온라인 대비 광고 효율성이 떨어져 최근에는 중요도가 떨어지고 있다. 오프라인에서 광고로 효과를 보려면 특정 지역을 거의 도배하다시피 해야 고객에게 인지될 수 있다. 그런 점에서 온라인 광고를 충분히 진행한 후 광고 예산이 많이 남는다면 지역에 오프라인 광고를 해볼 것을 추천한다.

많은 개원의가 마케팅에서 가장 어려워하는 주제는 예산을 얼마로 설정할 것인지에 대한 것이다. 경영학적으로 바라보았을 때 1차 의료기관은 마케팅 예산을 공격적으로 설정하는 것이 바람직하다. 누차 강조한 것처럼, 일정 수준 이상의 광고비 지출 대비 매출ROAS을 달성할 수 있다면 고정비 비중이 크고 변동비 비중이 적은 병원 특성으로 인해 환자가 많아질수록 병원장의 이윤이 극대화되기 때문이다. 하지만 이러한 명제에 동의하더라도 적정한 마케팅 예산 수준에 대한 고민은 여전히 남는다. 진료과목마다 필요한 홍보 예산이 많이 다르겠지만 마케팅 비용을 가장 적게 쓸 것으로 예상되는 급여과를 기준으로 필자가 추천하는 마케팅 예산 산정 방법을 이야기해보고자 한다.

마케팅 비용은 매월 발생하는 비용이기 때문에 병원 운영에 부담이 가지 않는 선에서 시작하는 것이 중요하다. 1차 의료기관을 기준으로 볼 때, 처음에는 병원 매출의 10퍼센트 정도를 마케팅 예산으로 잡고 시작하기를 권한다. 국내 1차 의료기관의 평균 세전 영업이익률이 매출의 30~40퍼센트 정도 되는 점을 고려했을 때 매출의 10퍼센트 정도라면 병원에서 실험적으로 투자하기에 안전한 금액이라 생각한다.

초기 마케팅 예산을 잡았다면 그다음부터는 마케팅해보면서 효율성의 변홧값에 따라 예산을 늘리거나 줄여야 한다. 매월 단위로 마케팅 결과에 따른 초진 환자 변홧값을 분석하면서 다음 달 마케팅 예산을 설정하고 집행해야 한다. 마케팅을 통해 초진 환자가 늘어나는 중이라면 계속 마케팅비를 조금씩 늘려보는 것을 추천한다. 일반적으로 마케팅 효율성은 마케팅비가 늘어날수록 점점 줄어드는 특징이 있다. 이 과정을 통해 우리 병원을 100% 가동률 수준으로 운영하기 위한 적절한 마케팅 비용 수준을 판단할 수 있다.

병원 홍보 매체 1 : 병원 공식 브랜드 블로그와 카페

많은 병원이 병원 공식 브랜드 블로그나 카페를 운영하고 있으나 소기의 목적을 달성하는 병원은 흔치 않다. 필자는 기본적으로 여유만 된다면 블로그나 카페 운영을 적극적으로 권장한다. 하지만 다음의 몇 가지 원칙을 지키는 범위에서 운영해야 제대로 된 효과를 볼 수 있을 것이다.

블로그나 카페는 단기적 환자 유치 목적에는 맞지 않다

필자는 블로그나 카페 운영을 통해 단기에 환자가 급격히 증가했다는 이야기를 들어본 적이 없다. 블로그나 카페는 최소 몇 달간 지속적으로 블로깅되고 회원 관리가 돼야 정체성이 생기는 매체다. 또한 그 중요 목적은 신규환자의 유입이 아니다. 기존 이용환자들과 더 깊은 소통이 목적이거나 어느 정도 병원 선정에 관심이 있는 가망환자에게 병원의 인간적인 이미지를 가미하는 정도의 목적이 적절하다.

블로그와 카페는 매체 특징에 맞은 콘텐츠로 운영한다

블로그는 병원에서 있었던 여러 소소한 이야기를 중심으로 블로깅돼야 한다. 예를 들어 환자가 뜻밖의 감사편지를 보내왔다든가, 병원 직원들이 점심시간을 이용해서 교육을 받았다든가, 원장님 중 한 명이 취미로 미술 전시회를 벌인다든가, 유명 연예인이 병원을 방문했다든가 하는 이야기가 블로그의 좋은 소재가 된다.

카페는 환자 간의 소통이 필요하거나 병원 직원과 환자의 자유로운 소통이 필요할 때 검토할 수 있는 매체다. 많은 병원이 병원 홈페이지 내용을 그대로 카피해서 블로깅하거나 병원과는 전혀 무관한 화장품 할인 정보나 연예인 정보로 트래픽을 유도한다. 이는 블로그나 카페 방문자만 늘릴 뿐 병원의 브랜드나 실제 매출에는 도움이 되지 않는다. 오히려 상업적인 목적으로 어울리지도 않는 카페나 블로그를 운영한다는 오명만 살 뿐이다.

블로그와 카페 운영은 휴먼터치를 하기 위해서다

블로그나 카페를 운영하는 병원은 대부분 홈페이지가 있다. 그런데도 병원에서 블로그나 카페를 운영해야 하는 이유가 무엇일까? 그에 대한 대답은 '휴먼터치Human Touch'가 아닌가 싶다. 환자들은 논리적이고 정형화된 흔하고 딱딱한 이야기보다 좀 더 인간적인 이야기를 듣고 싶어한다. 블로그나 카페가 이러한 욕구를 채워주는 역할을 한다. 큰 이야기보다는 작은 이야기, 성공한 이야기보다는 실패한 이야기, 공식적인 이야기보다는 개인적인 이야기가 좀 더 인간적이다. 더 공개되고 더 솔직해져야 한다. 그래야만 블로그나 카페는 성공할 수 있다.

그런 측면에서 블로그나 카페의 운영은 단순한 마케팅적 차원을 넘어선다. 이 때문에 운영진뿐만 아니라 병원장부터 스스로 어떤 병원이 될 것인지에 대한 정체성을 깊이 생각하고 환자와 어떤 방식으로 소통할 것인지를 깊이 고민한 결론이 블로그나 카페가 돼야 하는 것이다.

병원 홍보 매체 2 : 키워드 광고

키워드 광고는 검색 엔진에 특정 키워드를 입력했을 때 우리 병원의 홈페이지나 블로그를 노출하는 광고다. 잠재고객이 키워드로 검색된 결괏값을 눌렀을 때, 클릭당 단가를 매기는 방식으로 광고비가 사용된다. 과금 방식 때문에 클릭당 과금CPC, Click Per Cost 광고라고 불리기도 한다. 키워드 광고는 정해진 지면을 입찰 형태로 경쟁하는 광고다. 높은 비용을 입찰할수록 검색 결과에서 상단으로 올라가는 형태로 운영된다. 이런 이유로 지역에 따라서는 키워드 광고 경쟁이 너무 격해져서 입찰 가격이 클릭당 10만 원을 넘어가는 경우가 생기기도 한다.

키워드 광고는 병원 마케팅에서 가장 중요한 광고다. 병원 진료를 받아야 하는 사람은 무조건 본인 질환이나 지역+진료과목 키워드를 온라인상에 검색할 것이기 때문이다. 특히 전국적으로 브랜딩이 된 1차 의료기관이 거의 없기 때문에 잠재고객들은 검색했을 때 나오는 병원을 비교하고 방문할 가능성이 매우 크다. 이런 이유로 키워드 광고는 무조건 하는 것이 옳다고 생각한다.

다만, 키워드 광고를 집행할 때는 비용 효율성에 대해 항상 고민해야 한다. 키워드 광고의 비용 효율성은 단순한 수학을 활용하여 계산하면 된다. 이해를 위해 다음과 같이 단순히 가정을 해보자.

- 키워드 입찰가CPC: 5,000원
- 키워드를 누른 환자가 병원을 방문할 확률: 10퍼센트

우선, 환자 한 명이 병원에서 진료를 받을 때 창출되는 고객생애가치 LTV를 계산해보자. 환자가 병원을 방문했을 때 창출되는 매출이 5만 원이고 초진환자가 한 번 방문하면 재진이 2번 정도 더 발생한다고 가정해보자. 환자 한 명이 병원을 방문한다면 병원은 15만 원의 매출이 생긴다. 결국 10번의 클릭이 일어나야 한 명의 환자가 방문한다고 가정하면 키워드 광고를 해서 병원은 환자마다 10만 원의 추가 이윤을 올릴 수 있다. 단순한 예시지만, 최대한 일반적인 1차 의료기관의 상황에 맞게 숫자 예시를 든 것이다. 병원의 초진 환자를 늘려야 하는 상황이라면 키워드 광고는 최대한 운영하는 것이 좋다.

그렇다면 광고를 집행할 키워드는 어떻게 선정하는 것이 좋을까? 필자는 지역 거주민을 대상으로 우리 병원의 진료과목을 방문하고자 할 때 어떤 키워드를 검색할 것인지 물어보는 방법을 추천한다. 지역마다 사람들이 해당 지역을 지칭하는 말이 다른 경우가 많기 때문이다. 그리고 네이버 키워드 도구에 들어가서 알아낸 키워드와 연관된 키워드를 최대한 많이 찾아보고 정리한다. 이 과정을 거치면 우리 병원을 노출하기 위한 대부분의 키워드를 알아낼 수 있을 것이다.

네이버 뷰$_{view}$ 탭은 네이버에서 특정 키워드를 검색했을 때 블로그와 카페에 올라온 글을 보여주는 영역이다. 주로 식당, 제품, 서비스의 후기를 검색할 때 많이 사용하는 채널이다. 우리나라에서 네이버를 이용하는 고객 대부분은 습관적으로 뷰 탭에서 나오는 정보를 많이 보고 신뢰한다. 이러한 이유로 잠재고객이 병원을 찾기 위한 키워드를 검색했을 때 내 병원이 뷰 탭에 노출되도록 하는 것이 매우 중요하다.

문제는 네이버 뷰 탭 노출 여부는 대단히 많은 알고리즘에 의해 결정된다는 것이다. 이 알고리즘이 어떻게 구성되고 운영되는지 아는 사람은 아무도 없다. 대부분 마케팅 대행사는 자사가 알고리즘을 알고 있다고 이야기하지만 실제로 네이버 개발자도 뷰 탭 노출을 위한 알고리즘을 정확하게 알지 못한다. 마케팅 대행사는 매우 많은 글을 발행해보면서 해당 글이 뷰 탭에 노출되는지 귀납적인 실험을 하고 그 실험을 통해 대략적인 가능성을 이해하는 것뿐이다.

이런 이유로 뷰 탭에 우리 병원을 노출하기 위한 계약은 두 가지가 존재한다. 첫 번째 방법은 블로그 글을 발행하고 발행한 글 개수에 따라 돈을 지불하는 방식이다. 이 방식은 상대적으로 비용이 적게 든다는 장점이 있으나 목표한 키워드에 아예 노출이 안 되어 돈만 낭비할 위험성이 있다. 두 번째 방법은 특정 키워드에 대해 월 보장으로 병원 광고 글을 노출하는 계약을 맺는 것이다. 광고비가 비싼 단점이 있긴 하지만 보장형으로 계약을 맺기 때문에 노출에 실패하면 돈을 지불하지 않아도 된다는 장점이 있다.

또한 뷰 탭 노출 광고를 진행할 때는 블로그 글의 퀄리티에 신경을 써야 한다. 몇몇 대행사는 네이버 알고리즘 로직에 맞는 글을 쓰다 보니 글의 퀄리티가 나빠도 어쩔 수 없다는 잘못된 이야기를 하기도 한다. 아무리 글이 노출되더라도 글의 퀄리티가 떨어지면 병원 브랜드 이미지가 나빠지기 때문에 이런 문제가 있다면 차라리 광고를 진행하지 않는 편이 낫다.

병원 홍보 매체 4 : 언론

오프라인 기사를 보고 환자가 오는 시대는 지나갔다

마케팅에 익숙하지 않은 병원장이 언론 홍보를 이용한 마케팅(앞으로 줄여서 PR)을 고려할 때 자주 하는 질문이 있다. "이 기사 보고 환자가 몇 명이나 올까요?" "언론 홍보를 위해 사용한 비용이 500만 원이라면 500만 원 이상의 환자가 와야 할 텐데 말이죠." 이미 나름대로 마케팅 효과를 분석하기 위한 계산까지 끝마쳐 놓았다. 이런 경우, 필자는 언론 홍보는 적절한 수단이 아니라고 조언을 드리는 편이다.

언론 홍보는 속성상 단기적인 환자 모집의 수단으로는 적절치 않은 매체다. 불과 몇 년 전만 해도 사람들이 정확한 의료 정보를 얻기 어려웠고 의료 지식이 부족했다. 이런 상황에서는 다양한 수술 방식 또는 치료 방법에 관해 소개하는 기사가 효과적이었다, 환자들이 기사를 보고 내원할 확률이 높았기 때문이다. 하지만 최근에는 이런 방법이 거의 먹히지 않는다. 인터넷을 통한 정보의 공유가 보편화되면서 사람들의 의료 상식 수준이 크게 높아졌기 때문이다.

예전에는 방송, 신문, 잡지에 의사 본인이나 병원에 관한 기사가 올라간다는 것은 분명 쉽지 않은 일이었다. 하지만 요즘은 상황이 완전히 달라졌다. 인터넷의 등장으로 누구나 수십만 원만 지불하면 인터넷 매체에 인터넷 기사 하나는 쓸 수 있는 상황이 되었다. 정보의 홍수 속에 기사를 읽는 사람이 얼마 안 된다는 단점이 있지만 인터넷 기사는 서버에 저장되어 있으면서 우리 병원 이름을 검색한 사람에게 병원의 메시지를 전달할 수 있다는 점에서 의미가 있다.

인터넷 매체에 기사를 올릴 때는 환자를 유치하기 위한 정보를 가장한 홍보성 뉴스보다는 자신의 진료 철학이나 병원의 정체성에 관한 글을 기재하기를 권한다. 예를 들어 우리 병원은 어떤 원칙을 가지고 있는지, 비전은 무엇인지, 다른 병원과 확실히 다른 점은 무엇인지 등에 대한 글이다. 의료 서비스가 훌륭한 병원이라면 소개받은 환자 비중이 높을 텐데 그들 역시 소개받은 병원을 그냥 방문하지 않는다. 홈페이지도 방문해보고 인터넷상에서 어떤 평을 가진 병원인지, 어떤 뉴스가 노출되었는지 등을 나름 뒷조사를 하고 병원 방문을 결정할 것이다. 이런 경우 병원의 정체성이 잘 정리된 기사는 분명 큰 도움이 될 수 있다.

기사를 읽는 사람은 어떤 내용을 궁금해할까? 단순히 병원 자랑만을 적어놓은 기사를 선호할 사람은 거의 없을 것이다. 그러므로 기사를 발행할 때는 낯 뜨겁고 어색한 홍보 기사를 적기보다는 좀 더 사회적인 메시지를 담아야 한다. 그래야 기사로서 좀 더 의미가 있지 않겠는가?

예를 들면 다음과 같은 주제들이다.

- 전문의 입장에서 볼 때 사회적으로 중요함에도 많은 사람이 잘 모르고 있는 내용은 무엇인가?
- 신약이 개발되었거나 신치료 기술이 개발되어 과거에 도움을 받지 못했던 환자 중에서 추가로 도움을 받을 수 있는 내용은 없는가?
- 최근 계절적인 변동이나 라이프스타일의 변화로 발병률이 높아지는 질환과 대비책은 무엇인가?
- 최근 사회적으로 이슈가 되고 있는 주제에 대해서 한 명의 전문의로서 어떤 입장이 있는가?

이런 주제에 대해 권위 있는 전문의로서 입장을 밝힌 기사를 보고 치료를 받고자 병원을 방문하는 환자 수는 적을 것이다. 하지만 이 내용이 병원을 내원하는 환자들에게 알려질 때 언론에 노출되었다는 점과 그 노출된 내용이 사회적으로 가치 있다는 점 때문에 많은 환자가 병원을 더 신뢰하는 계기가 될 것이다.

병원 홍보 매체 5 : SNS 피드 광고

요즘 SNS를 사용하지 않는 사람은 거의 없다. 연령에 따라 조금의 차이는 있겠지만 대다수 사람이 페이스북, 인스타그램, 네이버 밴드

중 하나는 사용하고 있다. 이들을 대상으로 병원 광고를 할 수 있다. 온라인 디스플레이 광고의 일종인데 주로 사람들의 관심을 끌 수 있는 영상이나 문구를 넣어서 잠재고객의 클릭을 유도하는 방식으로 한다. 최근 성형외과, 피부과 등 마케팅이 중요한 진료과목에서는 필수로 사용하는 광고 채널이다.

SNS 피드 광고의 가장 큰 장점은 타깃팅이다. 일단 지역을 한정하여 광고를 할 수 있다. 보통 우리 병원 위치를 기준으로 원을 그려 광고가 나오는 지역을 설정한다. 넓은 지역에 광고하고 싶을 때는 원을 크게 설정하고 좁은 지역에 광고하고 싶을 때는 원을 작게 설정하면 된다. 또한 광고를 노출할 때 성별, 연령 등 인구통계학적인 제한을 둘 수 있기 때문에 더욱 정밀하게 타깃팅이 가능하다. SNS 피드 광고에는 우리 병원 광고를 클릭한 고객만 한정하여 다시 우리 병원 광고를 노출하는 기능도 있다. 이를 리타깃팅Re-targeting 광고라고 부른다. 광고를 클릭했다는 것은 어느 정도 관심이 있는 고객이라는 뜻이다. 이 고객을 대상으로 지속적으로 우리 병원 광고를 노출하면 실제 병원 방문으로 이어질 가능성이 매우 크다.

또한 SNS 피드 광고는 분석 보고서가 잘 나온다는 장점이 있다. 페이스북, 인스타그램, 네이버 밴드에서 우리 병원 광고 캠페인이 몇 명의 사람들에게 노출되었는지, 그 사람들의 반응이 어떠했는지 상세하게 알려준다. 이런 분석 보고서 덕분에 병원 마케팅으로 SNS 피드 광고를 하면 광고의 효율성을 잘 파악할 수 있다.

병원 홍보 매체 6 : 유튜브 영상

사람들이 소비하는 콘텐츠 중에서 영상 콘텐츠가 주류를 차지하면서 병원 마케팅에서도 유튜브 영상이 강력한 콘텐츠로 떠올랐다. 대다수 환자는 의학 전문가가 아니기 때문에 본인이 가진 질환에 대한 두려움이 매우 크다. 유튜브 영상은 환자의 두려움을 해소하고 환자가 질병을 올바르게 관리하는 방법을 알려준다는 점에서 매우 긍정적인 역할을 하고 있다.

책이나 블로그 글을 통해서 질환 관련 정보가 공유되던 시절에는 활자와 그림 기반으로 정보가 전달되니 비전문가인 환자 입장에서 이를 이해하는 데 어려움을 느낄 수밖에 없었다. 하지만 영상으로 의료 정보를 환자에게 전달하니 환자 입장에서는 본인 질환에 대해 쉽게 이해할 수 있게 되었고 의사들은 스스로를 브랜딩할 수 있게 되었다.

의사들의 유튜브 채널 운영이 대세가 된 지는 시간이 꽤 지났음에도 여전히 병원을 마케팅하는 데 강력한 힘을 발휘한다. 환자 입장에서 영상 자료를 보면 의사가 가진 지식에 대한 신뢰도가 높아진다. 영상의 후광 효과 때문에 의사가 더욱 전문적으로 보이는 효과도 있다. 또한 유튜브 영상 자료를 병원 원내에서 재생한다거나 다른 마케팅 콘텐츠로도 사용할 수 있다는 장점도 있다.

하지만 유튜브 영상은 많은 장점이 있음에도 병원에서 쉽게 사용하기 어려운 마케팅 방법이기도 하다. 일단 영상을 기획하고 촬영하고 편집하는 일은 매우 노동 집약적이다. 의사는 하루의 대부분을 환자 진료에 사용하는데 유튜브를 기획하고 촬영하고 편집하는 일을 하기 위해 시간을 내는 것이 거의 불가능하다. 외주를 맡기려고 하더라도 의료 영역이 전문적이다 보니 영상 기획은 의사 본인이 할 수밖에 없다. 또한 의사가 유튜브 영상에서 배우 역할을 해야 한다는 문제도 있다. 천성적으로 배우 역할을 잘하는 사람도 있겠지만 대다수는 카메라 앞에서 무언가를 설명하는 데 굉장한 어려움을 느낀다. 마지막으로 유튜브 영상은 단기간에 확실한 결과를 볼 수 있는 마케팅 방법이 아니다. 언제 어떤 방식으로 영상이 유명해질 것인지 아무도 알지 못하기 때문이다.

그러므로 유튜브 영상 촬영을 시작할 때는 유튜브 영상의 장단점에 대해 명확하게 인식하는 것이 매우 중요하다. 내가 충분한 시간을 내서 영상을 기획하고 촬영할 수 있을지, 영상을 찍은 후 반응이 나오는 시간을 충분히 기다릴 수 있을지 미리 생각해보는 것이 중요하다. 그리고 촬영과 편집 등 외주로 맡길 수 있는 영역은 최대한 외주로 맡기는 것을 추천한다.

병원 홍보 매체 7 : 직원

병원의 경영 상태를 진단하면 직원들과 일대일 인터뷰를 반드시 수행한다. 인터뷰 말미에 필자가 꼭 묻는 말이 있다. '가족이 아프면 우리 병원으로 모시고 오는 편이세요?' 이 질문은 모든 직원을 대상으로 한 설문지에도 반드시 포함한다. 아니, 이게 말이라고 하느냐고 반문하는 병원장도 계실 것이다. 당연히 가족이 아프면 우리 병원에 와야지!

하지만 현실은 그런 것 같지 않다. '당연히 모시고 오죠. 부모, 형제, 이웃사촌까지 모두 저희 병원으로 데리고 옵니다'라고 말하는 직원이 대부분인 병원은 드물었다. 직원 중 남편, 자녀, 부모, 형제, 이웃사촌, 친구 등을 적극적으로 데리고 오는 직원은 몇 퍼센트나 될까? 병원장이라면 이를 면밀히 체크해보기를 권장한다. 이는 병원장의 리더십 상태를 체크하는 중요한 시그널이 되기 때문이다. 주변 사람을 적극적으로 병원에 데려오지 않는 직원이 있다면, 우리 병원을 가장 잘 아는 직원이 우리 병원을 신뢰하지 않는다는 것을 뜻한다.

가족이나 지인분에 대한 할인 등 특별한 혜택이 없다면 문제가 있다. 이는 직원이 병원 내 자신의 존재감을 너무 작게 느끼게 할 수 있다. 이러한 작은 존재감을 굳이 가족이나 주변 사람들에게 들키기 싫을 것이다. 자신의 지인이라고 소개해도 전문의나 검사실, 병동, 외래에서 특별히 '아는 척'을 하지 않는다면 소개를 한 직원은 환자에게 미안할 것이다. 이렇게 되면 다시는 주변 사람에게 병원을 소개하고 싶지 않게 된다.

진료 실력, 검사 정확도, 처방 방향이 너무 상업적이거나 또는 첨단 수준이 아니라 병원을 신뢰하지 못할 수도 있다. 어느 하나 절대 가볍지 않은 주제다. 지방 소도시 중급 병원에 근무하는 직원의 말은 듣는 사람의 마음을 슬프게 한다. "주변 사람이 아프면 겁부터 납니다. 당연히 제가 간호사라는 걸 알고 있으니 전화를 걸어오죠. 우리 병원을 소개해도 혜택도 없고 아무것도 없는데요. 우리 병원에 오라고 하지 않을 수도 없고 다른 병원에 가라고 할 수도 없고요. 한 달에 한 번은 전화를 받습니다. 일하는 스트레스보다 이 스트레스가 더 심합니다." 병원장의 임무는 병원을 적극적으로 소개하지 못하는 직원을 탓하는 것이 아니라 그런 일이 생기지 않도록 환경을 조성하는 것이다.

병원은 병을 고치기는 곳이기도 하지만 일터다. 그러므로 일하는 사람들이 자긍심을 가질 수 있도록 해야 한다. 직원들의 자긍심이 높은 병원이 잘 안 될 리가 있겠는가? "그 병원 괜찮아."라는 지역 내 평판, 긍정적인 입소문의 진원지가 바로 직원이다. 직원이 가족을 편히 모시고 올 수 있는 병원이 될 수 있도록 노력하자.

병원 홍보 매체 8 : 의료 후기 플랫폼

스마트폰이 대중화되고 고객의 주도적인 정보 공유 트렌드가 생기면서 특정 제품·서비스에 대한 다른 고객의 후기를 접하기 쉬운 세상이 되었다. 주요 포털 서비스에서 생산되는 수많은 콘텐츠는 대부분 제품·서비스 후기다. 이 책을 읽는 독자 여러분 역시 어떤 식당을 방문하기 전에 네이버에서 그 식당의 후기를 찾아본 경험이 있을 것이다. 제품·서비스에 대한 후기를 남기고 찾아보는 흐름이 대중화되자 각 제품·서비스를 전문적으로 다루는 플랫폼이 만들어졌다. 포털 서비스는 각 제품·서비스에 최적화된 사용자 경험UX ·사용자 인터페이스UI를 제공하기 어려워 소비자가 충분히 만족하기 어려웠기 때문이다. 스타트업이 이런 기회를 놓칠 리 없다. 식당 전문 평가 플랫폼, 미용실 전문 평가 플랫폼, 영화 리뷰 및 평가 플랫폼 등 다양한 영역에서 후기를 남기고 공유하는 플랫폼이 등장하고 성장하게 되었다.

문제는 기존 전문가의 영역으로 분류되던 의료시장도 이런 흐름에 휩쓸리게 되었다는 것이다. 고객은 전문화된 평가 플랫폼에서 의사들의 의료 서비스에 대해 본인의 언어로 평가하고 공유하기 시작했다. 대표적인 서비스가 강남언니, 바비톡, 여신티켓이다. 이 플랫폼들은 성형외과와 피부과 진료과목에 대한 후기를 남기고 공유한다. 이런 의료 후기 플랫폼을 긍정적인 시선에서 평가한다면 서비스 공급자와 수요자 사이의 정보 비대칭이 심한 의료산업의 정보에 잠재고객이 쉽게 접근할 수 있게 해주었다고 이야기할 수 있다. 반면, 부정적인 시선에서 평가한다면 전문가가 판단하고 평가해야 하는 정보를 고객의 시선으로 판단하고 평가함에 따라 잘못된 정보가 통용되는 문제가 생길 수 있다. 이런 이유로 공식적으로 의사 집단을 대표하는 의사협회와 의료 후기 서비스 공급자 사이에 끊임없는 갈등이 있다.

　의료 후기 플랫폼의 미래가 어떻게 될 것인지는 알 수 없다. 다만, 병원 마케팅을 고민하는 경영자라면 의료 후기 플랫폼을 다양한 병원 마케팅 채널의 하나로 고려해봐야 한다고 생각한다. 앞서 이야기한 것처럼 결국 병원 마케팅은 얼마 정도의 비용을 집행해서 어느 정도의 매출 효율성을 창출해낼 수 있는지가 가장 중요하다. 의료 후기 플랫폼의 광고 효율성이 다른 홍보 매체를 넘어선다면 당연히 우리 병원을 마케팅하기 위한 채널로 이용하는 것이 옳다. 특히 의료 후기 플랫폼은 병원 개원의를 광고주로 돈을 벌기 때문에 플랫폼의 광고 효율성을 높게 유지하는 것이 사업 확장의 핵심이기 때문에 대체로 다른 매체 대비 높은 효율성을 유지할 가능성이 크다.

인간미 있는 병원 만들기

제목을 보고 '병원에 웬 인간미?'라고 하는 분도 꽤 계실 듯하다. 필자는 최고의 의료진을 자랑하는 병원이든, 최고의 시설이나 규모를 자랑하는 병원이든 어떤 병원이든 간에 최종적으로 병원이 고객에게 소구할 가치는 인간미humanity라고 생각한다.

우리말에서 '인간적이다'는 기계적이지 않고 따뜻하고 인정이 많고 가족적이라는 느낌을 내포한 총체적인 의미일 것이다. 병원에서 일하는 사람들은 병원이 환자에게 두려움의 장소라는 사실을 꼭 기억해야 한다. 암을 선고받고 치료하는 위중한 상황이 아니더라도 병원에서 일어나는 모든 일은 일상적인 스트레스 수준을 훨씬 상회한다.

환자가 실력 좋은 의사가 있는 병원을 찾아다니는 현상이 있는 건 사실이지만 의사의 역량보다 더 중요하게 생각하는 요소가 있다. 바로 내가 이용하는 병원의 의료 서비스 수준이다. 병원을 찾는 환자들의 내원 경로 통계를 보면 '소개'가 가장 많은 비중을 차지한다는 사실을 알 수 있다. 그 이유는 무엇일까? 우리 병원을 소개한 환자들은 다른 병원들을 다 비교해보고 수치를 매겨 우리 병원을 객관적으로 추천한 것일까? 물론 그런 경우도 있겠지만 대부분은 자신이 친숙하고 편하기 때문에 소개했을 가능성이 크다.

소개받은 사람은 비전문가의 책임 없는 말을 믿고 우리 병원을 찾은 것이다. 그렇다면 소개받은 환자가 우리 병원을 찾으면서 기대하는 심리는 무엇일까? 실력과 시설은 기본이다. 당연히 조금 더 따뜻하고 인정 있고 자신을 가족적으로 대해주기를 바라는 마음일 것이다.

병원에서 인간미를 표현할 수 있는 아이디어를 몇 가지 이야기해보겠다.

① 대기실이나 복도에 안정감을 주는 그림을 비치한다. 조용한 음악을 트는 것도 심적 안정에 도움이 된다.
② 직원과 의료진의 소식을 게시한다. 결혼 소식이든, 봉사활동을 다녀온 소식이든 다 좋다. 우리도 이 사회에서 함께 살아가는 사람이라는 것을 표현한다.
③ 원내 여러 홍보물을 컴퓨터로 출력하지 않고 크레파스나 색종이를 오려 붙여 인간직인 느낌을 전하도록 노력한다. 독감 예방을 안내하는 A4 크기의 안내 문구라면 글씨를 이쁘게 쓸 수 있는 직원이 직접 수기로 적는 것이 더 인간적인 느낌이 난다.
④ 진료실에 환자가 볼 수 있도록 원장의 가족사진을 작은 액자에 두거나 홈페이지의 직원들의 사진을 직원들의 가족사진으로 대체하는 것도 지역적 연대감에 큰 도움이 된다.
⑤ 따뜻한 글귀나 문구를 병원 곳곳에 비치한다.
⑥ 환한 웃음으로 환자를 대하는 것만큼 인간미 있는 것은 없다. 직원들이 자신의 가족을 대하듯이 환자를 환한 웃음으로 따뜻하게 맞이하는 연습을 한다.

병원이 직원들의 사기가 좋고 환하고 밝은 분위기인 곳은 대체로 환자들에게도 인기가 좋다. 그 이유가 바로 인간미에 있다고 본다. 단골 환자가 많은 오래된 병원을 가보면 느껴지는 그런 인간미는 그 자체로 훌륭한 홍보 수단이다.

전쟁에서 조직의 규모와 화력에 따라 수행할 수 있는 작전의 규모가 달라진다. 막강한 화력과 병참을 갖춘 조직과 소수의 부대가 수행할 수 있는 전략은 당연히 다르다. 그런 의미에서 전략이란 좋고 나쁜 것이 없다. 전략 그 자체가 갖는 고유한 장단점이 있다고 보기보다는 상황과 조직에 얼마나 적합한 전략을 선택하느냐가 중요할 것이다. 즉 규모에 맞는 전략이 있는 것이고 규모가 작다고 전략이 필요 없는 건 아니라는 말이다.

병원의 마케팅은 여러 가지 측면에서 특이성이 있다. 여러 산업을 놓고 볼 때 가장 객관적인 특성은 아마도 예산과 조직의 규모가 작다는 데 있을 것이다. 필자가 말하는 작은 규모 병원이란 원장 두 명 이하의 규모를 말한다. 서점에 가서 마케팅 책을 찾아보라. 신문에 나오는 마케팅 관련 성공 사례를 살펴보라. 모두가 최소 몇백억 원은 하는 상품에 관한 이야기이다. 하지만 병원의 현실은 어떨까? 마케팅 전문인력 한 명 채용하기도 어렵다. 또 매출의 10퍼센트를 마케팅 예산으로 쓴다 해도 월 1,000만 원을 확보하기 어렵다. 이런 병원에서는 어떤 마케팅을 해야 할까?

필자가 직업상 여러 병원을 관찰한 바에 근거하여 작은 병원에서 할 수 있는 마케팅 방법 몇 가지를 추천한다.

① 병원 홍보 브로슈어를 만든다. 처음 온 환자들에게 병원의 첫인상을 확실히 전달한다.

② 원내 홍보 게시판을 만든다. 정기적으로 병원의 이런저런 소

식을 전하여 활발한 느낌을 준다.

③ 1년에 두 번 소식지를 만든다. 환자들에게 계절 인사와 함께 안부를 물어 자연스럽게 병원이 연상되도록 한다.

④ 명함을 잘 디자인한다. 진료실이나 외부에서 명함을 잘 건넨다.

⑤ 한 달에 한 번 이상 질병에 관한 글을 온라인에 게시한다. 해당 글을 온라인 뉴스 매체에 전송하여 네이버나 포털 사이트에 기재되도록 한다(비용은 회당 수십만 원 수준이다).

⑥ 지역 내 보건소와 학교 등 유력 단체와 협력한다. 사회적으로 의미 있는 질병에 대한 공개강좌를 자진해서 진행하여 개인과 병원의 이미지를 개선한다.

⑦ 치료 후기를 홈페이지에 정기적으로 올린다. 치료 효과가 좋거나 수술에 크게 만족한 환자에게 치료 후기를 부탁하여 받는다.

대다수 소규모 병원이 범하는 누는 규모가 작다고 홍보를 포기하는 것이다. 규모에 맞는 홍보 방법을 끊임없이 찾고 연구하고 적용해야 한다.

광고가 창의적이면 효율성이 높아진다

많은 사람들은 '광고=창의성Creativity'이라고 생각한다. 사람들에게 훌륭한 마케터가 어떤 사람인가 상상해보라고 하였을 때, 대부분의 사람들은 본인만의 특별한 창의성을 바탕으로 머리에 확 꽂히는 광고 문구를 뽑아내는 사람을 상상하는 경우가 가장 많다. 이런 인식은 맞기도 하고 틀리기도 한다. 과거에는 브랜드 마케팅이 주류를 이루고 있어 매체를 관리하는 일에서 크게 차별점을 만들어내기 어려웠다. 광고 매체가 매우 단순하고 관련 성과를 측정하기가 매우 어려웠기 때문이다.

예를 들어 버스 광고를 진행하면 광고 기간 버스 광고가 예쁘게 잘 붙어 있는지 확인할 수 있었을 뿐이다. 구체적으로 버스 광고가 몇 명의 사람들에게 어떻게 노출되었는지 파악하기 거의 불가능했다. 이런 현실에서 마케팅할 때 가장 중요한 것은 사람들의 시선을 끌면서 동시에 뇌리에 강력한 메시지를 남길 수 있는 광고 문구를 생각해내는 일이었다.

하지만 광고 시장이 점점 온라인으로 넘어가고 또한 광고 성과 측정 기술이 발전하면서 광고의 효율성을 판단할 수 있는 다양한 방법이 생겼다. 이런 변화로 인해 현대 사회에서 광고의 창의성은 그 중요성이 상대적으로 낮아지게 되었다. 창의성보다도 매일 광고 채널을 통해 발생하는 성과를 측정했고 이에 대응하는 퍼포먼스 마케팅이 더욱 중요해졌다.

창의성은 광고의 효율성을 높일 수 있다

그럼에도 여전히 창의성은 광고 집행 시 꼭 고려해야 하는 문제다. 과거보다는 중요성이 줄어들기는 했지만 여전히 창의적인 광고는 광고 효율성을 폭발적으로 높일 수 있는 유일한 방법이기 때문이다. 예를 들어 배달의민족의 광고 문구 '우리가 어떤 민족입니까!'를 생각해보자. 같은 매체를 활용하더라도 이런 창의적인 문구를 활용했을 때의 광고 효율성과 그러지 않았을 때의 광고 효율성은 큰 차이가 날 수밖에 없다. 그러므로 병원 광고를 집행할 때 최대한 창의성을 발휘하는 것은 아주 중요하다. 창의적인 광고는 광고 효율성을 높이므로 비용을 절감할 수 있다.

병원 마케팅은 반드시 전문가와 의논해야 한다

지금까지 살펴본 것처럼 올바른 홍보 활동을 하는 데 얼마나 여러 노력이 필요한지 이해할 수 있을 것이다. 이런 문제로 인해 개원의는 "진료 보느라 바빠 죽겠는데 내가 이걸 어느 세월에 다하지?"라고 질문할 수밖에 없다. 시간을 써서 돈을 버는 개원의의 입장에서 마케팅을 혼자서 준비하고 실행하는 것은 매우 비효율적이다. 또한 이 책을 통해 마케팅 개념은 이해하였을지라도 우리 병원 브랜드를 어떤 방법을 활용하여 널리 알릴 것인지, 각 채널에서 어떻게 우리 병원을 노출할 것인지 등과 같은 전문적인 영역은 개원의가 손대기 어려운 것이 사실이다.

물론 병원의 전체적인 마케팅 전략을 짜거나 큰 방향을 잡아가는 일에는 반드시 원장이 직접 참여해야 한다. 하지만 실제로 그것을 실행으로 옮기는 일, 즉 키워드 광고를 일일이 등록하거나 언론 보도를 위해 기사를 작성해서 보내는 일 등은 직접 하는 게 효율적이지 않다. 이런 문제를 해결하기 위해 마케팅 업무를 전담할 직원을 뽑는다거나 마케팅 대행사를 찾는 경우가 많다. 어떤 방법이 가장 효과적이고 올바른 방법일지에 관해 이야기해보겠다.

의사가 3명 이상 있고 월 매출이 2억 원 정도가 된다면 마케팅 업무 전담 직원을 뽑아도 괜찮지 않을까 하는 생각을 하게 된다. 그리고 그 직원이 병원 홈페이지 관리도 하면서 인터넷 키워드 광고부터 블로그 또는 카페 관리, 언론 기사 작성, 포스터 제작을 포함한 간단한 디자인 업무까지 해내길 바란다. 결론부터 말하자면 그 정도의 일을 다 해낼 수 있는 슈퍼 마케팅 실장은 눈을 씻고 찾아도 찾기 어렵다. 설령 있다고 치더라도 대기업을 다니는 대리 정도의 월급은 줘야 할 것이다. 또한 유능한 마케터 입장에서 병원이라는 직장이 본인의 커리어를 개발할 수 있는 좋은 직장이냐는 문제도 있다.

결국 이름만 마케팅 실장이고 원장의 의견을 외주 대행사에 대신 전달해주는 정도의 역할을 하는 사람으로 충원할 수밖에 없으며 전문성 결여로 인해 임금은 임금대로 대행사 비용은 비용대로 들어가는 경우가 대다수다.

마케팅 대행사를 쓰면 한계가 있다

혼자서 하기는 어렵고 직원을 두는 일도 만만치 않다. 그렇다 보니 많은 병원에서는 마케팅 대행사를 고용하는 경우가 많다. 찾는 병원이 많아서인지 처음 들어보는 이름의 마케팅 대행사부터 대기업의 이름을 빌린 여러 대행사가 앞다투어 영업을 하고 있다.

그러나 그 효과성은? 어느 마케팅 대행사를 쓰면 성공한다는 이야기를 들어본 적이 있는가? 많아야 월 몇백만 원을 마케팅 예산으로 책정하는 병원에서 마케팅 대행사를 쓰고 나서 뭔가 확연히 달라졌다는 사례를 보았는가? 월 5,000만 원, 1억 원을 쓰는 병원의 마케팅 대행사 이야기가 아니다. 이러한 돈을 쓰고도 환자가 오지 않는다면 기적이다. 즉 마케팅 비용 대비 충분한 효과를 거두었는지가 중요한 것이다. 사실 마케팅 대행사는 '대행사'라는 이름에서부터 한계를 가진다. 우리 병원의 원장도, 직원도 아닌데 우리 병원에 대해 얼마나 안다고 제대로 된 마케팅을 할 수 있다는 말일까?

또한 대행사가 가진 비즈니스의 모델 자체에 한계가 있기 때문에 우리 병원의 방향과 일치하는 마케팅을 기획하는 일 자체가 거의 불가능하다. 키워드 광고업체나 언론 매체로부터 광고를 소개해주는 명목으로 받는 수수료가 그들의 수익이다. 그러다 보니 애초에 우리 병원에 최적화된 마케팅 기획이란 것하고는 거리가 멀다.

어디든 자사 매체 효과가 가장 좋다고 말한다

자, 이제 마케팅 대행사마저 신뢰하지 못하는 당신. 직접 혹은 직원을 시켜 언론사에 전화한다고 상상해보자. 하지만 무엇을 물을 수 있을까? 고작 가격 정도일 것이다. 마케팅 효과가 얼마나 좋은지에 관해 묻는 것은 아마 과일 가게에서 여기에서 파는 귤이 맛있냐고 묻는 것과 마찬가지일 것이다. 다른 광고업체도 다를 바 없다. 한결같이 자사 매체의 장점만 이야기할 것이다. 블로그를 만들어주는 전문업체는 키워드 광고에 대해서 잘 알지 못할 것이며 언제나 키워드 광고보다 블로그가 더 효과가 좋다고 말할 것이다.

제대로 된 마케팅 전문가를 찾아야 한다

지금까지보다 효율적으로 마케팅을 실행할 수 있다는 몇 가지 일반적인 방법들에 대해서 살펴보았다. 하지만 앞에서 언급했듯이 직원을 뽑는 것도, 대행사에 맡기는 것도, 직접 매체를 선정하는 것도 무엇 하나 우리 병원에 최적화된 마케팅 방법을 찾기에는 역부족이었다. 결론은 이렇다. 의사 스스로 마케팅 공부를 시작해야 하며 높은 식견을 가지고 마케팅에 올바른 조언을 줄 수 있는 마케팅 전문가를 찾아야 한다. 혼자서 하기에는 시간적으로 비효율적이기 때문에 제대로 된 마케팅 전문가를 구별해 내 조언을 듣는 것이 가장 좋은 방법이라고 할 수 있다.

다음의 몇 가지 팁은 마케팅 전문가를 구별하는 방법이다. 마케팅의 목적이나 방향에 따라 조금 차이는 있을 수 있지만 다음 항목 중 두 가지 이상 해당하지 않으면 전문성을 어느 정도 의심하는 것이 좋겠다.

① 어떤 매체를 쓸 건지보다 무엇을 알릴 건지에 관한 관심이 더 높다.
② 마케팅을 통해 최종적으로 병원이 얻고자 하는 것이 무엇인지 알고자 한다.
③ 키워드 광고와 같은 일회성 광고보다는 홈페이지나 언론 보도와 같이 병원의 자산으로 남을 수 있는 마케팅을 우선시한다.
④ 다양한 매체에 대한 지식이 있고 매체 선정에 명확한 이유를 가지고 있다.
⑤ 마케팅 집행에 대한 성과를 측정해낼 수 있다.

여기까지 초진 환자를 늘리기 위해 병원이 홍보 차원에서 신경써야 하는 일들에 관해 서술하였다. 앞 내용을 보면서 느끼셨겠지만,

병원의 초진 환자는 의사의 의술이나 병원 의료 서비스만으로 늘어나지 않는다. 어느 정도 병원 브랜드가 쌓이기 전까지는 병원의 입지와 홍보에 의해 초진 환자 수를 늘릴 수 있다. 초진 환자가 많아지는 것이 성공적인 병원 경영의 첫 단추이다. 독자분들이 병원 입지를 잡고 홍보하는 일에 보다 노력을 기울여야 한다.

3장

재진 횟수를 늘리는 방법

초진 환자의 재진 횟수는 병원 의료 서비스에 대한 고객 만족도를 의미한다. 즉 재진 횟수가 높으면 높을수록 고객이 우리 병원의 의료 서비스에 만족했다는 것을 뜻한다. 다만, 여기서 말하는 재진 횟수는 의료 서비스 공급자의 힘을 이용하여 환자를 무조건 많이 내원하게 끔 만드는 것을 의미하지 않는다. 정도定道에 맞는 의료 서비스를 제공하고 환자가 우리 병원의 의료 서비스에 만족하여 자연스럽게 병원 방문율이 올라가는 그림을 그릴 수 있어야 한다. 그렇다면 어떻게 해야 환자가 우리 병원에 만족할 수 있도록 할 수 있을까? 앞서 이야기한 7P 중 여기에 영향을 미치는 요소는 병원에서 일하는 사람들People, 물리적 환경Physical evidence, 고객경험Process이다. 지금부터 이 세 요소를 잘 만들기 위한 방법에 관해 이야기해보겠다.

병원 사람들
Medical People

개원의에게 병원을 운영하면서 가장 어려운 점이 무엇인지 물어보면 99퍼센트는 직원 관리가 어렵다고 이야기한다. 1차 의료기관은 오래 근속하는 직원 수가 많지 않아 자주 교체되고 그러다 보니서로 싸우고 말도 하지 않는 경우도 종종 있다. 또한 어느 정도의 연봉을 제안할 것인지, 평가는 어떻게 할 것인지, 직원의 역량을 어떻게 성장시킬 것인지 등 대표 의사가 해결해야 하는 직원 관련 질문은 무궁무진하다.

이런 질문에 대한 답이 매우 중요한 이유는 직원들의 역량이 곧병원의 성장과 직결되기 때문이다. 병원에서 환자들과 가장 많은 시간을 보내는 사람은 의사가 아니라 직원이다. 직원들을 제대로 관리하지 않으면 의료 서비스 만족도가 매우 떨어지게 된다. 실제로 네이버 등에 올라와 있는 환자들의 불만족 리뷰를 보면 "직원들이 불친절해요!"가 가장 많다. 지금부터 병원에서 일하는 사람들을 어떻게 관리할 것인지에 대해 이야기하고자 한다.

1차 의료기관의 인건비는 어떤 의미인가

가끔 뉴스를 보면 연예인들이 영화나 CF 한 편을 찍고 몇억 원씩 받는 것을 볼 수 있다. 또한 프로야구에서 자유계약 선수가 연봉은 몇십억 원씩 받는 것을 보면서 참 큰 비용이 들어간다고 생각하게 된다. 부럽기도 하지만 혹자는 어려운 연습생 시절을 보냈기 때문에 또는 딸린 식구들이 많기 때문에 그 정도 받는 것이 당연하다고 한다. 물론 맞는 말이다. 자유 민주주의 자본 시장에서는 그 인건비는 그야말로 쌍방 계약에 따라 결정되는 것이지 그것이 어떤 법적인 규제가 있는 것은 아니라고 생각한다.

1차 의료기관을 운영하다 보면 가장 큰 고정비이면서 지출비용이 가장 많은 항목이 인건비다. 물론 약품 대금도 있고 자재비도 있고 인테리어 대금과 세금에 큰 비용이 수반되지만, 그래도 가장 눈에 띄는 것이 인건비다. 그래서 참으로 유혹이 많은 항목이기도 하다. 심지어 내가 아는 원장님은 이런 말을 했다. "지금 간호조무사 한 명을 직원으로 두고 있는데 환자도 없는 요즘 같아서는 반 명만 쓰고 싶어요." 그렇다. 경악스럽다.

어떻게 보면 고정비요 길게 보면 변동비인 인건비는 참으로 묘한 특성이 있다. 첫 번째로 사람이기 때문에 가치 판단을 하기 어렵다. 사람은 매우 다면적인 특성이 있기 때문이다. 두 번째로 사람이기 때문에 창출하는 부가가치의 변동성이 크다. 사람마다 창출하는 부가

가치가 다르고 같은 사람도 시기에 따라 창출하는 부가가치가 달라진다. 기업을 경영하는 사람들은 인사가 만사라는 말을 한다. 기업뿐만 아니라 정치 같은 분야에서도 한 사람의 인사가 그 정권의 존망마저 어렵게 하는 것도 사실이다.

그리고 많은 기업과 병의원이 훌륭한 인재를 뽑기 위해서 많은 투자를 하고 스카우트 전쟁을 벌이기도 한다. 그러나 일을 해보면 정말 인재라고 말할 수 있는, 입맛에 딱 맞거나 준비된 직원은 정말 구하기 어려운 것이 현실이다. 결국은 직원을 뽑아서 교육시켜서 내 입맛에 맞는 직원으로 바꾸어야 한다. 그런데 이것 또한 큰 비용이 들어간다. 직원은 자신이 받는 월급만 생각하지만 경영자는 추가로 4대 보험과 교육비용까지 부담해야 하니 들어가는 금액이 매우 크다.

그럼에도 1차 의료기관은 훌륭한 인력을 채용하고 교육해서 의료 서비스를 제공해야 한다. 환자 입장에서 보면 1차 의료기관을 방문했을 때 의사를 만나는 시간보다 다른 직원들을 만나는 시간이 훨씬 길다. 그렇기 때문에 직원의 수준이 그 병원의 의료 서비스 수준을 결정한다. 하지만 객관적으로 우리나라 1차 의료기관의 인건비 비중은 너무 낮다. 2013년에 나온 일본의 의료 경영학 책『진료소 경영의 교과서』에 의하면 1차 의료기관의 인건비 비중은 매출액 대비 50퍼센트 이하로 유지돼야 한다고 되어 있다.

우리나라는 1차 의료기관의 인건비 비중이 약 20퍼센트 정도이고 대학병원으로 갈수록 그 비중이 50퍼센트 이상으로 올라간다. 생각해보면 굉장히 특이한 현상이다. 대학병원으로 갈수록 큰 건물, 고가의 장비, 값비싼 시스템이 일을 많이 하고 1차 의료기관으로 갈수록 사람이 일을 많이 하는데 도리어 대학병원의 인건비가 높기 때문이다. 예를 들어 3차 의료기관은 직원의 역량이 다소 부족해도 좋은 의료기기와 넓은 병원 환경으로 직원의 부족함을 보완할 수 있다. 그러나 1차 의료기관은 이러한 자원이 부족하기 때문에 직원 한 명 한 명이 중요할 수밖에 없다.

그러므로 직원에게 투자해야 한다. 훌륭한 직원을 채용하기 위해 월급을 더 많이 주고 휴가도 더 많이 줘야 한다. 훌륭한 직원을 채용했을 때 그 병원의 성장 속도가 훨씬 빨라지는 것을 수없이 경험하였다. 이 의견이 좀 이상하게 들릴지 모르겠지만 많은 개원의에게 꼭 이야기하고 싶다. 직원들 대우를 좋게 해줘 더 많은 생산성을 올리도록 하고 병원이 더 많은 수익을 창출하였으면 하는 바람이다.

평가와 보상(연봉)을 어떻게 할 것인가

병원 경영에서 연봉 협상이란 단어만큼 긴장되는 단어도 없다. 이런 주제를 오랫동안 고민한 필자조차 관련 주제로 글을 쓰는 것조차 긴장될 정도다. 제대로 성과를 내지 못하는 직원과 평가와 보상을 논의하는 일은 매우 곤혹스럽다. 그런데 일을 아주 잘하는 직원과 평가와 보상을 논의하는 것도 어려운 건 마찬가지다. 퇴사 시 대안이 없다고 느끼면 협의가 이루어지지 않기 때문이다.

연봉을 협의하는 과정에서 병원장은 그리 유리한 입장이 아니다. 대기업처럼 언제든지 충원이 가능한 곳이라면 제대로 연봉을 협상할 수 있겠지만, 자칫 협상 한 번 잘못 해서 어렵게 뽑아서 교육시킨 직원이 나가면 큰일이다. 그렇다고 직원이 요구하는 이야기를 다 들어줄 것인가? 또 한편으로 생각해야 하는 것이 조직이 작다 보니 기밀이 유지되지 않는다는 점도 객관적 평가와 보상을 어렵게 만든다.

행여 차별적 연봉 인상이 직원들 간의 시기심과 위화감을 촉발할 우려가 있다는 점이다. 자, 이 대목에서 많은 병원장은 필자에게 어떻게 매년 연봉을 조정해나가야 할지를 묻는 데 몇 가지 조언을 정리하겠다.

기본은 호봉제가 적당하다

호봉제란 일정 근무연수에 따라 연봉이 정해져 있고 연차가 늘어날수록 급여가 일정 부분 상승하는 제도다. 이러한 방식은 안정성과 예측 가능성을 추구하는 직원에게 적합하다. 작은 병원의 직원들 성향과도 맞다. 영업이나 상담을 하는 직원이라면 호봉제보다는 연봉제가 더 어울릴 것이다. 호봉제는 연봉 협상이 없으며 입사 시부터 이 제도에 동의하는 직원을 충원해야 한다.

조직과 제도는 전략을 따른다. 병원은 향후 어떤 병원으로 거듭날까? 전문화, 확장, 이전 등 큰 변화와 발전을 지향하는 병원일까? 아니면 현재 수준에서 큰 차이가 없이 연간 10퍼센트 이하 수준으로 점진적으로 발전하는 병원을 지향할까? 이에 따라 평가 보상 방식이 달라져야 한다. 만약 최근 몇 년간 성장이 없었고 향후 몇 년간도 특별한 성장이 예상되지 않는 병원이라면 연봉 인상은 쉽지 않은 결정이다.

이런 병원은 연차가 높아지면서 더 많은 연봉을 바라는 고성과자가 급여에 불만을 품고 퇴사하는 사태가 발생한다. 경영자는 이를 자연스러운 현상으로 받아들여야 한다. 만약 성장을 전략으로 하는 병원이라면 성장 속도에 따라 연간 적절한 퍼센트의 연봉 상승을 약속할 수 있을 것이다.

- 올해 퇴사자가 한 명도 없으면 전 직원이 제주도로 2~3일 여행을 떠난다.
- 직원의 자녀가 학교에 입학하면 자녀 대학 입학 지원금 지원 통장을 만들어 매월 5만 원씩 적금한다.
- 직원의 생일에는 감사의 의미로 30만 원 상당의 상품권을 지급한다.
- 5년 이상 근속자에게는 감사의 표시로 가족 일본 여행 경비를 지원한다.
- 여름 휴가철에는 휴가 지원 명분으로 고급 휴양지 예약을 지원한다.

금전적 보상은 전반적인 근무 만족도의 한 요소일 뿐이다. 10명 미만 병원은 병원장과 모든 커뮤니케이션을 직접 할 수 있기 때문에 금전적 요소는 위생 요소로 생각하고, 오히려 병원장이 얼마나 직원을 아끼고 생각하는지를 적절한 시기에 계속 보여주는 것이 필요하다.

급여 합의는 조직을 구성하는 근간이다. 급여체계나 급여 수준에 대한 병원과 직원의 합의에 흠이 생겨서는 직원의 자발적 몰입을 기대할 수 없다. 급여에 대한 불만을 가진 직원은 소극적 태업에 대한 정당성을 스스로 부여하기도 한다. 급여에 대한 불만은 혼자 이야기해서는 잘 받아들여지지 않기 때문에 건강하게 직장생활을 하는 주변 동료에게 병원에 관한 나쁜 소문을 퍼트리면서 반 병원 세력을 형성하는 이유가 되기도 한다.

"저희 병원은 업계 평균보다 높은 수준의 급여를 지급하는 병원입니다. 그런데도 직원들은 급여에 대한 불만이 큰 거 같아요." 병원장들이 하는 말이다. 병원장이 이런 논리를 가진 병원일수록 직원들이 하는 이야기는 정반대인 경우가 많다. 병원장이 어떤 직급과 어떤 병원을 기준으로 이야기하는지 모르겠다든가, 자기 생각에는 업계 평균보다 훨씬 낮은 거 같다는 식이다.

급여는 위생 요소다. 위생 요소란 우리가 부패한 음식을 먹지 않는 것처럼 급여가 너무 낮은 수준이면 근무가 제대로 이루어지지 않는다는 뜻이다. 반대로 위생 요소는 일정 수준 이상 충족되면 더 이상은 의미가 없어진다. 위생 요소가 충족되면 동기 요소를 찾게 된다. 동기 요소는 음식으로 예를 들면 맛이다.

위생 요소에서 중요한 것이 바로 기준이다. 어떤 병원과 비교하고, 어떤 직급을 비교하고, 급여에 포함되는 복리후생은 어디까지일까? 병원의 브랜드나 성장 가능성 정도는 어떻게 비교해야 할까? 일대일 비교가 어려운 근무 강도는 어떻게 해석해야 할까? 병원만 아니라 일반 기업에서도 이런 업계 평균이라는 논쟁이 하도 많으니까 연봉 정보 사이트가 있을 정도다. 익명으로 자기 회사의 연봉을 정확히 올리고 다른 회사의 연봉 수준도 알 수 있게 하겠다는 취지다. 이와 관련하여 몇 가지 조언을 정리해본다.

업계 평균보다 높은 연봉을 준다

원칙은 객관적인 업계 수준보다 높은 연봉을 주는 것이다. 급여 수준을 기준으로 볼 때 앞서가는 병원이 있고 뒤따라가는 병원이 있다. 앞서가는 병원은 인력 수급도 쉽고 높은 수준의 인력을 끌어들인다. 반대로 뒤따라가는 병원은 남은 인력으로 어렵게 병원을 꾸려 나간다. 결국 뒤따라가는 병원은 마지못해 급여 수준을 높이는 결정을 하게 되지만 이미 앞서가는 병원은 한 단계 더 나가 있다.

대안 병원의 연봉 수준과 복리후생을 조사한다

누구나 다 자신을 업계 평균이라고 이야기하는 경향이 있다. 업계 수준 이상이라고 말할 때 객관적 기준이 매우 중요하다. 기준으로는 지역, 과목, 규모를 고려해야 하겠지만 가장 중요한 기준은 우리 병원에서 일할 수 있는 직원이 또 어떤 병원에서 일할 수 있는가라는 대안을 중심으로 검토하는 것이다. 대안 병원의 급여 수준을 파악하는 것은 어렵지 않다. 일부 직원에게 직접 대안 병원에 면접을 보게 하고 연봉 수준을 확인하거나 외부 컨설팅 회사에 의뢰하여 주변 병원의 연봉 수준을 조사하게 할 수도 있다. 전화 면접을 통해 연봉 수준을 확인할 수도 있다. 또한 우리 병원에 면접을 보러온 직원이 있을 때 어떤 대우를 받았는지를 물을 수도 있다. 이는 반드시 정리돼야 하며 향후 직원과 문제가 되었을 때 근거 자료로 활용돼야 한다. 단순히 초봉만 가지고 비교해서는 안 된다.

업계 평균에서 벗어나겠다는 목표를 세운다

탁월한 성과는 탁월한 조직원을 통해서 가능하다. 업계 평균이 자신의 병원을 평가하는 기준이 되어서는 평균 수준의 성과를 낼 수밖에 없다. 업계 평균 이상의 대우를 바라는 직원 역시 평균 수준의 성과를 낼 확률이 높다. 병원은 더 탁월해져야 한다. 평균이 아니라 최고 수준이 돼야 한다. 포부가 크고 목표가 담대해야 혁신도 가능하고 고성과를 낼 수 있다. 지금은 업계 평균을 기준으로 직원과 소통하지만 앞으로 2~3년 내로 이러한 업계 평균이라는 프레임 자체가 아무런 의미가 없을 정도로 높은 성과를 내고 그 결과로 직원 급여와 복지 수준이 탁월하게 높아지는 것이 병원장의 목표가 돼야 한다. 이것을 다른 말로 비전이라 부른다.

항상 연말연시가 되면 병원장들이 고민하는 내용이 있다. 직원 연봉이나 월급을 어떻게 인상해야 하는지 말이다. 아주 간단하면서도 아주 중요한 것이 직원의 연봉과 급여체계이다. 그런데 이것이 매우 주먹구구식으로 운영되거나 병원장의 기분으로 정해지는 경우가 많다. 병원장 본인의 월급도 역시 그 병원의 급여체계인데 말이다. 과거에는 돈을 많이 벌었기 때문에 그러한 것이 별문제가 되지 않았을 수도 있으나 앞으로 그런 시절은 오지 않을 것이다. 오늘부터라도 당장 급여체계를 만들고 병원장 자신이 월급을 받아 가는 사람이라고 생각해보자. 그럼 직원들을 더 잘 이해하게 되지 않을까?

건강한 조직문화를 만들어가는 데 평가만큼 중요한 요소도 없다. 평가 없이도 조직이 잘 굴러갈 수 있다고 생각하면 큰 오산이다. 상당히 문제가 있다고 생각되는 직원이 좋은 평가를 받아 승진하거나 월급이 오른다면 이를 바라보는 직원들은 당연히 사기가 꺾인다. 반대로 병원의 발전을 위해 아무리 노력해도 평가에 반영되지 않는다면 누가 계속 열심히 할까? 많은 병원장이 직원 평가에 대해서 고민하지만 속 시원하게 이를 해결하는 병원장은 드물었다. 기준을 찾지 못해 평가를 아예 하지 않는 경우도 있었고, 나이가 들면 자연스럽게 승진하는 식으로 형식적으로 평가하는 경우도 있었다. 업무 성과가 좋지 않은 직원을 그저 참기만 하다가 결국 지쳐 퇴사를 종용하는 경우도 있었다.

평가를 잘하기 위해서는 두 가지가 중요하다. 첫 번째는 평가 기준이 분명해야 한다는 것이다. 두 번째는 평가 기준이 미리 약속돼야 한다는 것이다. 연초에 무엇을 평가할지를 미리 알려주는 것이 올바른 평가의 시작이다. 단순히 '열심히 일하면 좋은 평가를 하겠다'는 식의 기준은 모호하다. 검사실이라면 검사 정확도, 환자 만족도, 환자 불만 횟수를 기준으로 삼을 수 있다. 병동이라면 퇴원 환자 만족도에서 병동 간호사에 대한 평가를 기준으로 삼을 수 있다. 의료진이라면 환자 수와 환자의 치료 동의율을 기준으로 삼을 수 있다. 행정지원팀이나 재무지원팀과 같이 구체적으로 성과를 측정하기 어려운 부서는 병원 전체의 성과에 연동되도록 한다는 약속이 기준이 될 수 있다. 기준이 분명해야 한다. 그래야 직원들은 어디에 집중해야 할지 알 수 있다. 그러므로 올 초에 올바른 기준이 서로 약속되지 않았다면 연말에 어떻게 평가할 것인지 고민하는 것은 의미가 없다. 이런 상황이라면 내년에 어떤 기준으로 직원을 평가할 것인지 고민하고 기준을 세우는 것이 타당하다.

여기서 중요한 것은 평가 기준이 병원의 발전 전략에 합치해야 한다는 것이다. 전략은 병원마다 상황에 따라 다르다. 환자의 숫자를 늘리는 것이 중요한 병원이 있을 수 있고 환자의 숫자보다는 진료의 질적인 측면이 중요한 병원이 있을 수 있다. 병원장에게 진료가 쏠리는 현상을 줄이기 위해 병원장 브랜드가 아니라 병원 브랜드를 높이는 것을 중요한 전략으로 삼아야 하는 병원이 있을 수도 있다. 병원의 전략을 정한 후에 그 전략에 기반한 평가 기준을 세우면 적절한 평가가 가능할 것이다. 예를 들어 수술이나 검사 건수를 기준으로 의료진을 평가한다고 했을 때 자칫 과잉 진료로 병원 평가에 장기적인 악영향을 끼칠 수 있다면 좋은 기준이라고 할 수 없다. 경쟁이 많지 않은 고립 지역에 신생 병원을 개원했다면 진료한 환자 수와 같은 기준보다는 환자에게 만족도가 높은 진료를 제공했는지를 평가하는 것이 더 좋은 기준이다. 요는 직원의 평가 기준을 마련하기 위해서는 먼저 병원 상황에 맞는 발전 전략이 선결돼야 한다는 뜻이다.

조직도를 갖춰야 조직 관리가 된다

조직도가 아예 없는 병원을 한 번씩 맞닥뜨린다. 누가 무슨 일을 어디까지 해야 하고 어디까지 책임을 지고, 누구에게 보고하고, 부서

간의 상하관계는 어떠한지 약속된 내용이 없다. 모든 보고를 다 병원장에게 하고 모든 책임을 다 병원장이 진다. 조직도가 불분명한 병원도 다반사다. 한 5년 전에 만든 조직도인데 현재 조직과 전혀 맞지 않는다. 직급체계와 직책체계가 불분명한 조직도 많다. 직급으로서 수간호사인지, 직책으로서 수간호사인지 불분명한 경우도 많다. 원무부는 있으나 원무부장은 없고 외래팀은 있으나 외래팀장의 직급이 부장인지 과장인지 아무도 모른다. 어떤 병원은 모든 직원이 서로 선생님이라고 호칭하는 병원도 있다. 조금 더 오래 일한 간호사를 대략 주임 간호사 부르는데 기준이 무엇인지를 물으면 모호한 경우도 있다. 이렇게 조직도가 없거나 직급체계와 직책체계가 정비되지 않아서는 조직 관리가 제대로 될 수가 없다. 인사 관리를 위해서는 조직도를 그리는 것이 최우선이다. 왜 조직도가 중요한 것일까?

승진제도를 운영할 수가 없다

5년을 일해도 1년을 일해도 같은 직책을 갖고 있으면 오래된 직원의 사기가 저하된다. 또한 직급의 기준 없이 누군가를 승진시키면 경계에 있는 직원들로부터 원성을 산다. 승진제도는 능력 있는 인재의 퇴사를 막을 수 있는 좋은 방법이다. 연봉제를 운영할 때 항상 신경써야 하는 것이다.

보고체계가 분명해야 효율이 생긴다

조직도에 따른 직책은 책임을 나타낸다. 예를 들어 간호부에는 간호부장이 있고, 병동에는 병동 수간호사가 있고, 외래에는 외래팀장이 있는 식이다. 외래와 병동이 간호부에 속해 있으면 외래팀장과 병동 수간호사는 간호부장에게 먼저 보고한다. 원무팀이 행정지원부 소속이면 행정지원부장이 있어야 한다.

성과평가체계를 만들 수가 없다

직원 한 사람의 성과는 그 사람의 능력만으로 발휘되지 않는다. 소속 팀과의 공조를 통해, 소속팀에 대한 기여를 통해 발휘된다. 그래서 통상 성과평가체계를 설계하면 개인의 성과와 소속 부서의 성과를 합하여 평가한다. 이름만 부서장이지 부서원을 지휘할 수 없거나 무슨 부서에서 어디까지가 책임인지 등이 불분명해서는 평가를 제대로 할 수 없다. 조직 운영의 골간이 되는 조직도, 조직도와 상응하는 권한이 주어지는 보직 개념의 직책, 처우의 기준이 되는 직급체계를 정비하는 것이 조직 관리의 기본이다.

어떻게 갈등을 관리할 것인가

"서로 말도 안 하고 식사도 같이하지 않습니다."
"직원 간의 관계를 이유로 퇴사하는 직원이 자꾸 생깁니다."

불완전한 사람들이 살고 있는 세상에서 갈등은 오히려 자연스러운 것이다. 또한 대부분의 갈등은 생산과 변화, 발전의 씨앗이 된다. 그러나 갈등을 잘못 관리하면 종말에 이르게 된다. 그러므로 리더는 갈등을 잘 관리해야 한다. 병원 조직은 특히 갈등이 많은 조직으로 알려져 있는데 필자의 경험에 의하면 병원은 갈등을 잘 해결하지 못하는 조직이다. 어떻게 갈등을 관리해야 할까?

갈등을 자연스러운 문제로 정의해야 한다

병원에는 수많은 갈등 요소가 있다. 직원마다 월급도 다르고 팀별로 하는 일도 다르고 대우도 다르다. 서로의 나이도 다르고 입장도 다르다. 병원에서 갈등을 잘 예방하고 관리하고자 하는 리더는 갈등을 매우 자연스러운 현상으로 이해하고 병원의 발전에 중요한 밑거름이 된다는 긍정적인 사실에 주목해야 한다. 그리고 갈등 주체에게 이런 이야기를 공론화해야 한다.

예를 들어 "이 문제는 김 간호사 성격 문제"라든가, "이 문제는 검사팀이 더 편하게 일하려고만 하니까 생기는 문제"라는 식의 갈등 정의는 좋지 않다. "이 문제는 김 간호사가 일을 더 잘하려고 하다 보니까 자연스럽게 생기는 충돌입니다. 이 문제가 해결되면 병원에 긍정적인 도움이 될 것"이라고 이야기해야 한다. 마찬가지로 검사팀의 갈등은 "이 문제는 각종 전문직들이 자신의 전문 업무에 충실하다 보니 생기는 자연스러운 형평성 문제입니다. 하지만 우리가 지혜를 모은다면 전문성 확보 문제와 형평성 문제를 동시에 해결할 좋은 기회"라는 식으로 이야기해야 한다. 이렇게 갈등 주체들에게 갈등 상황을 자연스럽게 인식시키고 긍정적으로 해석해준다면 당사자들이 좀 더 성숙된 입장에서 사안을 바라보는 기회를 얻게 된다.

갈등은 열린 커뮤니케이션으로 예방해야 한다

갈등은 방치하면 눈덩이처럼 커지는 경향이 있다. 서로의 대립이 병원 전체 경영에도 중대한 영향을 미칠 수 있다. 예를 들어 서로 불신하여 접수팀과 상담팀이 정보를 잘 공유하지 않으면 환자의 예약과 같은 정보 공유에도 악영향을 미칠 수 있다. 그러므로 갈등의 불씨가 더 커지기 전에 서로 정확하게 소통하게 하여 갈등을 초기에 진압해야 한다. 알아서 하게 하거나 알아서 잘 해결되겠지 하는 안일한 생각은 더 큰 갈등을 불러온다.

갈등의 거품인 감정적 문제를 먼저 해결해야 한다

갈등이 있을 때는 실질적인 문제와 감정을 떼어놓고 생각하는 것이 유리하다. 사람이 감정적으로 흥분하게 되면 문제를 해결하기에 아주 취약한 상태가 된다. 특히 병원에서 발생하는 갈등은 대체로 감정 문제로 이어지는 경향성이 있다. 갈등을 관리하는 원장은 먼저 감정과 실제 문제를 떼어놓아야 한다. 실제 문제보다 감정에 초점을 맞춰야 한다. 싫다, 밉다, 짜증난다는 식의 분노나 불신감 등의 감정 갈등은 실제 문제를 훨씬 심각하게 만든다. 그냥 싫은 것을 해결할 방법은 없기 때문이다. 어떻게 감정적 갈등을 해소할 수 있을까? 전문가들은 이 문제를 해결하기 위한 몇 가지 싸움 방식을 제안한다. 다음의 3단계 해소법을 참고하여 중재를 시도해보자.

- 제1단계: 서로 논쟁하되 상대방을 존중하는 태도를 보이면서 논쟁하게 한다. 존중한다는 것은 자신의 현재 입장이 어떻든 상대방을 비하하지 않고 다양성을 인정하면서 시선, 목소리, 단어 선택 등에서 상대방을 존중하는 태도를 보이도록 한다.
- 제2단계: 상대방의 입장을 경험할 때까지 먼저 경청하게 한다. 이때는 상대방이 한 말을 듣고 마치 상대방이 그 말을 하

는 것처럼 한 마디 한 마디 반복하게 하는 방법을 사용하는 것
이 많은 도움이 된다.

- 제3단계: 자신의 관점, 요구 조건, 기분을 감정을 싣지 말고 핵
  심만 짧게 그러나 허심탄회하게 털어놓게 한다.

감정적 갈등이 해소되고 나서도 여전히 실질적 문제가 남게 된다.
하지만 감정이 제거된 실질적 문제는 생각보다 작고 해결 가능한 주
제일 가능성이 크다.

어떻게 구인을 잘할 것인가

"괜찮은 직원을 뽑기가 너무 어렵습니다. 구인이 어려우니 모든 병
원 일이 다 어렵습니다."

많은 원장이 적절한 인력 채용의 어려움을 호소한다. 소위 구인란
은 개원가의 원장들이 겪는 가장 일반적인 경영 문제라 해도 과언이
아니다. 구인란이 병원에 미치는 영향은 심각하다. 적절한 인력이 뽑
히지 않아 생기는 직접적인 손해도 있지만 간접적인 손해도 매우 크
다. 구인이 잘되지 않으면 원장이 구인의 두려움 때문에 직원을 바르
게 평가하지 못하거나 해고 등의 절차를 피하게 되기 때문이다. 심지
어 직원들이 이러한 사실을 알고 역이용하는 경우도 종종 목격한다.

만약 항상 적시에 적절한 인력이 언제든지 대체될 가능성이 있는
병원이라면 직원들의 근무 긴장도가 높고 당연히 업무 성취도도 높
을 것이다. 구인란에 심각한 고민을 하는 원장들을 위하여 몇 가지

도움이 될 만한 해결책을 제시하고자 한다. 사실 근본적으로 구인란 문제를 해결하기 위해서는 퇴사 원인을 파악하고 이직률을 줄이는 것이 최선이다. 하지만 여기에서는 구인 과정을 단순히 효율성 측면에서 원포인트 레슨 식으로 진행해보겠다.

구인 공고 문구는 중요하다

많은 병원이 구인 공고를 관공서에서 관보 내듯 한다. 예를 들어 "수간호사 모집, ○○내과, 주 6일 근무" 이런 식으로 형식적이고 상투적이다. 이런 공고는 꿈이 있는 젊은이들의 관심과 지원을 받기에 적절치 않다. 반대로 이런 공고에 지원하는 직원이라면 꿈도 적고 그만큼 재능도 적을 수 있다. 구인 시장은 낚시와 비슷하다. 물고기가 내 미끼를 물지 않는 것이지 사실 연못에는 물고기가 많이 살고 있다. 필자는 앞으로 병원이 좀 더 성의 있고 좀 더 진실하게 구인 공고를 내기를 권한다. '멋지고 성실한 수간호사 선생님을 모시게 되었습니다. 저희 ○○내과는 분당지역 주민분들을 위해 건강검진센터를 운영하는 꽤 규모 있고 최신 시설을 갖춘 병원입니다. 이번에 사정에 의해 8명의 간호사를 통솔할 수간호사를 모집하게 되었습니다. 저희 내과는 큰 규모는 아니지만 환자들로부터 바람직한 의료를 제공하는 병원이라는 평을 받고 있습니다'는 식으로 이야기도 있고 꿈도 있고 스타일도 있는 구인 공고를 올려야 한다. 이런 공고는 일반적인 관공서식 구인 공고보다 훨씬 더 능력 있는 직원의 관심을 끌 수 있을 것이다.

또한 공고에 직원의 급여 수준을 구체적으로 적어야 한다. 병원 구인 공고 내용 중 상당수가 급여 수준을 명시하지 않는다. 입장을 바꾸어 개원 전 봉직의로 일을 구하고자 병원 공고를 확인했는데 급여 수준을 명시하지 않았을 때 어떤 감정을 느꼈는가? 귀찮음 때문이라도 그 병원에 지원하지 않을 가능성이 크다. 그러므로 공고에 급여 수준을 명시하여 잠재 지원자 수를 늘리는 것이 장기적으로 바람직하다.

근무 조건을 시장 상황보다 10~15퍼센트 올린다

정성스럽게 공고를 썼다면, 그다음에는 시장의 평균 연봉이나 근무 조건보다 10~15퍼센트 정도 더 높은 연봉체계를 유지해보기를 권한다. 선도자의 법칙이란 개념이 있다. 다른 병원보다 한 1년 정도 앞서서 연봉을 계속 올려 나가는 병원은 항상 시장에서 가장 좋은 인력을 채용하고 반대로 1년 정도 늦게 연봉을 올려 나가는 병원은 시장에서 가장 재능이 떨어지는 인력을 채용하게 된다는 법칙이다. 또한 구인 공고에서는 연봉을 공개하지 않아서 지원자가 많지 않은데 실제 면접 과정에서 도리어 직원에게 연봉을 많이 주는 결정을 하는 경우도 많이 목격하였다.

요는 항상 시장 상황보다 조금은 유리하게 연봉을 책정하고 이를 공표하는 것이 전체적으로 병원 경영에 훨씬 더 도움이 될 요소가 많다는 것이다. 환자들이 남긴 병원 리뷰를 보면 직원의 불친절함에 불만을 많이 느낀다는 걸 알 수 있다. 이런 일이 일어나지 않게 하려면 처음부터 좋은 사람을 채용하고 교육해야 한다. 그러므로 업계 평균보다 좀 더 높은 연봉을 설정하고 훌륭한 인재를 채용하기를 권한다.

직원이 10명 정도라면 수시 모집제도를 운영해보기를 권한다. 직원에게서 퇴사 통보를 받고 2~3주 정도 남겨둔 임박한 상황에서 부랴부랴 공고하고 면접을 보기 시작하면 초조하고 대안이 많지 않아 제대로 구인이 되지 않는다. 그 결과 적절한 인력을 뽑지 못하고 그 결과 또 대안을 찾아야 하는 악순환이 지속될 수 있다. 그래서 많은 기업이 수시 모집제도를 운영한다. 수시 모집제도란 다음과 같다.

① 구인 공고를 상시로 운영한다.
② 적절한 인력을 수시로 면접한다.
③ 괜찮은 사람은 데이터베이스화한다.
④ 구인 때 먼저 괜찮은 후보에게 연락하는 방식이다.

이렇게 하면 훨씬 수월하게 구인란을 해결할 수 있을 것이다. 필자는 상담실장 후보로 5명 정도의 후보군을 항상 구축해두는 현명한 원장을 본 적도 있다. 과연 지금 당장 함께 일하지 않는 원장과 후보 직원이 관계를 잘 구축할 수 있을까 생각할 분도 많을 것이다. 이 부분은 면접을 어떻게 보는가에 따라 결과가 달라질 수 있다. 자세한 내용은 면접 스킬 부분에서 다루도록 하겠다.

수시 모집제도를 운영하면 또 다른 이점이 있다. 면접 과정에서 주변의 수가나 경쟁자, 시장 상황을 알 수 있는 좋은 계기가 된다. 그뿐만 아니라 수시로 면접하면 병원에서 적절한 긴장 관계가 형성되어 앞서 거론한 간접적인 손실이 줄어드는 효과도 있다.

현재 우리 병원에서 일하는 직원들은 우리 병원에서 일하기 적합한 사람을 누구보다 많이 알 가능성이 크다. 학력, 지역, 나이 등의 유사성 때문인데 직원들의 추천을 받으면 의외로 쉽게 적절한 인력을 뽑을 수 있다. 100퍼센트 사원 추천제에 의해서 인력을 수급하는 병원을 본 적이 있는데 상당히 안정적으로 해결함과 동시에 가족적인 분위기를 형성하고 있었다. 물론 사원 추천제에 대한 보상 프로그램을 운영하는 것도 중요하다. 외국 기업의 63퍼센트가 사원 추천제를 활용해서 직원을 채용하는 것으로 발표된 적이 있다. 사원 추천제를 통해 채용되는 사람은 기존 조직의 분위기와 문화, 직무에 대한 충분한 이해가 있는 기존 직원을 통해서 추천되기 때문에 상대적으로 실패 확률이 줄어드는 장점도 있다.

어떻게 면접을 잘 볼 것인가

"면접 볼 때는 괜찮아 보여서 뽑아도 결과가 대체로 좋지 않습니다. 일단 사람을 잘 뽑는 게 중요한 거 같은데 실수를 방지할 방법이 있을까요?"

인재 선발에 실패한 경험이 없는 원장을 만나기는 쉽지 않다. 면접은 세일즈와 비슷하다. 채용을 희망하는 사람들은 마치 세일즈맨처럼 짧은 시간에 자신의 가장 훌륭한 모습만을 보이려고 노력하고 면접관은 그 와중에 진실을 발견해야 한다. 경험이 많은 원장일수록 면접과 충원 자체의 중요성을 강조하는 경향이 있다. 사람을 잘못 뽑으면 아무것도 안 된다는 것을 오랜 경험으로 체득했기 때문이다. 어떻게 하면 인재를 선별할 수 있을까? 개원가에서 사용할 만한 인재 선별법을 정리해보았다.

편안한 분위기를 만들면 면접관이 유리하다

일단, 편안한 분위기를 만들어 면접을 보기를 권한다. 대체로 짧은 시간에 한 사람을 제대로 파악하기란 몹시 어려운 일이다. 국회에서 청문회를 하는 것처럼 딱딱하게 묻고 답하기 시작하면 면접자의 일상적인 모습을 보는 것이 거의 불가능해진다. 사람은 긴장할수록 자신을 더욱더 숨기게 되는 경향이 있어 면접자의 본심을 알아보기가 어렵다. 차를 권하고 웃고 편안하게 자리하라고 인사를 건네고 일상적인 이야기로 면접을 시작하여 긴장을 풀어주려고 노력해야 한다.

응시자의 내면을 알 수 있는 좋은 질문을 던진다

면접 시 면접관이 할 수 있는 역할은 질문을 던지고 관찰하는 것이다. 인재를 선별하기 위한 면접 과정에서 면접관이 할 수 있는 가장 중요한 일은 적절한 질문을 던지는 것이다. '예'나 '아니오'로 답할 수밖에 없는 질문은 좋은 질문이 아니다. 심층적으로 관찰할 수 있는 질문이 좋은 질문이다. 다음의 예를 참고해보자.

(좋지 않은 질문: 단답형을 유도하는 질문)

면접자: ○○병원에서 일하신 적이 있군요.

응시자: 네. 있습니다.

면접자: 네. ○○병원이라면 강남에 있어서 수준 있는 환자들을

많이 만났겠네요.

응시자: 네. 많이 만났습니다.

면접자: 그런데 ○○병원에서도 승진하여 수간호가가 되셨네요.

응시자: 네. 그렇습니다.

면접자: 그러면 아주 열심히 했겠군요.

응시자: 네. 아주 열심히 한 편이라고 생각합니다.

면접자: 동료 직원들과도 상당히 잘 어울려야 했겠군요.

응시자: 네. 말씀하신 대로입니다.

왜 이런 질문은 좋지 않을까? 응시자의 대답을 다 빼앗아버려 제대로 관찰하기가 쉽지 않기 때문이다. 반대로 좋은 질문의 몇 가지 유형을 살펴보자.

(좋은 질문: 설명을 요구하는 질문)

"○○병원에서 일하셨는데 ○○병원은 어떤 병원이라고 생각하십니까?"(동기와 이유를 묻는 질문)

"우리 병원은 어떤 이유에서 지원하게 되셨나요?"(관점을 묻는 질문)

"짧은 시간에 수간호사가 되셨는데 바람직한 수간호사는 어떤 역할을 해야 할까요?"

좋은 질문이란 응시자의 내면세계를 좀 더 깊숙이 진실하게 들여다볼 수 있도록 도움을 주는 질문이다.

모든 평가의 전제는 명확한 평가 기준이다. 면접관인 원장들은 이력서만 들고 면접에 임하기보다는 별도로 미리 만든 평가표를 들고 면접에 임하기를 권한다. 평가표는 이번 채용의 가장 중요하게 생각하는 여러 기준이 가중치로 기재된 표를 말한다.

예를 들어 입사 의지(10%), 표현·상담·접객 능력(20%), 간호 지식(30%), 조직 친화력(20%), 창조적 발상 능력(10%), 외국어(10%)와 같은 방식으로 기준을 만든다. 또한 각각을 탐색할 수 있는 구조화된 질문지가 있다면 훨씬 더 객관적으로 선별할 수 있을 것이다. 이러한 평가표는 2시간 이상 시간을 들여 만들어볼 가치가 있다. 면접을 본 모든 이력서 맨 앞장에 평가표를 첨부해둔다면 면접 능력이 계속 높아질 것이다.

병원은 일대일 면접을 선호하는 경향이 있는 것 같다. n:1 면접도 많은 장점이 있기 때문에 병원에서 충분히 활용해볼 만하다. n:1 면접은 원장 혼자서 보는 게 아니라 응시자가 채용되면 함께 일할 상급자를 배석시켜 면접을 보는 것을 말한다. 자신이 직접 면접을 본다는 생각으로 응시자를 평가하고 관찰하는 기회를 얻은 상급자는 여러가지 측면으로 자극을 받게 되고 원장이 보지 못하는 다양한 부분을 관찰할 수 있다. 또한 자신이 함께 일할 부하 직원을 직접 뽑는 데 기여하는 측면이 있기 때문에 충원 후에 관계가 좋은 장점도 있다.

소위 '역면접'이라는 말이 있다. 표면적으로 볼 때 면접관이 인재를 선택하는 것 같지만 실제로는 인재가 병원을 선택한다는 말이다. 예를 들어 병원 입장에서 좋아 보이는 지원자는 다른 병원에서도 탐을 내기 때문에 결국 채용 결정을 내릴 확률이 높은 지원자일수록 지원자가 파워를 가지게 된다는 논리다. 뛰어난 지원자는 자신이 면접에 임하면서도 원장과 병원을 평가하기를 주저하지 않는다. 그러므로 면접관은 이러한 사실을 충분히 염두에 두어야 훌륭한 직원을 채용할 수 있게 된다. 두서없는 질문, 배려 없는 면접 태도, 정리되지 않은 병원의 모습, 같이 일하는 직원에 대한 비방 등은 모두 마이너스 포인트다.

면접관은 지원자가 마음에 들 경우 본격적으로 역면접을 실시하는 것이 바람직하다. 예를 들어 "병원에 대해서 궁금한 점은 없느냐?"라고 묻거나 개인적인 비전에 대해서 좀 더 구체적으로 물으면서 깊은 관심을 표명한다. 또한 병원의 인재상에 대해 충분히 주지시키거나 고객을 대하듯 밝은 표정으로 편안하게 대하면서 병원과 원장 자신에게 좋은 인상을 받을 수 있도록 노력하는 것도 역면접의 좋은 예다. 첫인상이 서로 어떻게 형성되는가가 앞으로의 관계에 너무나도 중요한 영향을 미치기 때문에 서로 충분히 상대방을 배려하는 것은 그만큼 가치가 있다. 면접은 직원과의 관계 맺기의 시작이다. 아무리 좋은 직원이라도 면접 과정에서 서로 얼굴을 붉힌다면 바람직한 관계가 형성되기 어렵다.

어떤 직원의 이력이 의심스럽거나 마지막으로 꼭 확인해보고 싶은 마음이 있을 때 과감하게 이전 직장에 전화를 걸어보기를 권한다. 특히 중요한 역할을 할 직원일 때는 반드시 거치는 것이 좋다. 면접을 보고 나서 면접 결과 최종 합격 통지를 하기 전에 이전 직장에 전화를 걸어 자초지종을 설명하고 의견을 묻는다면 최소한의 실수를 방지할 수 있다. 만약 누군가가 나에게 우리 병원의 퇴사 직원에 대해 설명해달라고 하면 어떻게 하겠는가? 아마도 자세히 설명해줄 용의가 있을 것이다. 인지상정이라고 사람의 마음은 비슷하다. 이상하게 여길까 염려하지 말고 용기를 내어 두어 군데 전화해본다면 틀림없이 결정적인 정보를 얻을 수 있을 것이다.

난처한 상황이 되었을 때 본심을 파악할 수 있다

앞서 말한 대로 대부분의 지원자는 면접에서 자신의 최상의 모습을 보여야 하기 때문에 진실하기가 어렵다. 그럼에도 불구하고 면접관은 지원자의 진정한 모습을 알아봐야 하는 상황이다. 지원자의 평상심을 기습하는 질문은 유용하게 본심을 파악할 수 있는 수단이 된다. 다음의 몇 가지 난처한 면접 질문을 활용해보자. 지원자가 어떤 답을 하는지가 중요한 것이 아니다. 정말 중요한 것은 난처한 상황에서 지원자가 어떻게 대처하는가를 잘 살펴보는 것이다.

(갈등 질문)

"좋은 아이디어가 있는데 직속 상사가 이를 계속 무시할 경우 어떻게 하시겠습니까?"

"1년에 한 번 있는 생일 파티가 예정된 저녁에 갑자기 응급환자가 생겼다면 어떻게 하시겠습니까?"

(압박 질문)

"열심히 하는 개미보다 요령 있는 베짱이가 더 낫다는 말이 있습니다. 어떻게 생각하십니까?"

말이나 행동보다 이력 데이터가 더 정확하다

지원자가 사람은 똑똑해 보이는데 이력이 훌륭하지 않을 때나 행동(표정, 몸짓, 용모 등)과 말이 불일치할 때 면접관은 상당히 곤혹스러워진다. 도대체 무엇을 믿어야 할까? 오랜 경험을 놓고 볼 때 결국 지원자의 말보다는 행동이 더 진실하고 행동보다는 과거 이력이 더 진실하다. 아무리 말을 잘해도 이해되지 않는 행동을 하거나 이력이 있다면 부정적으로 생각하는 것이 옳다.

의인물용 용인무의疑人勿用 用人無疑. '의심스러운 사람은 쓰지 않고, 쓴 사람은 의심하지 않는다.'라는 말이다. 면접을 볼 때는 확실히 사람을 알아보기 위해 노력하고 일단 결정되면 직원과 원장이라는 새로운 관계를 맺기 위해 최선의 노력을 다해야 한다. 병원이 직원을 선택하는 것만큼 직원도 병원을 선택한다는 사실을 꼭 기억하기를 당부한다.

해야 할 일

미팅 시간을 15분 미만으로 가진다. 미팅 시간이 길수록 상처는 커지고 실수할 가능성이 커진다. 시종일관 간결하고 분명한 분위기를 유지해야 하며 상대방으로 하여금 본인이 존중의 대상이라 느낄 수 있도록 해야 한다. 중요한 것은 말이 아니라 말하는 방식이다. 한 마디 한 마디에 상대를 존중하는 마음을 실어야 한다. 해고 통지를 받는 사람에게 이 시간이 본인 인생에서 손꼽을 수 있을 만큼 스트레스가 큰 시간이라는 점을 이해해야 한다.

해고 통보를 받는 사람이 자신의 이야기를 할 수 있도록 해줘야 한다. 하지만 전체 미팅 시간은 꼭 정해두어야 한다. 미팅 이후 불가피한 약속을 잡는 것도 현명한 방법이다. 통지하는 자리에서 해고 절차와 이로 인해 생기는 금전적 계산에 관한 부분 역시 미리 계산하고 통보한다. 그 과정에서 실수가 있으면 감정 폭발의 빌미를 제공할 수 있으니 특히 조심해야 한다. 앞으로 근무 희망 일수를 확인하고 그전까지 해주었으면 하는 일을 분명하게 알린다. 가장 좋은 해고 통보는 해당 미팅을 요청하기 전에 이미 직원이 그 사실을 알고 마음의 준비가 된 것이다. 해고 통지에는 분명한 해고 통보의 이유가 제시돼야 한다. 경고 등 사전에 충분한 공감 절차를 거친 결과로 진행돼야 하며 이유를 분명히 말할 수 없는 해고는 지양해야 한다.

병원에 중간관리자가 있다면 되도록 책임감을 느끼면서 해고 내용을 통보하고 조직의 결정이라는 사실을 알려줘야 한다. 리더가 중요한 상황을 회피하는 모습은 좋지 않지만 무조건 정면에서 해고할 직원과 부딪히는 것도 좋지 않다. 단, 힘이 없는 중간관리자가 형식적인 통보 주체가 될 것으로 예상될 때는 원장이 직접 통보해야 한다.

하지 말아야 하는 일

개인적인 이야기나 농담이나 주변의 이야기로 대화를 시작하지 말아야 한다. 바로 주제로 들어가야 상대방을 존중하는 미팅이 된다. 상대방이 신변잡기적인 이야기 뒤에 해고라는 심각한 이야기를 꺼낼 때 상당한 수치심과 배신감을 느낄 수도 있다.

"왜 제가 해고돼야 하나요?"라는 식의 질문에 애써 노력해서 대답할 필요는 없다. 이러한 대답을 애써 하다 보면 상대방은 인생에서 좋지 않은 기억을 갖게 될 가능성만 더 커진다. 어떤 직장이든 이력에 중요하지 않은 직장이란 없다. 또한 직장생활을 한 사람들은 평생자신의 직장생활을 회고하게 된다. 이런 부분을 충분히 배려한 현명한 대답이 필요하다. 현명한 대답이 생각나지 않는다면 차라리 침묵하는 편이 좋다. 직원의 심적 상태를 지나치게 많이 이해하면서 공감해주는 것도 좋지 않다. 냉정함이 필요하다. 직원의 마음과 함께 연결되는 순간 감정이 격화되어 해야 할 말을 충분히 전달하지 못하고 하지 말아야 할 말을 할 확률이 높아지기 때문이다.

다른 직원과 비교하는 언급은 절대로 삼가야 한다. 누구나 다 이유를 가지고 있고 판단하는 기준이 다르다. 그리고 그것은 해고의 이유가 될 수 없다. 중간관리자가 통보할 때 "나는 병원 결정을 이해 못하겠다."라는 식으로 통보자의 개인적 의견을 이야기하는 것은 좋지 않다. 또는 "나라고 얼마나 이 병원에 일하겠어?"라든지 "원래 우리 병원이 그렇잖아."라는 식의 발언은 병원을 위해서나 해고자를 위해서도 절대로 위로가 되지 않는다는 사실을 명심해야 한다.

해고 통보 자리에서 과거의 성과나 특정 이슈를 거론하지 말아야 한다. 구체적인 언급은 구체적인 변명의 빌미를 제공할 뿐이다. 곧 근시일 내로 다시 우리 병원에서 일할 수도 있다는 식의 말도 좋지 않다. 해고의 명분만 약해질 뿐이다. 하지만 개인적으로는 서로 얼마든지 다시 만날 수 있고 함께 좋은 정보를 나눌 수 있다는 정도로 이야기를 할 수는 있다.

고객경험
Medical Process

병원에서 여러 전문 직종의 업무가 어우러져 완벽한 의료 서비스가 제공되는 것이 중요하다. 이를 마케팅 믹스에서는 '프로세스'라고 부른다. 병원에서 프로세스를 이야기할 때 항상 등장하는 개념이 고객 접점MOT, Moment of Truth이다. 고객접점MOT이란 고객이 병원을 이용할 때 실제로 의료 서비스를 접하는 모든 지점을 의미한다. 병원은 고객접점MOT 하나하나에 대해 완벽한 서비스를 제공하기 위해 매뉴얼을 만들고 지속적으로 업데이트해야 한다. 이런 활동이 이어지면 고객접점MOT들이 연결되어 프로세스가 정립된다. 그리고 각 부분의 프로세스가 합쳐져 병원 전체의 프로세스를 형성한다. 프로세스가 효율적으로 움직인다면 병원 생산성은 말할 수 없을 만큼 증가하게 될 것이다. 반면 프로세스가 무너지거나 흔들리게 되면 의료진과 환자 모두에게 부정적인 영향을 미치게 된다.

많은 보험과목 의원은 대체로 과거로부터 내려오는 정형화된 프로세스를 가지고 있다. 그렇다 보니 보험과목을 운영하는 병원장은 프로세스 설계의 중요성을 간과하는 경우가 많다. 환자 입장에서 보면 대다수 병원의 프로세스가 동일하니 이 병원만의 특별한 점을 찾지 못한다. 이런 상황을 바꾸어야 한다. 보험과목 의원도 병원 의료 서비스에서 프로세스를 개선하여 환자에게 무언가를 더 해줄 수 있다면 병원 전반적인 이미지 개선에 큰 도움이 될 수 있다.

프로세스를 잘 설계하기 위해서는 그 구성 요소들을 잘 정의해야 한다. 또한 각 프로세스를 어떤 직원이 담당할 것인지를 명확히 하고 병원 의료 서비스별로 그 프로세스를 최적화할 수 있도록 병원 전체의 능력을 키워야 한다. 가장 효과적인 방법은 1차 의료기관을 이용하는 환자의 입장에서 고객접점MOT 과정을 구체화하고 이에 맞는 프로세스를 설계하는 것이다. 병원 진료과목, 위치, 상태에 따라 너무나도 다양한 접근 방법이 있기 때문에 병원마다 개별적인 진단을 해야 한다. 다만, 이 책에서는 모든 사례를 다룰 수 없으므로 대다수가 적용할 수 있는 이야기를 전하고자 한다. 큰 틀에서 고객이 병원을 방문하기 전, 병원을 방문했을 때, 병원을 떠났을 때를 기준으로 설명하겠다.

병원을 방문하기 전
Pre-Inpatient

병원 문을 몇 시에 열고 닫을 것인가

서울 근교 신도시에 위치한 소아청소년과 이야기를 예로 들고자한다. 원장이 두 명인 이 소아과는 개원한 지 5년 정도 되었으나 환자수가 크게 늘지 않아 고민하는 상황이다. 현재는 월요일, 토요일이틀만 두 원장이 모두 출근해서 진료하고 나머지 요일은 번갈아 가며 진료를 하고 있다. 어떻게 하면 환자를 더 만족시키고 환자수를 늘려볼까 고민하던 중에 어느 컨설턴트의 한 아이디어를 받아들였고 여러 가지 큰 성과를 보게 되었다.

그 아이디어가 무엇일까? 해당 신도시를 분석해보니 소아 환자 부모들 대부분이 맞벌이며 근무지가 서울이어서 출퇴근 시간이 오래걸린다는 사실을 알 수 있었다. 이런 이유로 일반적으로 병원이 운영되는 시간에 병원을 방문하는 데 어려움을 겪고 있었다. 그래서 이 소아청소년과는 주 2회 조기 진료하기로 했다. 매주 화요일, 목요일은 아침 7시에 병원 문을 열어 8시 30분까지 1차 조기 진료하고 잠시 휴식을 취한 뒤 10시에 정상적으로 문을 여는 방식을 채택하고 홍보했다. 그 결과는 대단했다. 출근 전에 아이를 병원에 데리고 갔다가 어린이집에 맡기고 출근할 수 있게 되면서 많은 맞벌이 부부의 사랑을 받았고 동네에 소문이 퍼져 매출이 크게 늘었다.

병원 평가 기준으로 의료진의 전문성이나 친절함이 거론되지만 병원 이용의 편리성 또한 빼놓을 수 없다. 우리나라 사람들에게 시간이 돈이라는 속담은 정말 맞는 말이다. 시간을 매우 중요하게 여기기 때문에 빠르고 편리한 서비스는 환자 입장에서 큰 효용을 의미한다. 이런 문제를 해결해주면 인기 있는 클리닉이 될 확률이 높다. 대체로 병원의 불만 사항을 조사해보면 긴 대기 시간은 빠지지 않는 단골 메뉴이기도 하다.

국내 병의원의 운영 시간은 약속이나 한 듯 오전 10시경에 시작하여 오후 6시경에 마친다. 여러 이유가 있겠지만 아무래도 원장이 한 명인 경우에는 원장님 이하 직원들이 다 쉬어야 하기 때문에 달리 다른 방법이 없을지도 모른다. 하지만 앞에서 예로 든 소아청소년과의 이야기처럼 조금만 신경 쓰면 환자들에게 큰 효용을 주면서 나름의 포지션을 구축할 수 있다. 이것을 명심하고 다시 한번 우리 병원의 여러 시간에 대해서 점검해보기를 권한다. 도움이 될 만한 몇 가지 사례를 참고해보자.

- 비만 클리닉은 직장 여성들이 많이 이용하므로 야간 진료가 필수적이다. 어느 다이어트 클리닉의 경우, 환자의 70퍼센트

가 저녁 6시 이후 방문했다.

- 당뇨나 내시경 환자를 주로 보는 병원의 경우 환자들이 공복의 불편함을 느낀다. 이를 해결하기 위해 일주일에 2~3일은 아침 8시에 진료를 시작하여 환자들의 배고픈 시간을 줄여주었다.
- 주변에 직장이 많은 곳에 위치한 안과는 점심시간을 주변 직장의 점심시간이 끝난 후로 바꾸었다. 이를 통해 주변 직장인들이 점심시간에 병원을 방문할 수 있도록 하였다.
- 특정 시간대에 환자가 유난히 몰리는 이비인후과에서 환자들을 대상으로 대기 시간이 긴 요일과 시간대를 홍보하였다. 이를 인지한 환자들은 자율적으로 시간대를 조정할 수 있었고 대기 시간이 짧은 요일과 시간대로 환자가 분산되는 효과가 있었다.
- 한 피부과에서는 구환의 예약을 신환이 가장 없는 시간대에 우선 예약하는 정책을 시행했다. 이를 통해 구환의 대기 시간은 줄이면서 신환을 충분히 상담할 수 있는 시간을 확보하였다.

신규환자 경로를 먼저 파악한다

지속적으로 신규환자가 병원을 찾아야 병원이 성장할 수 있다. 병원이 성장해야 새로운 장비도 구매할 수 있고 우수한 인재도 유치할 수 있다. 즉 환자가 많아야 병원이 성장하는 선순환 고리가 생긴다. 매우 당연한 이야기를 하는 이유는 병원 프로세스를 설계할 때 신규환자의 중요성을 강조하기 위함이다. 신규환자를 늘리고자 한다면 가장 먼저 진행돼야 하는 작업이 신규환자의 내원 경로를 파악하는 것이다. 신규환자를 늘리고자 하는 병원은 많았지만 신규환자의 내원 경로를 철저하게 관리하는 병원은 보기 드물었다. 독자분들도 다음의 질문에 답을 할 수 있는지 고민해보자.

① 신규환자는 우리 병원을 어떻게 알고 왔는가?
② 신규환자는 우리 병원을 언제부터 알고 있었으며 어떤 것을 기대하고 왔는가?
③ 오래된 질환을 앓고 있는 환자라면 이전에는 어떤 병원에 다녔는가? 우리 병원은 왜 방문하지 않았는가?
④ 주로 어느 지역에서 방문하는가? 소개를 받았다면 어떤 식의 소개를 받았는가?

이 질문에 답을 할 수 있는 병원장은 병원의 현 상태를 정확하게 파악하는 사람이다. 하지만 대부분 위 질문에 대한 답을 모르거나 틀린 답을 하는 경우가 많다. 그러므로 다음의 몇 가지 사항을 고려하여 병원의 신규환자 내원 경로를 파악하고 병원 경영의 나침반으로 활용해보기를 추천한다.

신규환자의 경로는 한정되어 있고 충분히 파악할 수 있다

신규환자가 어떤 경로를 통해 우리 병원을 방문하는지 파악할 수 있다고 생각해보는 것이 시작이다. 물론 100퍼센트 완벽하게 알 수는 없겠지만 복잡하다는 이유로 신규환자 유입 경로를 확인하지 않으면 더 이상 발전할 수 없다. 간판, 지인 소개, 인터넷, 언론 등 유입 가능한 모든 경로를 나열하고 각 비율을 알고 있어야 한다. 신규환자가 오면 안내 데스크에서 우리 병원을 어떻게 알고 오셨는지를 정중히 물으면 대체로 환자들은 자신의 인지 경로를 이야기한다. 이때 너무 바쁜 병원은 모든 환자를 대상으로 신규환자를 파악할 필요는 없다. 샘플링한다는 생각으로 일부 환자만 조사해도 충분히 비율을 알 수 있다. 신규환자 문진표에 내원 경로 칸이 있다면 이를 위쪽으로 올리거나 반드시 체크하도록 점검하자.

신규환자 유입 경로를 적극적으로 물어봐야 한다

새로 온 환자에게 무슨 말을 건넬까? 대다수 의사는 환자와 첫 대화를 어떻게 시작할 것인지 항상 고민한다. 환자와의 라포르 형성이 너무나도 중요한 시대이기 때문이다. 환자와의 첫 대화로 추천할 만한 메시지는 인사와 함께 "어떻게 저희 병원을 알고 오셨느냐?"라고 물어보는 것이다. 우리 병원을 어떻게 알게 되었는지, 다른 병원에서 진료를 보다가 왔다면 왜 옮기게 되었는지 물어보는 과정에서 라포르도 형성되고 환자 정보도 파악할 수 있을 것이다.

월별로 신규환자 경로를 평가하고 개선사항을 토론하자

파악된 신규환자 유입 경로를 파악했으면 통계로 정리하고 지난달과 비교하며 그 의미를 파악해야 한다. 인터넷 비중이 높은지 낮은지를 파악하고, 지인 소개 비율과 소개환자 수가 어떤 흐름에 있는지 직원들과 함께 논의하고 이에 맞는 새로운 전략을 수립해야 한다. 신규환자 유입 경로별 비율은 꾸준히 유지되는 것이 정상이다. 월별 편차가 심하게 발생한다면 조사 방법 자체를 다시 점검하기를 권장한다. 광고 예산이 지출되고 있다면 그 효과 역시 신규환자 유입 경로를 통해 평가할 수 있다. 만약 인터넷에 의한 경로를 늘리고 싶다면 막연히 인터넷이라 분류하지 말고 네이버 검색, 다음 검색, SNS 피드 광고 등으로 세분화하여 물어볼 수도 있다. 이 모든 데이터가 앞으로 새로운 신규환자를 창출하는 데 소중한 자산이 될 것이다.

소개환자를 늘려야 경영 안정이 된다

소개환자가 많다는 것은 그만큼 병원이 안정되었다는 뜻이다. 병원 의료 서비스에 만족한 환자가 다른 사람에게 병원을 소개하는 것이기 때문이다. 반대로 소개환자가 없는 병원은 병원 의료 서비스에 문제가 있을 가능성이 크다. 특히 소개환자가 적은 병원은 오로지 홍보 활동을 통해서 신규환자를 창출해야 하기 때문에 비용이 많이 들 수밖에 없다.

소개를 받고 온 사람을 적극적으로 환대한다

소개환자를 늘리고 싶을 때 가장 중요한 것은 소개를 받고 온 사람을 적극적으로 환대하는 것이다. 이 특별한 우대는 매우 감성적인 영역을 의미하는 것이지 물리적이거나 금전적인 우대를 의미하지 않는다. 데스크에서 "저희 병원을 어떻게 알고 오셨어요?"라고 했을 때(이렇게 묻지 않는 병원은 앞으로 반드시 묻자!) "소개로"라는 대답이 나오면 정말로 반가워하며(환대 표시) 누가 소개했는지, 어떻게 소개받았는지, 소개받고 와서 정말 감사하다 또는 잘해드리겠다는 식으로 대화를 해야 한다. 왜 그럴까?

적극적인 환대를 받은 사람은 '아, 이 병원이 소개를 굉장히 바라는 병원이구나……'라고 생각하게 되고 '나도 소개를 해주면 되겠구나.'라는 생각으로 자연스럽게 이어질 수 있다. 소개를 받고 온 사람이 또 소개하는 다단계의 선순환 구조를 계속 만들 수 있어야 한다. 또한 소개를 받고 온 사람이 환대를 받으면 소개를 한 사람에게 자연스럽게 고마움을 표현하게 된다. 사회적 네트워크란 그런 것이다. 이 과정에서 환자를 소개한 사람의 기분이 좋아지고 '이 병원을 다른 사람에게도 소개해야겠다.'라는 생각을 하게 된다. 반대로 소개를 받고 온 사람을 사무적으로 대하거나 아무런 언급 없이 진료만 보면 그 사람은 소개를 한 사람에게 "그 병원은 너를 전혀 모르더라."라는 식의 언급을 할 수 있다. 이 경우 소개를 한 사람은 불쾌함을 느낄 수 있다. 당연히 그 후에는 그 누구에게도 그 병원을 소개하지 않을 것이다.

많은 병원이 소개환자를 늘리기 위해서 소개한 사람에게 상품권 등 물리적 보상의 제도를 둔 것으로 알고 있다. 하지만 이를 통해 환자가 소개되는 사례는 드물다. 반대로 소개받고 왔다는 말에 정서적 공감은 없이 할인 등의 혜택을 주겠다고만 하는 식의 사무적인 접근도 문제가 많다. 더 중요한 것은 소개를 받고 온 사람을 적극적으로 환대하여 위로와 감정적인 보상을 하는 것이 더 중요하다는 점을 명심하자.

소개환자를 늘리기 위해서는 먼저 소개를 받고 온 사람에게 병원 소개 프로그램에 대한 홍보가 매우 적극적으로 이루어져야 한다. 소개 프로그램 홍보라니 의아해하는 사람도 많을 것이다. 소개 프로그램에 대한 홍보란 병원에서 소개환자를 좋아한다는 메시지를 내원한 환자들에게 알리는 것을 의미한다.

남에게 무언가를 소개하는 것은 생각보다 어려운 일이다. 소개하는 행위는 소개하는 사람의 평판을 거는 행위이기 때문이다. 우리 병원의 의료 서비스에 만족감을 느낀 사람도 남들에게 우리 병원을 자연스럽게 소개할 가능성은 크지 않다. 그러므로 우리는 원내 홍보를 통해 환자들로 하여금 우리 병원은 소개환자가 늘어나기를 희망하고 소개하는 분들에게 감사하는 마음을 갖고 있다는 사실을 알려야 한다. 구체적으로 어떤 방법이 있을까?

매달 홍보 대사를 선정하여 소정의 감사 선물을 증정하고 사진을 찍고 몇 마디 소감을 원내에 게시한다. 소개한 분에게 드리는 소정의 작은 기념품(예쁜 엽서, 샘플 화장품 등)을 병원에 눈에 띄게 비치하고 소개를 감사하며 마음껏 가져가게 한다. 수술이나 처치 등 병원에 대한 만족도가 높은 환자의 경우 상담사나 수간호사 등 경험 있는 직원이 자연스럽게 주변 환자를 주제로 한 대화를 나누는 것도 좋다. 사회관계를 묻고 비슷한 상황에 부닥친 가망 환자가 있는지 대화를 나누면서 그분에게도 저희 병원을 소개해주시라는 말을 잘 전달하면 된다.

소개 프로그램이라고 해서 상품권이나 할인 혜택과 같은 거창하고 물질적인 내용이 중요한 것은 아니다. 오히려 이러한 계산적인 관계는 장기적으로 병원 발전을 저해할 수 있는 가능성도 있다. 소개라는 것은 만족한 환자들이 마음에서 우러나오는 순수한 이타 행위라는 것을 전제로 하여 이에 대한 깊은 감사와 정서적 위로의 관계로 생각하는 것이 바람직하다고 본다.

소개환자 창출을 위해 어떻게 할 것인가

소개환자 의존 비율은 결과 지표이다. 그러다 보니 소개환자를 빠르게 늘리는 것이 어렵다고 말하는 사람을 종종 본다. 그런데 그렇지 않다. 노력하면 소개환자를 빠르게 늘릴 수 있다. 병원에서 적용할 수 있는 세 가지 실천사항에 관해서 이야기하겠다.

병원 소개 스토리를 만든다

사람들은 태생적으로 스토리를 좋아한다. 드라마를 좋아하는 우리나라 사람들은 더욱 그렇다. 웬만한 병원이라면 병원과 관련한 스토리 하나쯤은 있을 것이다. "병원에서 수술받은 사람이 990명이 넘었다." "강북에서는 우리 병원이 제일 큰 규모다." "대표 원장이 의대를 수석 졸업했다." 같은 것들이다. 소개자 입장에서 자신이 이 병원을 왜 소개하는지 자연스러운 메시지를 전달할 수 있도록 만들어줘야 실제 소개가 자연스럽게 연결된다. 굳이 진료와 직접적인 연관성이 없더라도 "병원에 가니까 피카소 그림으로만 장식되어 있더라." "병원 1층이 갤러리였다." "원장님이 아마추어 사진작가더라." 같은 사소한 이야기도 이야깃거리가 될 수 있다. 이런 요소들을 많이 만들어

두어야 소개가 잘 이루어진다.

필자는 병원에 소개 장부를 별도로 만들기를 권유한다. 누가 언제 누구를 소개했으며 어떤 이유로 어떤 상황에서 소개를 받았는지를 기록하는 것이다. 이런 사례들을 장부에 하나둘 기록하다 보면 누가 누구에게 어떤 상황에서 소개하는지를 알게 된다. 며느리가 시어머니에게 소개하는 식의 가족 소개가 많은 건지, A할머니가 같은 동 아파트에 사는 B할머니를 경로당에서 추천하는 경우가 많은 건지, C어머니가 같은 유치원에 다니는 B어머니와 커피를 마시며 정보를 교환하는 과정에서 병원이 소개된 건지 등을 파악해야 한다. 인간은 누구나 사회생활을 하며 으레 병원 정보를 수집하는 정보원 그룹이 있다. 이러한 병원 수집 준거 집단을 잘 파악해두는 것 자체만으로 병원의 큰 자산이 될 것이다.

필자는 임플란트 수술, 척수 수술, 입원 같은 고관여 치료가 끝난 뒤에는 반드시 마무리 상담을 하라고 권한다. 사실 의료진이나 환자 입장에서는 '볼일 다 본 뒤에 왜 굳이 상담인가?' 하는 생각에 마무리 상담을 생략하는 경우가 많을 것이다. 하지만 수술이 잘 끝났고 환자가 충분히 만족할 만한 상황이라면 마무리 상담을 통해 환자와 새로운 관계를 형성할 수 있다. 여기서 새로운 관계란 기존의 다소 메마른 '의사-환자' 관계에서 조금은 더 편안한 '인간적인 의사 - 인간적인 환자' 관계를 말한다. 어려운 수술을 끝낸 환자에게 인간적인 모습으로 환자의 쾌유와 앞으로의 건강을 기원해주면 그 환자는 병원과 의사에 대해 고마움을 느끼고 강한 인상을 받게 된다. 이런 긍정적인 인상은 추후 병원에 대한 입소문을 내거나 남에게 우리 병원을 소개할 수 있는 강한 에너지원이 된다. 손을 맞잡고 함께 기뻐하고 웃고 어깨를 두드려주는 정서적 행위가 곁들여진다면 더 좋을 것이다. 소개환자가 많은 의사는 주변 사람들에게도 많은 소개를 바란다는 말을 아주 자연스럽게 잘한다.

예약제를 통해 환자를 분산해야 한다

우리는 시간을 잘 지키는 사람을 좋게 평가한다. 병원도 마찬가지다. 많은 병원장이 예약제라 하면 고급스럽고 한가한 병원에서나 필요한 서비스라 생각하는 경향이 있다. 하지만 바쁘고 대기 시간이 긴 병원일수록 예약제가 필요하다.

"우리 병원 환자들은 몰려다녀요. 보통 10시대와 2시대에 가장 많죠. 다른 시간대는 놀아요. 바쁜 시간에 오는 환자들은 한 시간도 기다리죠. 항상 오래 기다린다고 난리입니다." 필자에게 컨설팅을 의뢰한 어느 원장의 말이다. 병원의 포지션이 분명할수록 환자들은 특정 시간대에 밀집되게 마련이다. 사람들이 선호하는 시간은 거의 비슷하다. 일반적인 병원에서 아무 생각 없이 "모레 오세요."라고 이야기하면 환자들은 보통 아침밥 먹고 10시 정도에 오거나 점심 먹고 2시 정도 오는 경우가 많다. 그러므로 환자와 예약을 잡을 때는 정확한 날짜와 시간을 정해야 한다.

시간을 정할 때도 "언제가 좋으세요?"라고 환자에게 묻기 전에 "27일 수요일 오후 4시 30분 괜찮으세요? 이 시간에 오시면 오래 기다리지 않아도 되세요."라는 식으로 미리 파악해둔 한가한 시간을 제안하면 환자들이 분산된다. 환자들이 분산되면 대기 시간이 줄고 피크타임에 예약하지 않고 병원을 찾은 신규환자를 좀 더 여유 있게 볼 수 있는 장점이 생긴다. 또한 구체적인 예약제를 시행하면 재진 환자의 팔로업이 좋아져서 실제 재진 환자가 방문하는 확률도 높아지는 효과를 볼 수 있다. 그러므로 최대한 구체적인 날짜와 시간을 정해서 예약을 잡을 것을 권장한다.

환자의 예약 이행률을 높여보자

지금까지 재진 환자의 예약을 늘려서 환자를 분산하자는 이야기를 했다. 이를 더 확실히 알 수 있는 예약 이행률에 관해서 이야기하고자 한다. 예약 이행률은 예약 환자가 예약을 지킨 비율을 확인하는 지표다. 예약 이행률이 낮다는 것은 예약하고 안 오는 환자가 많다는 것이므로 병원 입장에서는 소중한 진료 시간이 낭비되는 문제가 생긴다. 필자가 모니터링해보면 많은 병원이 예약은 열심히 잡는데 예약 이행률에 대해서는 신경쓰지 않았다. 예를 들어 예약 시간에 그 병원을 방문하지 않더라도 따로 연락하지 않았다. 환자 입장에서 이런 경험이 한두 번 쌓이면 '병원에서도 그다지 예약을 중요하게 생각하지 않는구나.'라는 생각을 하게 되고 예약 이행률은 점점 낮아지게 된다.

정상적인 예약 이행률은 몇 퍼센트일까? 다양한 케이스가 존재하 겠지만 재진 환자의 예약 이행률은 75퍼센트를 넘겨야 정상적이라 볼 수 있다. 예약 이행률이 너무 낮은 경우, 대체로 환자의 문제라 보 기보다는 병원에 문제가 있는 경우가 많았다. 무리하게 예약을 잡거 나 충분히 그 이유가 설명되지 않은 예약이 많다는 뜻이다. 그렇다면 어떻게 해야 예약 이행률을 높일 수 있을까?

예약을 잡을 때 분명하게 확인하며 의미를 전달한다

예약을 지나가는 말처럼 잡거나 형식적으로 예약 시간을 이야기 하면 환자는 예약을 지키지 않아도 문제가 없는 것이라 생각하게 된 다. 그러므로 다른 말을 하다가도 예약에 관한 이야기가 나오면 환자 의 눈을 바라보면서 예약 시간을 또박또박 이야기할 필요가 있다. 아 울러 "이날 예약을 하셨으니까 꼭 오셔야 합니다"와 같이 예약의 중 요성을 강조하면 예약 이행률이 좋아진다. 미묘한 차이가 큰 차이를 낸다는 것을 명심하자.

한참 뒤의 예약을 잡을 때도 정확한 날짜를 정해야 한다

다음 진료가 한 달 뒤에 있어 예약 가능한 시간대가 많더라도 "한 달 뒤 몇 월 며칠 몇 시에 오세요."라고 예약을 잡는 것이 예약 이행 률을 높인다. 환자에게 "한 달 뒤 언제든 오세요."라고 이야기하면 예 약 이행률이 떨어질 가능성이 크다.

1개월 이후 예약은 정기적으로 연락을 취해야 한다

다음 진료 예약이 1개월이나 그보다 뒤라면 방문일 1주일 전에 문자메시지를 보내 예약 일정을 기억하게 해야 한다. 환자들은 약속이 오래되면 유효한지 의심하게 된다. 몇 달 전 약속에 대해서 한 마디도 없다가 그 전날이나 당일 연락을 취하는 것은 좋지 않은 커뮤니케이션 방법이다.

중요한 예약은 전날에 전화하고 그 외는 문자를 남긴다

수술이나 중요한 검사를 예약한 환자의 경우 반드시 그 전날 전화해서 예약을 확인하고 주의사항 등을 알려줘서 예약 이행률을 높여야 한다. 기존 예약을 상기시키는 의미도 있고 이 연락을 통해 예약 취소를 원하는 환자를 설득할 기회가 될 수 있다. 필자의 경험상 대부분 병원 직원은 고객이 예약을 취소하자고 할 때 예약을 끝까지 이행하도록 설득하는 노력을 하지 않았다. 고객의 사정이 있다면 예약 일정을 연기하는 것이 바람직하다. 만약 그렇게 중요한 예약이 아니라면 자동으로 전날 문자를 남기는 편이 좋다.

예약 시간에 오지 않으면 전화해서 다시 잡는다

데스크 직원은 예약 시간에 환자가 나타나지 않을 경우 전화하여 지금 어디쯤 오고 있는지, 내원이 어렵다면 언제로 다시 예약해드리면 되는지 등을 물어봐야 한다. 그래야만 환자가 예약의 중요성을 이해하게 된다. 이런 전화를 하지 않으면 환자는 '아, 병원에 가지 않아도 되는 거구나.'라고 생각할 수 있다. 그러므로 예약 환자가 나타나지 않을 경우 데스크 직원이 꼭 전화를 하도록 지시해야 한다.

한 번도 우리 병원을 방문한 적이 없는 신규환자는 구환보다 예약 이행률이 낮다. 아무래도 병원을 방문하는 것이 두렵기도 하고 또 귀찮기도 하기 때문일 것이다. 그러므로 신규환자 예약이 잡혔다면 어떻게 병원을 찾아올 것인지, 전후 일정은 어떻게 되는지 간단히 확인하는 것이 좋다. "혹시 어떻게 오시는지 여쭤봐도 될까요?"와 같이 환자가 어떻게 병원에 갈 것인지 상상하도록 해야 한다. 또한 "병원 진료 이후에 무슨 약속이 있으세요?"와 같은 질문을 통해 환자의 전체 일정을 점검하면 예약 이행률이 높아진다.

단답식으로 전화를 받지 말자

매일 병원에는 수많은 전화가 걸려온다. 예약 변경, 질환 문의, 병원 여는 시간 문의 등 매우 다양한 이유로 전화가 오는데 제대로 응대하는 일이 상당히 어렵다. 또한 처음 병원을 방문하려는 고객은 방문 전에 전화로 병원 서비스를 미리 판단하고자 하는 경우가 있어 초진 환자 유입에도 전화는 많은 영향을 미친다. 필자의 경험상 피부과와 성형외과처럼 환자들이 비교를 많이 하는 진료과의 경우 교육을 통한 전화 응대 변화만으로도 병원 매출이 상승하는 것을 확인할 수 있었다. 전화 응대가 병원 매출에 영향을 미치고 있는 것이다. 지금부터 병원에서 가장 흔한 전화 실수라고 생각하는 단답식 응대의 사례를 이야기하겠다.

고객: 일요일에 병원 해요?

병원: 아니요. 안 합니다.

고객: 거기 ××검사하나요?

병원: 네. 합니다.

고객: 예약하려고 하는데요?

병원: 네. 언제쯤 원하세요?

고객: 17일 오후 2시가 좋습니다.

병원: 네. 17일 예약 가능하십니다. 성함이랑 전화번호요.

　　　네. 감사합니다. 예약해드렸습니다.

예는 얼마든지 더 들 수 있다. 본인 병원의 전화 응대 현황을 모니터링해보면 대부분 단답식으로 응대하는 것을 확인할 수 있을 것이다. 물론 간결하고 정확한 답변이라는 변명이 있을 수 있지만 병원의 이미지나 경영적으로는 좋지 않은 대답이다. 그럼 어떻게 응대해야 할까? 짧고 간단한 질문이라도 환자에게 관심을 가지고 예약을 유도하는 응대가 돼야 좋은 응대다. 예를 들어보자.

고객: 일요일에 진료해요?

병원: 아, 일요일 진료요? 저희는 일요일 날 안 하는데 혹시 일요일만 가능하세요? 토요일은 7시까지 하는데, 토요일에 내원하시는 게 어떨까요?

고객: 거기 XX검사 하나요?

병원: 네. 저희 병원에서 시행하고 있습니다. 본인이 직접 받으실 건가요? 감사합니다. 저희 병원은 ABC 장비고요. 검사 예약이 많이 밀리는데 예약하면 대기 없이 편리하게 이용하실 수 있습니다. 예약을 지금 바로 해드릴까요?

고객: 예약하려고 하는데요?

병원: 네. 감사합니다. 고객님. 예약을 도와드리겠습니다. 언제가 좋으십니까?

고객: 17일 오후 2시가 좋습니다.

병원: 네. 17일 예약 가능하십니다. 고객님, 그런데 어디가 불편하신지 좀 여쭤봐도 되겠습니까? 저희 병원에는 원장님이 네 분이고 전문 분야가 조금씩 다릅니다(환자가 질병을 이야기하면 적당히 위로의 말도 전한다). 네. 그러시군요. 그럼, 김철수 원장님께서 좋으시겠습니다. 마침 그날 그 시간 예약이 가능합니다. 성함과 전화번호를 여쭤봐도 되겠습니까? 네. 감사합니다. 예약해드렸습니다. 그럼 그때 뵙겠습니다.

이런 짧은 전화일지라도 환자와 관계를 형성하는 시작점으로 생각하는 것이 중요하다. 전화를 통해 환자와 친밀하게 커뮤니케이션을 하면 환자의 만족도도 높아지고 실제 내원까지 이어지는 경우도 많을 것이다. 바쁜 일상이지만 수화기 멀리 있는 환자들에게 관심을 가질수록 병원 매출 증대에 도움이 될 것이다.

병원을 방문했을 때
Inpatient

고객 관계 자산을 늘려야 한다

인기 있는 클리닉이 반드시 알아야 할 개념으로 '고객 관계 자산'
이란 말이 있다. 직원, 장비, 브랜드, 입지 등 일반적으로 떠오르는 병
원 자산이 아니라 병원과 환자 사이에 형성되는 긍정적인 유대 관계
를 의미한다. 고객 관계 자산을 좀 더 상세히 정의하면 병원을 경험
한 환자들이 병원에 대해서 가지고 있는 일시적이지 않은, 긍정적인,
개별 고객들의 정서 합계라고 정의할 수 있다.

유명한 피자 체인인 도미노피자에서는 배달 사원들에게 "당신들
은 지금 8달러짜리 고객이 아니라 4,000달러짜리 고객에게 피자를
배달하고 있다."라고 이야기한다. 8달러짜리 피자를 시킨 고객을 만
족시키면 그 고객이 추후 피자를 500번 더 시킬 수 있다는 이야기
다. 결국 도미노 피자가 한 명의 고객을 실망시키면 이후에 발생될

4,000달러의 가능성을 잃는 것과 같다.

병원 역시 마찬가지다. 한 명의 환자가 만족하고 병원 서비스에 대해 좋은 경험을 가지고 원장을 좋게 생각하면 고객 관계 자산은 커진다. 반대로 한 명의 환자가 불만족하고 병원에 대해서 실망하고 원장을 의심하면 고객 관계 자산은 작아진다. 직원의 사소한 말투와 몸짓이나 엘리베이터 안내 문구를 통해서 고객 관계 자산은 변한다. 고객 관계 자산이 큰 병원은 소개환자가 많아지고, 구환 재방문율이 높아지고, 병원 신뢰도와 순응도가 높아진다. 그럼 고객 관계 자산은 어떻게 늘릴 수 있을까?

고객 관계 자산을 늘릴 때 중요한 것은 고객 인지recognition를 개선하는 것이다. 고객 인지는 쉽게 개선할 수 있는 영역임에도 대부분 병원에서 신경쓰지 않는 경우가 많다. 환자들은 자신을 잘 인지하는 병원에서 편안함을 느끼며 그 병원과 상기적인 관계를 맺기를 희망한다. 병원을 자주 방문했음에도 병원에서 본인을 알아주지 않고 매번 새로 온 환자처럼 대한다면 관계가 잘 형성될 리가 만무하다. 병원에서 어떻게 하면 고객을 잘 인지할 수 있을까? 몇 가지 구체적인 팁을 공유하겠다.

고객 정보를 상세히 기록한다

신규환자가 왔을 때는 진료실에서 환자의 인상착의, 직업, 자녀 여부, 특이사항 등을 차트에 함께 기재해야 한다. 그리고 같은 환자가 다음번 방문했을 때 참고하여 라포르를 형성해야 한다. 환자의 동의를 얻을 수 있다면 사진을 찍어 저장해두는 것도 큰 도움이 된다.

구환 응대는 확실히 반갑게 한다

구환이 진료실에 들어오면 최대한 반갑게 맞이해야 한다. 노인 환자의 경우, 자리에서 약간 일어나서 인사를 드려 공경을 표시하는 것도 좋다. 환자의 이름을 정확히 불러주는 것도 효과적이다. 가장 확실한 방법은 환자가 증상에 대해서 말하기 전에 "열은 좀 내렸나요?" "속은 좀 좋아지셨어요?" "간밤에 좀 힘드셨죠?"라고 먼저 물어보는 것이다. 이 과정을 통해 환자는 원장의 진정성을 느끼게 되고 병원을 더욱 신뢰하게 될 것이다.

관계 맺기의 3단계 공식

진료실 또는 상담실에서 다음의 3단계 공식을 실행하면 관계 맺기가 훨씬 수월해질 것이다.

- 1단계: 20초 정도 눈 맞추고 경청하기eye contact & listening
  고객과 관계를 맺으려면 언어적 표현에 앞서 고객과 눈을 맞추고 고객의 이야기를 경청해야 한다. 특히 진료 중에 환자가 이야기하면 눈을 바라보고 최소 20초 정도 주의 깊게 들어주면서 고개를 끄덕여보기를 권한다. 무심해 보였던 의사 선생님이 그런 반응을 보이면 환자의 가슴에는 한차례 폭풍이 몰아치는 듯한 긴장이 생겨나고, 의사와 환자의 관계가 급속히 진전된다. 이 과정에서 환자에게 가르침을 주려는 태도를 보이는 것은 좋지 않다. 환자가 말하는 내용을 끝까지 들어주는 것이 효과적이며 서로 진심이 표현될수록 관계는 강화된다.

- 2단계: 개인적 감정 이입empathy

눈 맞추기와 경청이 어느 정도 마무리되면 환자에게 개인적 감정 이입을 시도해보자. 개인적 감정 이입이란 환자가 처한 상황, 입장, 생각, 가치관, 취향에 대해서 의료진이 호감을 표하면서 공감하는 것을 의미한다. 예를 들어 밤에 아파서 잠을 못 잔다는 환자에게 "저도 비슷한 경험이 있었는데 너무 힘들었습니다."라고 이야기하는 것이다. 항생제 치료가 걱정된다는 환자에게 "우리 가족도 비슷하게 고민했지만 꼭 필요한 치료입니다."라고 설득하는 것도 이에 포함된다. 나는(의료진) 환자의 입장을 충분히 알 수 있는 경험을 많이 했기 때문에 누구보다 당신을 잘 이해한다고 표현하는 것이 개인적 감정 이입이다. 이런 이야기를 제대로 들은 환자는 의료진을 동지(같은 편)로 인식하게 되면서 장기적인 관계를 만들기 위한 마음가짐을 가지게 된다.

- 3단계: 관계 비전 제시relationship visioning

고객 관계 자산이 잘 쌓이면 고객은 병원 의료 서비스를 장기적인 관점에서 바라보게 된다. 그런 측면에서 관계 비전 제시는 매우 유용한 방법이다. 관계 비전 제시란 환자에게 장기적인 치료를 염두에 두고 제안하는 것을 말한다. 예를 들어보자.

"일단 이번에는 A방법만 하시고 1~2년 지난 뒤에 B 방법을 검토하는 게 좋겠어요."
"지금 연세가 55세이니까요. 2년 뒤 57세에는 A를 한번 해보시고 60세인 5년 뒤부터는 B를 해보시는 게 좋겠어요."

"잘 아시겠지만 당뇨는 완벽하게 고쳐지는 병이 아닙니다. 평생 어떻게 관리하는지가 중요합니다. 제가 환자분 식습관, 직업, 운동습관을 잘 알고 있으니 앞으로 당뇨 때문에 걱정하지 않으시도록 도와드리겠습니다."

사람의 심리는 당장의 현재 자산보다 미래 자산에 끌리는 경향이 있다. 일반 회사에서 일하는 직원들만 보더라도 대부분 직원들은 회사의 비전 제시를 강력히 희망하고 비전이 사라질 경우 퇴사를 결심하게 된다. 연인 관계도 마찬가지다. 장기적인 연인 관계를 설정하기 위해서는 현재보다도 미래에 대한 비전 제시를 어떻게 하느냐가 더 큰 영향을 미친다. 환자와의 관계도 마찬가지다.

고객(환자) 관리를 위한 내부 체계를 갖춰야 한다

병원 개원 후 일정 기간이 지나고 나면 각종 홍보 매체를 활용하는 마케팅 활동에 한계점이 생기게 된다. 이때 이미 우리 병원을 이용한 고객들을 잘 관리하면 새로운 수요를 창출할 수 있다. 고객 관계 관리를 위해 가장 중요한 기본 정보는 환자 정보다. 우선 환자의 연락처로 병원의 새로운 의료 서비스를 홍보할 수 있다. 또한 환자 정보를 통해 환자가 많은 진료과목, 진료 권역 범위, 성별 분포, 연령 분포, 객단가, 내원 경로(홍보 채널) 등 우리 병원의 경영 현황을 분석해볼 수 있다. 그리고 이런 정보는 병원 성장을 위한 다양한 의사결정의 기반이 된다. 하지만 환자 정보의 중요성에도 불구하고 환자 정보가 제대로 관리되고 있는 병원은 많지 않다. 성형외과나 피부과에서 환자 관리를 위한 고객관계관리CRM, Customer Relationship Management 프로그램을 구축하여 운영하는 경우는 있으나 여전히 많은 1차 의료기관이 기존 환자 관리를 소홀히 한다.

환자 관리를 잘하려면 세 가지가 필요하다. 첫째 환자에 대한 기초 정보를 수집해야 하고, 둘째 수집한 정보를 잘 정리해야 하고, 셋째 정리된 정보를 잘 분석하고 활용해야 한다. 대부분 병원은 환자 관리에 전자의무기록EMR, Electronic Medical Record을 사용한다. 전자의무기록EMR에 자동으로 기록되는 정보들이 있으니 굳이 다른 방법을 시도하지 않는다. 그러나 전자의무기록EMR은 병력 관리와 청구에 초점을 맞춘 프로그램이기 때문에 환자 관리 영역에서는 한계가 있을 수밖에 없다. 환자를 잘 관리하기 위해서는 병원 나름대로 새로운 관리 방법을 만들어내야 한다. 지금부터 병원에서 어떻게 환자 정보를 관리해야 하는지 이야기하겠다.

어떤 환자 정보를 수집할 것인가

다음의 항목들은 모든 초진 환자에 대해 필수적으로 수집해야 하는 정보다.

① 환자의 연령
② 환자의 성별
③ 환자의 거주지: 시·도, 군·구·동 단위까지 확인
④ 내원 경로: 어디서 병원을 알고 찾아왔는가
⑤ 진료과목 및 방문일
⑥ 총진료비(미수금 포함)

⑦ 소개한 환자 이름

⑧ 직업

⑨ 진료 및 서비스 만족도(고객 불편사항 포함)

⑩ 연락처: 핸드폰 번호·이메일 주소

　정보를 수집하기 가장 좋은 방법은 초진 환자에게 고객 방문 설문지를 작성하도록 하는 것이다. 초진 환자가 접수하고 대기하는 중에 병원 직원이 고객 방문 설문지 작성을 친절하게 안내하면 고객으로부터 상세한 답을 얻을 수 있다. 대부분 환자 정보는 고객 방문 설문지를 통해 얻을 수 있으나 '⑥ 총진료비'의 경우 병원에서 경영 업무를 맡은 사람이 따로 정리해야 한다. 환자별로 총진료비가 나오도록 정리하되, 내원일별로 진료비 상세 내역도 함께 나오도록 해야 한다. 소개환자의 경우 동명이인이 있을 수 있으므로 정확한 소개자를 파악하여 매칭해야 한다.

　그 외에 의료 서비스 만족도를 조사하는 것도 큰 도움이 된다. 이 정보는 내원 환자의 진료가 종료되는 시점에 고객 만족도 설문조사를 실시하여 파악할 수 있다. 보통 설문조사의 항목은 다음의 내용을 중심으로 한다.

① 의사의 친절도 및 상담에 대한 만족도

② 직원의 친절도 및 전문성에 대한 만족도

③ 병원의 하드웨어 및 인테리어에 대한 만족도

④ 대기 시간 및 예약제 운영의 적절성

⑤ 진료비 수준에 대한 만족도

설문지는 별도의 설문지 수거함을 비치하여 환자의 신상이 공개되지 않도록 하는 것이 중요하다. 또한 매월 우리 병원의 의료 서비스가 환자들에게 잘 제공되는지 확인하고 꾸준히 의료 서비스를 개선해야 한다.

수집한 정보를 어떻게 정리할 것인가

환자 정보를 정리하려면 데이터베이스를 활용해야 한다. 의료기관에서 가장 어려워하는 영역이다. 별도의 고객 관리 솔루션을 활용하는 병원은 큰 문제가 되지 않지만, 그렇지 않은 경우에는 마이크로소프트 사의 엑셀 또는 엑세스 프로그램을 이용할 수 있어야 한다. 하지만 일반적인 의원급에서는 이러한 프로그램을 능숙하게 다룰 수 있는 인력이 없는 것이 가장 큰 문제다. 하지만 환자 정보를 서류 중심으로 관리하게 되면 환자 정보 분석을 위해 시간과 인력 등이 많이 투입되어 비효율이 매우 커진다. 또한 환자 정보 관리를 담당하는 직원이 업무가 많아져 종국에는 환자 정보 관리를 포기하는 경우가 많았다.

조금 무리하더라도 정보의 정리 과정에서 발생하는 어려움을 꼭 극복하기를 권한다. 가장 쉬운 방법은 비용을 지불하더라도 괜찮은 고객관계관리CRM 프로그램을 구매 또는 구독하는 것이다. 이것이 어렵다면 병원 중간관리자가 엑셀을 다룰 수 있도록 교육시켜야 한다. 아무도 할 수 없다면 병원장이 직접 정보를 기록하는 것도 좋은 방법이다.

환자 관리를 위해 정보를 수집하고 정리한 뒤에는 병원 목적에 따라 주기적으로 체크할 지표를 선정하고 분석하는 작업을 해야 한다. 환자 정보를 통해 개개인의 특성을 파악하고 이에 맞는 이메일, SMS, 상담 등 맞춤형 서비스를 제공하면 된다. 구체적인 사례는 다음과 같다.

① 환자의 질병 유형에 맞춰 계절별로 건강 상식을 메일로 발송하기
② 질병 유형별로 진료 후 유의사항 알려주기
③ 기념일(생일, 결혼기념일)에 축하 메시지 보내기
④ 진료 예약일 알람
⑤ 새로운 환자를 소개한 경우 감사 메시지 보내기

이와 같은 고객관계관리CRM를 하기 위해 다양한 콘텐츠를 확보해야 한다. 질환별로 제공할 수 있는 건강 정보, 진료 후 유의사항, 계절별 건강 상식 등을 의미한다. 진료 종료 후 특정 시점에 해당 내용을 환자에게 전달하면 된다. 각종 기념일과 진료 예약일에 대한 알람 기능을 두어 해당 환자에게 문자메시지 또는 메일이 발송되도록 한다. 신규환자를 소개한 고객의 경우 확인 작업을 거쳐 감사 메시지를 발송하도록 한다.

두 번째로 환자 정보 지표를 통해 병원 경영 현황을 분석할 수 있다. 월 단위 경영 지표로 확인하면 좋은 지표는 다음과 같다.

① 월별 고객 만족도 추이

② 월평균 고객 불평 건수

③ 지역별 고객 분포 현황

④ 연령별 고객 분포 현황

⑤ 일 외래(입원) 환자 수

⑥ 일 신규환자 수

⑦ 진료과목별 외래(입원) 환자 수

⑧ 구환 재방문율

⑨ VIP 고객 추이(소개 권유 및 오피니언 리더)

⑩ 주요 홍보·마케팅 채널에 대한 정보

이러한 지표를 통해 병원은 환자 추이를 분석하고 어떤 진료 영역에 특화할 것인지 의사결정을 내릴 수 있으며, 향후 병원을 어떻게 홍보할 것인지 전략을 수립할 수 있다.

내부 실행부서(인력) 배치와 교육을 어떻게 할 것인가

병원에서 홍보·마케팅 업무를 담당하는 직원은 대부분 외부 마케팅을 수행하는 데 중점을 두고 인력을 채용하는 경우가 많다. 하지만 고객 관리는 실제 우리 병원을 이용한 고객과의 관계와 관련한 것이기 때문에 병원 구성원 모두가 참여해야 한다.

환자에 대한 정보 수집과 분석은 데이터베이스를 활용하는 측면이 강하므로 직원 채용 시 전산 활용에 대한 지식과 능력을 겸비한 인재를 채용하는 것이 바람직하다. 이 인재가 고객관계관리CRM 전체 과정을 전담하게 해야 한다. 주로 고객을 식별하고 전달할 콘텐츠를 준비하고 직접 고객에게 연락을 취하는 역할을 맡는다. 문자, 이메일, 전화, 편지와 같은 수단을 활용하여 고객에게 연락하면 된다. 문자나 이메일은 시스템을 설계하여 메시지나 콘텐츠가 자동으로 전달되도록 해야 한다. 전화와 편지는 자동화가 불가능하므로 전담 직원이 직접 진행할 수 있도록 도와줘야 한다.

고객 관리를 잘하려면 여러 노력이 필요하지만 잘하는 만큼 높은 매출을 올릴 수 있는 중요한 수단이다. 고객 관리가 잘 이뤄지는 데 가장 중요한 것은 병원장의 꾸준한 관심과 노력이다. 장기적인 시각을 가지고 꾸준히 병원 고객을 관리하기를 추천한다.

대기 시간을 관리해야 한다

병원에서 가장 많이 나오는 불만이 "진료를 위해 기다리는 시간이 너무 길어요"이다. 환자들이 병원을 많이 찾으니 대기 시간이 길다고 생각할 수도 있지만 대부분 병원은 특정 시간대에만 환자들이 몰려 대기 시간이 발생한다. 병원이 한가할 때는 또 한없이 한가하기 때문에 대기 시간을 긍정적으로 보기 어렵다.

대기 시간이 길어지는 것은 곧 환자의 이탈을 뜻한다. "그 병원은 다 좋은데 너무 오래 기다려……." "그 병원 한번 가려면 반나절은 잡아먹어. 그냥 편하게 다른 병원 가려고……."라는 대화가 매우 익숙하지 않은가? 또한 대기 시간이 길어지면 환자 만족도에 악영향을 미치고 짧은 시간에 업무가 많아져 직원들의 근무 만족도에도 악영향을 미친다. 대기 문제는 오프라인 서비스 비즈니스를 하는 여러 기업의 필수 해결 과제였던 만큼 그에 관한 연구가 충분히 이루어져 있다. 그러므로 대기 시간 문제는 해결 가능한 것이라 믿고 잘 실행하기를 추천한다. 그동안 대기 시간 문제를 해결하기 위한 연구는 크게 두 종류로 진행되었다.

① 대기 시간 자체를 발생하지 않도록 하거나 물리적으로 줄이는 방법에 관한 연구
② 발생한 대기 시간을 잘 관리해서 심리적 대기 시간을 줄이는 방법에 관한 연구

대기 시간을 물리적으로 줄이는 방법 중 병원에서 적용할 수 있는 내용은 예약제다. 예약제는 앞에서 충분히 이야기했기 때문에 이번 글에서는 심리적 대기 시간에 관한 내용을 중점적으로 다루겠다.

사람은 시간에 대해서 매우 상대적이다. 같은 한 시간이라도 정말 좋아하는 사람과 시간을 보내면 매우 짧게 느껴지지만 전화기로 항공권을 예약하기 위해 10분만 기다려도 그 시간이 매우 길게 느껴진다. 병원 대기 시간도 마찬가지다. 병원에서 대기하는 사람들의 심리를 적절하게 이용하여 실제로 자신이 기다리는 시간보다 더 짧게 느끼게 하거나 의미 있게 느끼게 하는 것이 바로 심리적 대기 시간 관리다. 실제 병원에서 심리적 대기 시간을 줄일 수 있는 실질적인 방법을 이야기해보겠다.

사전 접촉으로 상호 작용을 시도한다

기다리는 환자에게 이후 진료 절차를 간단히 설명하는 것만으로

도 기다리면서 느끼는 초조함을 누그러뜨릴 수 있다. 대기 인원이 항상 많다고 느껴진다면 한 명의 창구 직원을 추가로 채용하는 것보다 대기자를 관리할 한 명의 매니저를 고용하는 것이 효과적이다.

대기시간의 불확실성을 없앤다

많은 사람이 견디지 못하는 것은 대기 시간 그 자체가 아니라 불확실성이다. 즉 대기 시간이 길어지면 환자는 자신이 얼마나 더 기다려야 하는지 확신을 얻고 싶어한다. 이분들에게 막연히 "기다리세요."라고 말하기보다 "앞으로 10분에서 25분 정도 기다리시면 됩니다."라고 이야기해주면 불확실성이 사라져 대기 시간을 짧게 느끼게 된다.

공평하다는 믿음을 주어야 한다

혹시 '나보다 늦게 온 다른 사람이 나의 순서를 차지하지는 않을까?' 또는 '내가 기다리고 있다는 것을 잊은 건 아닐까?' 하는 불안은 대기 시간을 더욱 길게 느끼게 만든다. 대기 순서를 표시한 전자 표지판 등이 이런 불안감을 줄여줄 수 있다.

간단한 절차를 일단 시작한다

병원에서는 진료 전에 검사와 예진 등 다양한 프로세스를 거치게 된다. 대기 시간이 길어지는 경우 이런 프로세스를 미리 진행하는 것이 중요하다. 검사 후 검사 결과를 기다리라고 한다든가 하는 식의 충분한 명분을 주면 도움이 된다.

불필요한 직원들은 대기 환자들 눈앞에서 사라져야 한다

대기하고 있는 환자들 앞에서 병원 직원들이 삼삼오오 모여 농담을 나누고 있으면 환자는 상대적 박탈감을 느끼게 된다. 불필요한 직원들은 대기 환자들 눈에 띄지 않도록 해야 한다.

시청각 자료를 준비하여 즐겁게 기다릴 수 있도록 한다

병원에 설치한 모니터를 통해 병원에서 주로 진료하는 질환과 관련된 정보를 제공해야 한다. 병원에서 대기 중인 사람은 몸에 불편함이 있으므로 진료과목과 연관된 건강정보를 알려주면 만족감을 느낄 가능성이 크다. 또한 병원에서 새롭게 도입한 의료 장비나 치료 방법에 대한 이야기를 재생하는 것도 좋다. 과거에는 이런 콘텐츠 제작이 어려웠다. 하지만 최근에는 스마트폰을 활용한 영상 촬영이 워낙 쉬워졌기 때문에 의사가 직접 관련 영상을 촬영하면 가장 효과가 좋다. 가끔 드라마를 병원 대기실 TV로 방송하는 경우를 봤는데 이는 바람직하지 않다. 병원의 대기 공간은 드라마를 보기에 적합한 공간이 아니며 병원의 격을 떨어뜨리는 문제가 있다.

대기 시간을 의미 있는 시간으로 만든다

병원에서 추천하는 교육용 CD, 판매용 보조 장비, 화장품 등을 실제 체험할 수 있는 공간을 만들어두면 환자들에게 의미 있는 시간이 될 것이다.

대기 환자 배치를 신경써야 한다

대기하는 사람들이 한 줄로 길게 늘어서 있으면 시각적으로도 상당히 길게 느껴지게 된다. 대기자들을 병원 구석구석으로 분산 배치하는 것이 심리적으로 유용하다. 또한 대기자들이 서로 마주보지 않도록 좌석을 배치해야 한다. 대기자들이 마주보고 앉아 있으면 서로 지루한 모습을 시각적으로 교환하게 되어 심리적 대기 시간이 늘어난다.

"그 원장님 정말 친절하셔~"라고 평가받아야 한다

병원을 다녀온 사람들에게 그 병원 어떠냐고 물어보면 빠지지 않는 말이 있다. 바로 "응. 그 병원 의사 실력 좋고 친절해. 괜찮아."라는 말이다. 실력이야 인정하겠지만 친절하다는 말은 왜 항상 따라붙는 것일까? 환자들은 정말로 친절한 병원을 그렇게 원하는 것일까?

의사가 진료실에서 친절하다는 말이 어떤 의미인지 생각해봐야 한다. 단편적으로 '환자가 왔을 때 일어나서 인사하면 친절한 의사' 수준의 이야기는 아닐 것이다. 의사 입장에서 보면 환자에게 친절하게 하고 싶지만 어떻게 해야 하는지 감을 잡기가 어렵다. 어떻게 해야 친절하게 하는 것일까?

환자가 의사를 지칭하면서 사용하는 '친절'이란 용어는 '자신(환자)에 관한 관심과 호응(공감)'을 의미한다. 이것은 호텔이나 외식업 등 일반적인 서비스 업종에서 기대하는 친절 서비스와 확연히 다른 개념이다. 다음의 예시 상황을 살펴보자. 신경외과 의사와 중년 여성인 환자의 대화다.

의사: 어디가 불편해서 오셨어요?

환자: 다리가 저려서 걷지를 못합니다. 조금만 움직여도…….

의사: 언제부터 그러셨어요?

환자: 일주일 전부터 갑자기 그랬습니다. 그전에는 괜찮았는데…….

의사: 일단, 검사를 해봐야 알 것 같습니다.

환자: 어디가 문제죠, 선생님? 갑자기 왜 이리 아픈 겁니까?(걱정)

의사: 일단 검사해봐야 알 수 있습니다.

병원 진료실에서 흔히 있을 수 있는 대화의 전형이다. 병원에는 항상 몸이 불편하거나 문제가 있는 사람들이 온다. 환자는 진료실에서 자신의 고통과 어려움을 호소하는 경향이 있다. 반대로 의사는 진료 시간 동안 비슷한 이야기를 너무나도 많이 듣기 때문에 제대로 공감하면서 대답하기가 쉽지 않다. 하지만 이러한 신경외과 의사가 환자에게 친절하다는 말을 듣기 어려울 것이라는 생각에는 누구나 동의할 수 있을 것이다. 조금만 더 신경을 써서 대화하면 정반대의 평가를 받을 수 있을 것이다. 위 사례를 개선하면 다음과 같다.

의사: 어디가 불편해서 오셨어요?

환자: 다리가 저려서 걷지를 못합니다. 조금만 움직여도…….

의사: 아이고, 저런……(안타까움이라는 관심과 공감 표명) 언제부터 그러셨어요?

환자: 일주일 전부터 갑자기 그랬습니다. 그전에는 괜찮았는데…….

의사: 네. 많이 놀라셨을 것 같습니다. 그래도 일단 검사해봐야

상세히 알 수 있을 것 같습니다.

환자: 선생님, 어디가 문제죠? 갑자기 왜 이리 아픈 겁니까? (걱정)

의사: 걱정이 많이 되시죠? (정서적 위로) 저도 바로 답을 드리고 싶은데 검사를 해봐야 정확하게 알 수 있거든요. 검사 후에 상세히 말씀드려도 괜찮을까요?

결국 환자들은 본인 병에 대한 치료만큼 병 때문에 고통받는 자신에 관한 관심이 더욱 크다는 것을 기억하면 좋을 것이다. 이 방법을 사용하면 환자들로부터 금방 "친절하다."라는 평가를 받을 수 있을 뿐 아니라 진료가 더 편하고 매끄럽게 진행된다는 것도 느낄 수 있을 것이다.

환자에게 전문가로 보여야 한다

병원이나 의사가 진료하는 질환에 대해서 전문적으로 평가받는 것만큼 좋은 것도 없다. 전문성은 개원가에서 좀 더 집중하고 관심을 가져야 할 주제다. 환자가 병원을 떠나는 이유 중 상위권을 차지하는 것이 의사의 전문성이기 때문이다. 하지만 전문의 자격을 취득한 의사가 전문성이 없다는 것이 이해가 가는가? 그것은 의사가 생각하는 전문성과 환자가 생각하는 전문성에 차이가 있기 때문이다. 그래서 어떻게 하면 환자에게 전문가로 보일 것인가에 대해서 이야기하고자 한다.

사실 환자는 전문가를 분간해낼 능력이 없다. 대부분 환자는 병원과 의사가 공개하는 출신 대학이나 다양한 약력 혹은 주변 사람의 조언 등을 통해 의사의 전문성을 판단한다. 또한 의사의 말하기 방식이나 외모 등으로 전문성을 판단하기도 한다. 결국 환자에게 어떻게 보이느냐, 어떻게 말하느냐가 전문적인 이미지 획득에 더 중요하다는 이야기다.

환자에게 어떻게 보이는지 이미지가 중요하다고 이야기하면 어려운 용어를 많이 사용하여 전문성을 강조하려고 한다. 이런 방법도 아예 효과가 없는 것은 아니겠지만 필자가 가장 추천하는 방법은 진료하는 환자를 본인 질환에 대해 반전문가로 만드는 것이다. 환자의 질병에 대해 발생 원인, 현상, 종류, 현재까지의 치료법, 현재 환자의 단계 등 상식적이면서도 학술적인 내용을 적절한 자료를 활용하면서 설명한다. 초진 환자를 대상으로 길게 설명하기보다는 5분 정도 시간을 투자하면 충분하다.

원장 선생님의 약식 강의를 통해 환자는 자신의 질병에 대해 이해할 수 있게 된다. 치료 과정에서의 주의사항, 의사의 고민, 주변 상황 등을 종합적으로 이해하게 되어 치료 순응도도 높아지고 진료 만족도도 높아진다. 또한 새로운 건강 지식을 남들에게 이야기하고자 하는 욕구가 생겨 주변 환자들에게 입소문을 낼 가능성이 매우 커진다. "병은 내(의사)가 고칠 테니 당신(환자)은 시키는 대로만 하세요."라고 하거나 이것저것 묻는 환자에게 "아니, 그런 거는 알아서 뭐 해요. 주는 약이나 잘 드세요."라는 식의 상담은 환자를 불쾌하게 만들 뿐이다. 사람은 감성적이고 상호적이다. 전문가로 보이고 싶으면 상대방을 전문적으로 대우해줘야 한다.

전인적 진료(=포괄적 진료)를 하라

전인적 진료란 환자가 병원을 방문한 이유 외에도 환자의 전체 건강에 대해서 포괄적으로 점검하는 진료를 의미한다. 예를 들어 독감 예방 접종을 위해 내과를 방문한 환자에게 혈압, 속 쓰림, 당뇨 같은 내용에 대해 가볍게 물어본다. 물어본 질문 중에 한두 가지라도 불편한 사항이 있으면 가벼운 검사를 받게 해줄 수도 있다. 마치 주치의가 정기적인 미팅에서 환자의 건강을 점검하는 것처럼 환자 건강에 관심을 가지는 것이다. 전인적 진료를 받았을 때 환자는 감사한 마음을 가지게 된다. 본인이 예상했던 것 이상의 의료 서비스를 받은데다가 의사가 본인 건강에 관심을 가진다고 느끼기 때문이다. 환자가 좋은 감정을 느끼는 만큼 환자와 병원의 관계는 좋아진다.

필자는 자동차 전면 유리를 닦는 와이퍼가 고장 나서 카센터를 방문한 적이 있다. 직원이 조금만 기다리라고 하더니 타이어와 엔진오일 등 몇 가지를 같이 점검해주었다. 그리고 20분 정도 시간이 괜찮으냐고 묻기에 가능하다고 하니 타이어 수명 연장을 위해 타이어 위치를 바꿔주었다. 나는 예상보다 몇만 원을 더 지급하긴 했지만 나를 생각해준 직원의 서비스에 상당히 만족했다. 그 정비공은 내 차를 포괄적으로 수리해주었던 것이다. 그 결과 나와 그 정비소는 관계가 더 좋아졌고 그 정비소는 그 결과로 조금은 더 많은 매출을 올렸을 것이다.

정비공 입장에서 "혹시 5분 정도 괜찮으신가요? 제가 이것저것 점검을 해드릴게요."라는 말을 하는 것은 매우 쉬운 일이지만 그 말의 결과는 훌륭했다. 추가 매출도 올리고 고객과 좋은 관계를 맺을 수 있게 되었기 때문이다. 병원을 방문하는 환자도 마찬가지다. 본인이 아무리 바쁘더라도 전문가가 자신의 건강 상태를 점검해주는 것이 싫은 사람이 얼마나 있을까? 더구나 의사는 전자의무기록EMR을 사용하기 때문에 환자의 과거 병력을 쉽게 알 수 있는 장점이 있다. 여러 병력을 점검하면서 재발 여부를 확인하거나 환자의 나이대에 주로 생기는 질병 등의 징후를 묻는 것은 어려운 일이 아니다. 그러므로 환자에게 전인적 진료를 제공하고자 노력하기를 권한다.

환자의 신뢰를 끌어내라

성공적인 의료 상담의 최종 목표는 무엇일까? 또는 진료실에서 의료진이 환자에게 주어야 할 최상위 가치가 무엇일까? 필자는 무엇보다 신뢰 관계 구축이 중요하다고 생각한다. 환자가 의료진과 병원을 깊이 믿고 의지하게 될 때 치료 효과가 배가 되고 환자 만족감도 높아지고 궁극적으로 병원과 장기적인 관계를 맺을 수 있기 때문이다. 병원과 의료진의 전문성을 강조하는 것 역시 환자와 신뢰를 형성하기 위함이다. 사람들은 어떤 정보를 받아들일 때 그 자체보다 제공자의 신뢰성을 더 중요하게 생각한다고 한다. 사람을 먼저 판단한 뒤 믿을 만하면 제공하는 정보 대부분을 믿는 것이다. 병원의 경영 상황이 훌륭하다면 환자들이 가지고 있는 신뢰도(자산)가 높다고 생각할 수 있다.

어떻게 하면 짧은 진료 시간 동안 의료진을 신뢰하게 만들 수 있을까? 이를 달성할 방법은 바로 아이 콘택트, 즉 상대의 눈을 바라보는 것이다. 어떻게 보면 사소해 보이는 이야기지만 아이 콘택트는 큰 차이를 낼 수 있다. 필자는 직업상 의사가 환자를 진료하는 모습을 담은 영상을 분석할 기회가 많다. 이 과정에서 수많은 의사가 환자 또는 보호자와 아이 콘택트를 하지 않는 상황을 목격한다. 눈을 바라보는 시도 자체가 없거나 아이 콘택트를 시도하더라도 환자의 눈을 제대로 바라보지 않는 경우가 많았다. 흥미롭게도 초진 환자의 첫 아이 콘택트 여부가 진료의 질을 결정짓는 경우가 많았다. 아이 콘택트가 잘될수록 신뢰 관계가 좋아졌고 잘 안 될수록 안 좋아졌다.

앞으로 어떤 환자가 진료실로 들어오든 상대방의 눈을 바라보고자 노력해야 한다. 환자의 반응이 한층 더 좋아지는 것을 느낄 수 있을 것이다. 참고로 눈을 바라보기 어색하면 눈 약간 밑에 코를 바라보라고 조언하는 분들도 있다. 그런데 사람들은 눈을 보는지 눈 약간 밑을 보는지 금방 눈치챈다. 그러므로 꼭 상대방의 눈을 바라봐야 한다. 약간의 훈련이 필요하기는 하지만 조금만 노력하면 습관적으로 상대의 눈을 바라보게 될 것이다.

의사는 칭찬에 인색하지 않아야 한다

대부분 의사는 환자를 잘 칭찬하지 않는다. 괜히 환자를 칭찬하면 그 칭찬에 대해 전문가로서 책임을 져야 할 것 같은 느낌이 들기 때문이다. 그런데 이런 걱정은 의사만 가지고 있는 고민이기도 하다. 부모는 자녀를 키우면서 칭찬에 책임져야 한다고 생각하지 않는다. 의사의 생각과 달리 칭찬은 환자에게 긍정적인 효과를 가져온다. 그래서 필자는 의사에게 환자를 많이 칭찬하라고 이야기한다. 의료 서비스는 대체로 의료진과 환자와의 협업으로 이루어진다. 아무리 좋은 약을 주고 다양한 치료를 해도 주의사항을 지키지 못하면 치료 결과가 나빠지기 때문이다. 운동선수로 치면 의료진이 코치의 역할이고 환자가 운동선수 역할이다. 가장 좋은 코칭 방법이 칭찬인 것은 이미 널리 알려진 사실이다. 다음의 예시를 통해 환자에게 어떤 칭찬을 하면 좋을지 생각해보자.

"잘하고 계십니다."
"많이 좋아지셨네요."
"선천적으로 몸이 좋으신 거 같습니다."
"워낙 건강 체질이시니까요."
"힘든 치료 과정인데 아주 잘 참으셨습니다."
"아드님이 똑똑한 거 같습니다."
"배우신 게 많으셔서 잘 이해하시네요."
"따님 열을 많이 내려서 오셨네요. 잘하셨습니다."

칭찬은 하려고만 마음먹으면 얼마든지 할 수 있다. 칭찬만큼 라포르를 강력하게 구축해주는 수단도 드물다. 칭찬할수록 상대방과 같은 편에 있다는 생각이 들기 때문이다. 칭찬과는 전혀 어울리지 않는 원장이 "다른 분들보다 회복이 빠르십니다."라고 한마디 던진다면 환자는 열렬한 팬이 될 것이다. 몇 가지 칭찬을 입에 붙게 연습해두면 진료 상황에서 자연스럽게 칭찬을 할 수 있을 것이다.

진료 과정에서 환자가 무언가 물어봤을 때 고개를 갸우뚱하면서 "글쎄요······"라고 답하는 의사가 있다. 보통 자신도 모르게 내뱉는 말이기 때문에 얼마나 높은 빈도로 이런 답을 하는지조차 모르는 경우가 많다. 하지만 환자가 어떤 질문을 하더라도 절대로 "글쎄요······"라는 답을 해서는 안 된다. 다음의 질문들은 환자가 많이 물어보는 질문의 유형이다.

"원장님, 우리 아기 감기가 언제쯤 좋아질까요?"
"이제 골프를 쳐도 될까요?"

병원을 찾아온 환자는 궁금한 게 많다. 진료 시간에 환자가 물어보는 질문은 아주 중요한 질문일 것이다. 아마 대기실에서부터 그 질문을 생각했을 가능성이 크고 사람에 따라서는 병원 방문 전날부터 다듬고 다듬은 질문일 확률이 높다. 이런 질문에 애매한 답을 해서 되겠는가?

물론 때에 따라서 "글쎄요······"라는 답이 임상적으로 가장 정확한 답일 때도 있을 것이다. 교과서에 나오거나 임상적으로 증명된 것이 없는 경우 "글쎄요······" 외에 다른 답이 없기 때문이다. 그렇다면 이럴 때는 어떻게 하는 것이 좋을까? 우선 환자가 원하는 답이 정확한 답변이 아니라는 사실을 알아야 한다. 대체로 환자는 정확한 답만큼 정서적 위로를 원한다.

"우리 아기 감기가 언제쯤 좋아질까요?"라고 묻는 엄마는 "언제 우리 아기가 회복될지를 알려달라"고 묻는 것이 아니라 "제가 우리 아기 때문에 걱정이 많아요. 큰일이 날 거 같기도 하고요. 당연히 좋아지겠죠?"라는 정서적 내용을 이야기하는 것이다. 그러므로 "우리 아기 감기가 언제쯤 좋아질까요?"라는 질문을 받을 때는 질문자의 눈을 최소 2초 정도 바라보면서 충분한 위로와 공감을 전해야 한다. 언어적 대답도 역시 "네. 걱정이 많으시죠. 좀 오래가네요. 그렇지만 큰걱정은 안 하셔도 됩니다"라는 정서적인 위로를 전하는 것이 좋다.

추가검사 또는 정밀검사를 제안해야 한다

환자의 증상을 말로만 들어서는 정확히 판단할 수 없는 경우가 종종 있다. 정밀검사를 해야 분명한 답이 나오는 상황에서 정밀검사를 제안하는 것이 맞을까? 환자로부터 '병원이 추가 매출을 창출하기 위해 쓸데없는 검사를 권했다'는 의심을 피하고 싶어 정밀검사를 권하지 않는 경우를 많이 보았다. 특히 성격상 조심스럽고 배려하는 원장일수록 고민은 커진다.

필자는 의사가 의심스러운 부분이 있다면 적극적으로 정밀검사를 권해야 한다고 생각한다. 정밀검사를 권하는 것이 더 환자를 위하는 일이기 때문이다. 환자는 이중적인 마음을 가지고 있다. 불필요한 검사 비용을 아끼고 싶으면서도 동시에 정밀검사를 통해 본인의 상황을 정확하게 진단하고 싶은 마음도 있다. 의사는 환자의 이런 마음을 이해하고 정밀검사를 적극적으로 권해야 한다. 검사 결과가 정상이라면 환자의 상태가 나쁘지 않다는 것에 대해 서로 기뻐할 수 있다.

검사 결과가 나쁘다면 환자가 정밀검사를 권했던 의료진에게 감사하는 마음을 가질 것이다.

반대로 의심스러운 상황에서 정밀검사를 진행하지 않고 진료를 계속하는 경우 다양한 오해가 생길 수 있다. 치료 방법이나 처방 약에 대한 의심을 받을 수도 있고 혹여나 큰 병이 있는 것이 밝혀지면 전문성이 없는 의사라는 오명이 생길 수도 있다. 환자의 경제적 상황을 배려한다는 것이 오히려 독이 되는 경우다. 일단 병원을 찾아온 환자는 적극적인 솔루션을 원한다. 그러므로 검사가 필요하다고 판단되면 적극적으로 정밀검사를 권하되 정밀검사가 필요한 이유를 상세하게 설명하는 것이 더욱 좋다.

진료실에서 나가려고 하지 않을 때 어떻게 할 것인가

진료가 끝나고 설명도 충분히 했는데 나가지 않고 계속 이것저것 물어보는 환자가 있다. 밖에서는 다른 환자들이 기다리는데 나가지 않으면 매우 곤혹스럽다. 진료가 끝났다고 선언하면 환자가 부정적인 감정을 가질 가능성이 크기 때문이다. 이런 상황에 대처 방안을 이야기해보겠다.

자신을 먼저 되돌아봐야 한다

의사가 내용을 충분히 잘 전했음에도 불구하고 환자는 본인이 원하는 답을 충분히 듣지 못했다고 생각할 때 진료실에서 나가지 않는 문제가 생긴다. 환자가 문제인 경우도 있겠지만 이런 상황이 자주 발생한다면 의사 자신에게 문제가 있는지 돌아봐야 한다. 메시지, 태도, 종결어, 상담의 흐름 등을 점검해보자.

① 메시지: 환자가 묻는 말에만 대답하다 보면 의사가 수동적으로 변하고 대화도 전체적으로 길어지는 문제가 생긴다. 의사는 능동적으로 본인이 전달할 메시지를 이야기해야 한다. 수술에 걸리는 시간, 회복 기간, 입원 여부, 약, 비용 등 이야기할 내용을 미리 생각해두는 것이다. 진료하다 보면 환자를 잘 관찰하지 못해 핵심을 이야기하지 못하는 경우도 많다. 환자를 잘 관찰하고 환자의 직업이나 상황에 따라 다른 방식으로 메시지를 전해야 한다.

② 태도: 환자에게 상태를 물어볼 때는 부드럽게 해야 하지만 치료 계획을 이야기할 때는 단호한 태도를 보이는 것이 좋다. 환자 입장에서 의사가 치료 계획에 확신한다고 느끼게 만들어야 한다.

③ 종결어: 종결어는 항상 암시의 형태로 진행돼야 한다. "하실 말씀을 다 하셨으니 나가 보세요." 하고 말하는 것보다 "바쁘시니까 마지막으로 한 가지만 더 말씀드릴게요." 하고 이야기하는 편이 좋다. 이런 종결어를 사용해야 환자의 심리 상태를 이끌어갈 수 있기 때문이다. 환자가 먼저 묻기 전에 "혹시 더 추가로 질문 있으세요?"라고 물어보는 것도 도움이 된다.

④ 상담의 흐름: '학교종이 땡 땡 땡 어서 모이자. 선생님이 우리를 기다리신다'는 노래를 한번 흥얼거려보자. 마지막 '기다리신다'는 천천히 마무리되면서 노래가 종결되는 느낌을 받을 것이다. 진료실에서 상담도 그러해야 한다. 너무 많은 양의 내용을 두서

없이 전달하는 것보다 환자가 기승전결을 느낄 수 있도록 하는 상담이 좋은 상담이다. "여드름이 많으시니까 오늘은 원인에 대해서 말씀드리고 치료 방법을 알려드릴게요."라는 식으로 흐름을 가져갈 필요가 있다.

FQA 모범 답변을 만들어 나누어준다

누구나 짧은 시간에 많은 이야기를 정확하게 전달하는 것에 어려움을 느낀다. 또한 의사는 같은 이야기를 매우 많이 반복해야 해서 발생하는 스트레스가 크다. 이런 문제를 해결하기 위해 자주 받는 질문에 대한 모범 답변을 잘 정리해서 프린트해두기를 권한다.

예를 들어 환자가 "돼지고기를 먹어도 되나요?"라고 물어볼 때 구구절절 이야기하기보다는 "참 좋은 질문입니다. ○○○님과 같은 질문을 하는 분들이 많아서 제가 정리해둔 자료가 있습니다."라고 이야기하며 인쇄물을 주면 된다. 다소 어려운 내용이라면 간호사가 줄을 그으며 따로 설명한다면 환자 만족도도 높아지고 소기의 목적도 달성하게 된다. 책상 앞에 10종이 넘는 질병별 자주 받는 질문FAQ을 놓고 진료하는 원장을 본 적이 있는데 그 병원에 대한 환자 만족도가 매우 높았다.

의사가 얼마나 환자를 생각하는지 마음을 전달한다

마지막으로 환자를 내보내고자 하는 의사의 마음가짐에 관한 이야기를 하겠다. 어쩌면 앞의 두 가지보다 더 중요한 것일 수 있다. 대부분 의사는 환자와의 진료를 빨리 마무리하려는 마음을 갖는 것 자체에 죄의식을 느낀다. 의료 서비스를 제공하는 입장에서 환자와 보내는 시간을 줄이려 하는 것이니 환자에게 미안한 마음을 갖는 것이 이해되기도 한다. 하지만 의사는 이런 마음을 가져서는 안 된다. 밖에서 대기 중인 다른 환자들 때문에 상담을 길게 할 수 없기 때문이다. 계속 질문을 하는 환자의 대답을 거절하는 것이 크게 실례가 되지 않는다는 마음가짐을 가져야 한다. 그리고 의사가 환자를 생각하는 마음을 환자의 입장에서 이해되도록 잘 전달해야 한다.

"아, A를 물으시는군요. A 정말 중요하죠. 그리고 B도 있고 C도 있고요. 다 설명하면 좋은데 죄송해서 어떡하죠? (간호사에게 밖에 환자가 얼마나 기다리고 있는지 묻는 시늉을 한 후) 밖에 기다리는 사람이 너무 많네요. 죄송합니다만 가능하시면 무슨 요일에 한 번 더 오실 수 있으신가요? 그때 제가 충분히 설명해드리겠습니다."

의사가 환자를 얼마나 생각하는지 마음을 잘 전달한다면 그 이상의 고민을 하지 않아도 된다. 하지만 대부분 경우에 길게 설명해주다 지친 원장의 얼굴이나 말투에 불쾌감이 묻어 환자가 고마워하는 마음을 가지지 않는 경우가 많았다. 이런 일이 없도록 마음만이라도 충분히 전달하려고 노력해보자. 환자가 오히려 더 미안한 마음을 가질 것이다.

고압적인 자세를 가진 환자를 어떻게 대할 것인가

진료를 보다 보면 심심치 않게 아는 척을 많이 하는 환자를 만나게 된다. 특히 의사가 동안이어서 어려 보일 때 고압적인 자세를 가진 환자가 늘어난다. 고압적인 자세를 가진 환자는 의사의 이야기를 귀담아듣지 않고 의사를 가르치려 하는 경향성을 가지며 자신을 윗사람으로 대우해주기를 바란다. 의사 입장에서 고압적인 자세를 가진 환자를 만나면 불쾌감을 느끼고 진료 의욕이 상실되며 환자와 불편한 긴장 관계가 형성되어 진료의 질이 떨어지게 된다. 이런 환자가 병원에 왔을 때 해결할 방법을 살펴보자.

태어날 때부터 고압적인 자세를 가지고 있는 환자는 없다. 보통 의사의 말투, 억양, 외모와 같은 개인적 요소, 병원 인테리어, 분위기 등이 환자의 고압적인 태도에 영향을 미친다. 그러므로 환자가 고압적인 태도를 보이기 전에 미리 예방할 수 있는 습관을 들이는 것이 중요하다.

① 진료실에 권위를 상징하는 상패나 졸업 증서 등을 두면 효과적이다
② 말을 천천히 하고 낮은 목소리 톤을 사용하면 좋다.
③ 몸짓이 너무 빠르거나 가벼워 경박해 보이지 않도록 한다.

그럼에도 이런 환자가 있으면 가장 중요한 것은 마인드셋이다. 환자를 대립과 극복의 대상으로 두지 않아야 한다. 고압적인 환자는 자신을 드러내고 과시하고 싶은 마음이 있다. 그러므로 환자가 이런 자세를 보이는 원인을 빠르게 파악하고 본인이 드러내고자 하는 마음을 이해해야 한다. "정말 대단하십니다"처럼 환자의 훌륭한 점에 대해 맞장구를 쳐주고 "선생님" "사모님" 등 호칭을 적절히 사용하면 관계가 개선될 수 있다. 환자와 서로 대치하거나 언쟁하는 상황은 오히려 관계를 악화시킨다. 의사의 진단, 처방, 결정 등에 영향을 미칠 정도로

자세가 좋지 않은 환자라면 일찌감치 진료하고자 하는 마음을 정리하고 분명하게 의사를 표시하여 대립 상황 자체를 피해야 한다.

환자의 무리한 요구에 어떻게 대응할 것인가

가끔 약을 본인 임의로 장기간 처방하길 원하는 환자가 있다. 분명 환자 나름의 사정이 있기 때문에 이런 요구를 할 것이다. 그러나 임상적 가이드라인을 무시한 채 환자의 편의를 봐주는 행동은 지양해야 한다. 이는 환자와의 관계 문제를 넘어서는 임상적 문제이기 때문이다.

예를 들어 당뇨환자의 경우 당 수치가 수시로 변할 가능성이 있어서 정기적인 측정과 투약 주기를 1개월 이상 넘지 않아야 한다는 임상적 판단이 이루어졌다고 가정해보자. 그런데 이 당뇨환자가 본인만의 사정을 이야기하고 투약 일정을 2개월로 요구한다면 어떻게 할 것인가? 몇 가지 핵심 메시지를 정리하겠다.

원칙은 지키되 이해하는 마음만은 확실히 전달한다

일단 감성적으로 환자의 상황을 충분히 공감할 필요가 있다. 환자가 말을 꺼내자마자 안 된다고 거부하는 것은 좋지 않다. 환자의 사정을 충분히 묻고 공감하고 이해해야 한다. 어떤 경우에도 의사는 환자 입장에서 생각하고 있다는 사실을 알게 해줘야 한다. 하지만 동시에 원칙을 어기지 않는다는 단호한 태도를 유지해야 한다. 당연히 환자가 요구하는 기간이 단기간이어서 원칙에 어긋나지 않는다면 최대한 환자 편의를 봐주는 편이 좋다.

거절할 때 임상적으로 문제가 생길 수 있음을 경고한다

사람들은 자기중심적으로 생각하는 경향이 있다. 그러다 보니 원장이 임의로 본인의 요구를 들어주지 않는다고 생각하는 환자가 많다. 특히 의사가 상업적 목적으로 장기 처방을 해주지 않는다는 오해를 받는 경우도 종종 있다. 이런 상황을 방지하기 위해 임상적으로 문제가 생길 수 있는 다양한 사례를 준비해두고 환자에게 장기 처방이 불가능한 이유를 논리적으로 설명해야 한다.

원칙을 지키는 것이 한 명의 환자를 얻는 것보다 중요하다

성공한 병원장은 옳다고 생각되는 원칙에 대해 타협하지 않는다. 필자는 어떤 경우라도 장기투약에 관한 양심과 원칙을 굽힐 필요가 없다고 본다. 상기 방법으로도 말이 통하지 않는 환자라면 과감히 미안하다고 말해야 한다. 우물쭈물할수록 환자는 집요하게 장기 처방을 요구할 것이다. '환자를 잃어도 좋다'는 자신감을 강하게 가져야 한다. 이 병원이 원칙을 지킨다는 소문이 나면 비정상적 장기투약을 요구하는 환자가 줄어들 것이다. 환자 스스로도 원칙을 어긴다는 사실을 알기 때문에 장기 처방을 해주더라도 오히려 그 병원의 권위가 사라질 가능성이 크다.

환자를 어떻게 대할 것인가? 많은 의사가 환자를 치료의 대상이라 생각한다. 의료 서비스의 본질이 의사가 환자를 치료하는 것이라고 생각하면 맞는 말이다. 하지만 조금 다른 시각을 제시하고자 한다. 환자를 의료진과 같이 공동으로 병을 치료하는 주체로 인식하라는 것이다. 치료의 대상은 환자의 병이지 환자가 아니다. '환자를 의료진과 공동으로 병을 치료하는 주체로 인식한다'는 명제는 무엇을 의미할까? 이러한 시각 차이는 치료 방법, 처방, 의료 상담 등에서 근본적 차이를 만들어내며 환자의 진료 순응도를 크게 높여줄 것이다. 환자를 치료의 공동 주체로 보고 대화하는 상황을 예로 들어보자. 어느내과 원장이 다음과 같이 말하는 상황을 생각해보자.

"오늘은 A라는 처방을 할 테니 일주일 동안 지켜보고 경과를 알려주세요. 그 후에도 속이 쓰린지, 변비가 계속되는지를 확인해보고 만약 계속 이상이 있으면 B방법을 시도해볼게요. B방법은 A에 비해 더 좋은 방법인데 치료비가 비싼 단점이 있습니다."

환자와 이런 식의 대화를 나누면 훨씬 쉽게 질병과 치료 과정에 대한 개념을 잡아줄 수 있다. 환자는 의사와 같은 위치에서 본인의 병을 바라보기 때문에 치료 과정에 강하게 몰입할 수 있다. 병이라는 공동의 적을 두고 의사와 환자가 동맹을 맺는 것이다.

이런 대화를 좀 더 발전시킨 것이 작전회의식 대화다. 서로 역할을 분담하고 예상되는 결과를 환자도 함께 해석할 수 있는 상황으로 만드는 화법을 말한다.

"제가 A를 할 테니 환자분은 B를 하세요. 만약 C라는 결과가 나오면 D를 합시다."

원장이 머릿속으로만 생각하는 일련의 치료 작전이 환자와 공유될 때 환자는 의료진을 신뢰하게 되고 병원도 더욱 성장할 것이다.

환자를 책상 앞이 아니라 옆자리에 앉힌다

우리는 무의식적으로 어떤 장소는 선호하고 어떤 장소는 그러지 않는다. 장소에 대한 호불호는 병원에도 적용된다. 딱히 이유가 없는데 어떤 병원은 가기 싫고 또 어떤 병원은 가고 싶다. 진료실 역시 마찬가지다. 당연히 무의식적으로 편하게 느낄 수 있는 진료실을 만들어야 한다. 다양한 요소가 영향을 미치겠지만 그중 진료실 내 의사와 환자의 배치 형태에 관해 이야기하겠다.

많은 병원이 환자를 의사의 책상 건너편에 앉히는 경향이 있다. 책상을 가운데 두고 의료진과 환자가 서로 마주보고 대화를 나눈다. 환자 입장에서 이런 구조는 좋지 않다. 의사가 쓰는 책상 앞쪽이 막혀 있는 경우가 많기 때문에 환자는 책상 밑으로 다리를 넣을 수가 없어서 책상과 거리를 둘 수밖에 없다. 또한 책상 맞은편에 앉게 되면 환자 입장에서 빨리 일어나야 할 것 같은 불안함을 느끼게 된다. 사람의 얼굴을 마주 보고 있다는 것 자체가 대결, 충돌, 마주침이라는 느낌을 부여하는 문제도 있다. 환자와 의료진 사이에 스탠드가 놓여 있어 시선을 가로막는 진료실도 보았고 개인 사무용품이 책상 위에 의료진을 중심으로 놓여 있어 환자가 메모할 수 없도록 된 배치도 종종 본다. 이런 환경에서 환자와 관계가 잘 형성될 리 만무하다.

그렇다면 좋은 구조는 어떤 구조일까? 의료진과 환자의 배치가 90도가 되는 구조다. 의사 책상 옆자리에 환자를 앉히는 것이다. 의료진이 한쪽 팔을 뻗었을 때 환자의 몸에 닿을 수 있는 거리를 유지하는 것이 이상적이다. 환자는 바퀴 있는 의자에 앉아야 하며 보호자를 위한 보조의자도 반드시 준비해야 한다. 또한 환자의 다리가 편하게 책상 아래로 들어가는 구조를 만들어야 한다. 우리 병원의 여러 진료실을 다시 한번 점검해보자. 환자를 편안하게 배려하는 진료실이 돼야 인기 있는 병원이 될 수 있을 것이다.

의외성은 커뮤니케이션의 필수 요소이다이다

매우 친절함에도 불구하고 환사들의 불만이 많은 병원이 있는가 하면 그렇게 친절하지 않음에도 불구하고 환자들이 열광하는 병원이 있다. 왜 이런 차이가 생기는 것일까? 그건 병원에 대한 환자의 기대 수준이 다르기 때문이다. 환자는 자신의 기대 수준보다 의료 서비스의 질이 높다고 생각하면 만족한다. 반대로 자신의 기대 수준보다 의료 서비스의 질이 떨어진다고 생각하면 불만족한다. 사람의 기대라는 것은 상대적이다.

그런 의미에서 아무리 좋은 서비스를 준비하더라도 그것이 환자의 기대에 미리 반영되면 만족시키기 어렵다. 환자가 미리 알고 있으면 기대 효과가 떨어지기 때문이다. 병원은 환자를 만족시키기 위한 서비스를 제공하되 이를 비밀스럽게 준비해야 한다. 병원에서 제공할 수 있는 의외성surprise은 생각보다 다양하다.

① 오래 기다리는 환자에게 계절에 걸맞은 차를 대접하며 감사의 마음을 표현한다.

② 진료실에서 노인의 손을 따뜻하게 잡아준다.

③ 비즈니스를 하는 사람처럼 보이는 환자에게는 명함을 건네거나 명함을 청할 수도 있다.

④ 음료를 권하면서 환자의 긴장을 풀어준다.

⑤ 서비스 차원에서 작은 검사나 처치를 추가해준다.

⑥ 환자나 보호자를 칭찬한다.

⑦ 제약회사 등에서 사은품으로 받은 각종 샘플, 화장품, 볼펜 등 간단한 선물을 건넨다.

이러한 서비스의 제공은 비공식적으로 제공돼야 효과를 볼 수 있다. 서비스가 당연하게 제공되면 미리 환자의 기대에 반영되기 때문에 좋지 않다. 또한 환자의 기대 수준이 점점 높아져 미래의 기대 수준을 관리할 수 없게 된다. 그러므로 의외의 서비스를 준비하되 최대한 환자가 의외성을 느낄 수 있도록 서비스를 잘 관리해야 한다.

병원 내에서 사담을 나누는 것을 금지해야 한다

병원에서 절대 하지 말아야 하는 일이 많다. 그중에서 사담을 나누지 않도록 하는 것이 가장 중요하다. 직원들끼리 또는 의사와 직원들이 개인적 대화를 나누는 것을 사담이라고 한다. 결론부터 말하자면 환자가 보이는 곳에서 사담을 나누는 것은 절대 허용하면 안 된다.

흔히 발생하는 사담의 유형을 살펴보자.

① 직원을 교육하는 모습
② 직원을 나무라는 모습
③ 동료 직원을 '선배' '언니' 등 사적 호칭으로 부르는 모습
④ 직원들끼리 떠들고 웃는 모습
⑤ 눈에 띄게 스마트폰을 사용하는 모습
⑥ '지난번에 이야기한 거 있지?'와 같이 관계를 중심으로 한 불분명한 대화 모습

대기 공간에 직원들이 우르르 모여 사담을 나누는 모습이 보이면 대기 환자들의 불만이 커진다. 직원들이 놀고 있기 때문에 본인의 대기 시간이 길어진다고 생각하게 된다. 심하면 직원들이 본인을 대상으로 잡담을 나눈다고 오해할 수도 있다. 차라리 대기실 직원을 꼭 필요한 사람만 두고 나머지 직원들은 환자들이 보이지 않는 곳으로 배치해 쉬게 하는 것이 바람직하다. 핵심은 환자에게 사담을 나누는 모습이 보이지 않도록 하는 것이다. 특히 치과 치료처럼 시간이 오래 걸리는 치료 중에 의사와 간호사가 사적인 대화를 나누면 환자는 굉장한 불쾌함을 느끼게 된다. 의사가 본인 치료에 몰입하지 않는다고 느끼기 때문이다. 절대로 환자 앞에서 사담을 나눠서는 안 된다.

병원을 떠났을 때
Post-Inpatient

충성환자보다 불만환자를 만들지 않는 것이 중요하다

어떤 병원이든 불만환자는 줄이고 충성환자를 늘려나가는 것을 목적으로 두고 병원 경영을 해야 한다. 하지만 일의 우선순위를 정할 때 두 가치가 상충된다면 불만환자를 만들지 않는 방향으로 의사결정을 하는 것이 옳다. 불만환자가 생기면서 발생하는 경영 리스크가 훨씬 크기 때문이다.

불만환자는 우리 병원에 대해서 부정적인 소문을 낸다. 같은 수의 불만환자와 충성환자가 병원에 대해 소문을 낸다면 부정적인 이야기가 훨씬 빠르게 퍼질 가능성이 크다. 부정적인 이야기가 훨씬 흥미로운 경우가 많기 때문이다. 또한 병원 입장에서 부정적인 소문에 대해 스스로를 변호하기가 매우 어렵다. 각종 병원 리뷰 서비스에서 병원에 대해 악평이 달렸을 때 아무리 병원이 잘못된 정보라고 이야기하더라도 환자들이 잘 믿지 않는 것이 이런 현실을 반영한다.

그렇다면 불만환자는 병원 경영에 어느 정도 영향을 미칠까? 1주일에 불만환자가 2명 생기는 병원을 생각해보자. 한 달이 지나면 불만환자가 8명이 되고 1년이면 96명이 된다. 10년이 지나면 960명의 불만환자가 생긴다. 지역 기반으로 운영되는 병원의 특징을 생각했을 때 한 지역에서 약 1,000명의 불만환자가 생기면 그 병원의 경영은 완전히 망가질 것이다.

필자는 고객 서비스가 탁월하여 최근 병원을 대규모로 확장 이전한 한 산부인과를 알고 있다. 이곳 병원장은 병원 성공에 가장 기여한 것으로 '퇴원환자 만족도 조사체계를 만든 것'이라고 이야기했다. 만족도를 조사하고 불만족한 영역에 대한 환자의 피드백을 반영하니 불만환자가 거의 사라졌다는 것이다. 불만환자가 없다고 병원이 성공하는 것은 아니지만 불만환자를 양성하는 병원이 성공할 가능성은 없다고 본다.

털어 먼지 안 나는 사람 없듯이 불만환자가 아예 없는 병원은 존재하기 어렵다. 하지만 불만환자를 어떻게 인식하고 어떻게 대응하는지에 따라 다른 결과를 얻을 수 있다. 고객으로부터 컴플레인이 생겼을 때 대응할 수 있는 몇 가지 노하우를 공유하겠다.

컴플레인은 초기 대응이 중요하다

대부분 컴플레인은 초기 응대에서 일어난다. 병원 입장에서 문제가 안 되는 이야기도 초기 응대가 잘못되어 대형 컴플레인으로 변질되는 경우도 있다. 그렇다면 컴플레인이 발생했을 때 어떻게 대응해야 할까? 환자의 주장에 공감하는 자세를 갖는 것이 가장 중요하다.

환자에게 공감하지 않은 상태에서 병원 측의 입장을 나열하면 분노가 더욱 커질 것이다.

"저기요, 제가 좀 많이 기다리는 거 같은데요!"라는 환자의 요구사항이 생긴 상황을 생각해보자. 화난 고객에게 "네? 저는 순서대로 환자를 부르고 있습니다. 저희 병원은 원래 대기 시간이 길어요. 기다리세요."라고 답하면 컴플레인이 해결될 리가 없다. "네, 많이 기다리셨지요. 제가 한번 알아보겠습니다. 잠깐만 기다려주시겠어요?"라고 이야기를 하면, 환자가 기다려줄 가능성이 크다.

진료실에서도 마찬가지다. 진료 중에 환자가 "제가 편도선도 부었다고 간호사 선생님께 말했는데 못 들으셨나요?"라고 이야기할 때 의사가 "저는 들은 바가 없습니다."라고 이야기하면 없던 컴플레인도 발생할 것이다. 이 상황에서 "편도선도 안 좋으시군요. 제가 미처 못 들었나 봅니다."라고 환자에게 공감해야 컴플레인이 생기지 않는다. 누구나 좋지 않은 이야기를 하는 것을 좋아하지 않는다. 최대한 환자가 옳다는 전제로 대화를 나누면 상당수 컴플레인을 줄일 수 있을 것이다.

고객에게 진정할 수 있는 명분을 제시해야 한다

환자의 요구사항을 주의 깊게 들어야 한다. 병원에서 발생하는 컴플레인을 관찰해보면 80퍼센트 이상의 경우 환자가 원하는 바가 불분명하다는 사실을 알 수 있다. 구체적으로 무언가를 원하는 컴플레인보다는 단순히 감정적으로 화가 난 경우가 많기 때문이다. 그러므로 환자가 화를 해소할 수 있도록 분명한 명분을 제시해야 한다.

예를 들어 직원의 실수로 MRI 사진을 다시 촬영해야 하는 상황이 발생했다고 생각해보자. 환자는 이 상황에 대해 컴플레인을 하겠지만 결국 해결할 수 있는 대안이 없다. 병을 진단하려면 MRI를 다시촬영하는 수밖에 없기 때문이다. 이런 상황에서 실수한 직원이 "죄송합니다."라고 거듭 이야기하는 것은 좋지 않다. 오히려 환자에게 더큰소리를 낼 빌미만 제공할 수 있다. 이런 상황이 발생하면 우선 병원 측 과실을 분명히 인정하는 것이 중요하다. 그리고 환자가 5분이라도 시간을 가질 수 있도록 별도로 마련된 공간으로 환자를 안내하고 상급자를 만나게 하는 것이 중요하다. 상급자는 진심이 담긴 사과를 하고 환자에게 소정의 선물이나 건강검진 혜택 등을 이야기하여화를 줄일 명분을 제시해야 한다. 직원들 앞에서 열렬히 컴플레인을이야기하던 환자가 원무과장을 만나고 난 뒤에는 조용해지는 이유이다. 환자도 본인 화를 해소할 수 있는 명분을 바랐기 때문이다. 환자를 별도 공간으로 이동시키고 5분 정도 기다리게 할 수 있다면 컴플레인은 이미 처리된 것이나 다름없다.

병원도 전략적 제휴가 필요하다

전략적 제휴Strategic Alliance는 기업 간 특정 영역에 대해 상호협력관계를 맺는 것을 의미한다. 기업은 다른 기업에 대해 경쟁 우위를확보하기 위한 목적으로 전략적 제휴를 체결한다. 마찬가지로 병원들도 서로 전략적 제휴 관계를 만들어야 한다. 병원 간 전략적 제휴는 큰 병원과 작은 병원 사이의 수직적 제휴를 의미하는 것이 아니다. 한 지역 내에서 작은 규모의 1차 의료기관 사이에서 맺는 전략적 제휴를 의미한다. 일반적으로 병원은 본인 병원에서 진료를 받은 환자를 다른 병원에 소개하지 않는다. 의원급에서 치료가 힘든 환자가 오면 전문병원, 종합병원으로 소개하는 정도이다. 그러나 앞으로는 지역 내 의원끼리 제휴를 맺고 환자를 리퍼_{refer}하기를 권장한다. 이러한 전략적 제휴는 여러 이득이 있다.

환자가 좋아한다

환자는 질병에 대해서 잘 알지 못한다. 의료 전문가가 아니기 때문에 본인의 문제를 해결하기 위해 어떤 병원을 찾아가야 하는지, 치료 효과가 어떻게 될 것인지 예상하지 못한다. 예를 들어 지속적으로 당뇨 관리를 받는 환자의 다리가 불편해 보인다면 의사는 환자에게 다리가 왜 불편한지 물어봐야 한다. 현재 허리 치료를 받는지 물어보고 가까운 신경외과를 추천해줄 수 있다. 환자는 자신의 건강 상태에 관심을 가지는 의사에게 고마움을 가지게 된다. 또한 동종업계에 일하는 의사의 추천으로 병원을 방문하기 때문에 추천받은 병원을 방문하기 전부터 신뢰감을 가지게 된다. 그리고 의사가 본인 병원의 의료 서비스를 추천한 것이 아니어서 상업적이지 않다고 생각하게 된다.

환자가 늘어난다

전략적 제휴는 서로 맺는 것이기 때문에 여러 병원이 서로 환자를 보내주는 것을 의미한다. 서로 환자를 보내주기 때문에 늘어나는 환자 수도 있지만 병원 이미지가 좋아지면서 늘어나는 환자도 많을 것이다.

대학병원에 있을 때 최고 전문가로 인정받던 의사도 개원가로 나오면 본인의 전문성을 살리기 어렵다. 1차 의료기관을 이용하는 환자 대부분은 일반적인 이유로 병원을 찾기 때문이다. 또한 환자는 의사가 갖춘 전문 영역에 대해 잘 이해하지 못한다. 하지만 다른 병원의 전문의가 내 전문 영역을 미리 알고 있어 환자를 보내주면 어떨까? 그리고 내가 다른 병원 의사의 전문 영역을 미리 알고 필요할 때 환자를 보내주면 어떨까? 환자는 1차 의료기관을 이용하면서도 대학병원과 같은 통합 진료가 가능하다고 느끼게 되고 의사들의 전문성도 더욱 많이 알려질 것이다. 당연히 주변 병원과 차별화된 경쟁력을 가지게 될 것이다. 인근 병원 중 우리 병원과 전략적 제휴가 될 만한 병원을 한번 살펴보자. 분명 함께하면 좋을 병원이 눈에 보일 것이다.

환자가 깎아달라고 할 때 어떻게 응대할 것인가

"이 병원은 왜 이렇게 비싼가요?"

"저는 단골 환자인데 진료비를 할인해주면 안 될까요?"

개원하고 나면 이런 이야기를 하는 환자를 자주 만나게 된다. 신성한 병원에서 있어서는 안 될 일이겠지만 언제나 가격을 협상하는 사람이 있다. 의료라는 신성한 일을 하는 의사 입장에서 가격에 관해 이야기하는 것 자체가 쉽지 않다. 어떻게 응대해야 할까? 일단 즉답을 피하고 상황에 알맞은 화법을 사용해야 한다. 또한 환자가 표현한

말만 듣기보다는 그 속에 포함된 진정한 의미를 잘 이해하는 것이 중요하다. "비싸다"는 말에는 다양한 의미가 내포되어 있다.

① 자기 생각보다 비싸다는 생각
② 자기 사정이 여의치 못해 돈이 없음을 숨기기 위한 의도
③ 원래 다니던 병원과 비교해서 비싸다는 생각
④ 가격 협상의 여지가 있다는 생각
⑤ 의료 서비스 자체가 매력적이지 않아 보인다는 생각

이 모든 생각에 대해서 환자는 "비싼 거 같아요."라고 말하는 것이다. 그렇기 때문에 환자가 진정으로 말하고자 하는 바가 위 내용 중 어떤 것인지 확인해봐야 한다. 목적이 확인된다면 그에 맞는 답변을 하면 된다. 다음의 사례를 보자.

자기 생각보다 비싸다고 이야기하는 경우

환자: 가격이 비싼 거 같아요.

의사: (깊이 공감하며) 가격을 듣고 많이 놀라셨죠? 보험이 적용되는 부분이 아직도 한계가 많은 거 같아요. 그래도 환자님께는 꼭 필요한 검사입니다. 저라면 꼭 받아보겠습니다.

보험 청구 항목에 대해 가격 협상을 시도하는 경우

환자: 가격이 비싼 거 같아요.

의사: (깊이 공감하며) 맞습니다. 그런데 이 영역은 국가에서 가격을 정해두고 엄격히 통제하는 상황이라 저희가 방법이 없습니다.

환자: 가격이 비싼 거 같아요.

의사: (웃으며) 제가 특별히 잘해드릴게요. 너무 걱정하지 마세요.

직원을 불러 이 환자에게 특별히 잘해드리라는 말을 하고 처방을 보낸다. 이런 경우를 대비해서 직원과 일정 수준의 할인 비율을 정해두면 좋다. 아예 안 해주는 것보다는 할인해주는 것이 장기적으로 좋기 때문이다. 하지만 의사가 직접 환자와 할인 내용을 이야기하지 않는 편이 좋다.

총제품제공물 개념을 가지고 병원을 발전시켜야 한다

총제품제공물이란 '고객이 구매 의사결정을 할 때 평가하게 되는 모든 항목'을 의미한다. 구두를 구매하는 상황을 생각해보자. 우리가 구두를 구매하는 의사결정 과정에는 여러 다양한 요소가 영향을 미친다. 가격, 브랜드, 구매 과정의 편의성, 포장 상태, 오프라인 가게의 주변 환경, 서비스, 해당 브랜드에 대한 과거 경험, 애프터서비스, 광고 이미지, 생산자에 대한 평판 등이다. 총제품제공물 개념을 가지고 구두 가게를 살펴본다는 것은 열거한 모든 영역을 개선하기 위한 노력을 하라는 의미다.

고객은 어떤 일부 속성만을 고려해서 제품을 선정하지 않는다. 병원도 마찬가지다. 위치, 대기 시간, 주차 시설, 간호사의 친절함, 의사의 전문성과 친절함, 이미지, 온라인 접근성, 예약 가능 여부, 검사 시설, 브랜드, 시설 규모, 가격, 화장실 청결도 등 고객은 매우 많은 영역에 대해 생각해보고 병원을 선택한다. 이미 병원을 개원했기 때문에 바꿀 수 없는 영역도 있을 것이다. 하지만 고객이 병원을 선택할 때 고려하는 영역을 기준으로 우리 병원을 평가해보면 개선할 영역이 많이 보일 것이다. 또한 본질적인 의료 서비스 이상의 개선사항이 보일 수도 있다.

고객마다 원하는 바가 다를 수 있다는 점도 알고 있어야 한다. 우리 병원을 이용하는 고객군을 몇 가지 카테고리로 분류하고 원하는 병원이 어떤 병원인지 생각해보면 더욱 좋은 결과를 얻을 수 있다. 예를 들어 대기실에 커피만 놓지 말고 노인분을 위한 대추차나 생강차를 함께 준비하는 것이다. 신문 옆에는 원시가 있는 분을 위해 돋보기를 둔다. 반대로 중학생과 대학생이 좋아할 만한 잡지도 함께 준비한다. 자가용을 이용해서 병원에 다니는 분을 위해서 주차장에 안내문을 설치하고 대중교통을 이용하는 분을 위해서 버스 노선을 안내한다. 병원마다 상황이 다 달라서 일괄적으로 이야기하기는 어렵지만 고객의 눈으로 병원을 바라보면 의료 서비스를 한층 업그레이드할 수 있을 것이다.

왜 우리 병원 직원들은 친절하지 않을까

친절한 고객 서비스가 병원 만족도와 매출에 지대한 영향을 미친다는 것은 누구나 알고 있는 사실이다. 실제로 병원을 평가한 리뷰를 보면 친절에 관한 이야기가 대부분을 차지한다. 역설적으로 친절하지 않은 병원이 많아서 그렇다고 생각한다. 왜 우리 병원은 친절을 실천하기 어려울까?

우리 병원 직원이 친절하지 않은 이유를 생각해보자. 많은 의사는 병원 직원이 친절하지 않은 이유로 교육 부족을 꼽았다. 또한 병원 직원에게 같은 질문을 했을 때도 교육 부족을 이야기했다. 필자는 생각이 다르다. 친절이 교육의 대상이었던 적이 있을까? 어떤 사람이든 친절이 무엇인지 본능적으로 알고 있다. 물론 매우 고도화된 커뮤니케이션 스킬이 필요할 때는 교육이 필요하겠지만 병원에서 요구되는 친절은 이것과는 거리가 멀다고 생각한다. 병원에서 일하는 사람들이 친절하지 않은 이유는 마음가짐이나 자세에 문제가 있기 때문이다. 단순히 친절 교육을 하기보다는 사람들의 마음가짐이나 자세의 문제를 찾아내고 해결하는 것이 좋은 접근 방법이다.

'왜 친절해야 하는 것인가?'를 공론화한다

병원 사람들이 친절해야 하는 이유를 생각해보고 다른 사람에게 이야기하는 모임을 진행해보자. 왜 병원에서 친절해야 하는지 공감대가 형성되면 자연스럽게 친절을 추구하는 문화가 생길 것이다. 현재 우리 병원 직원의 친절이 어느 수준인지 이야기해보는 것도 좋다. 친절에 문제가 있는 병원 직원들이 오히려 우리 병원이면 아주 친절하다고 이야기하는 경우를 많이 보았다. 토론 모임을 통해 우리 병원에 친절 문제가 있다는 사실을 인식하게 할 수 있다.

어느 정도 친절해야 하는지를 정의해야 한다

친절이 무엇인지는 누구나 알지만 우리 병원에서 어느 정도로 친절해야 하는지 구체적으로 알고 있지는 못하다. 모든 직원이 주관적으로 생각하고 있기 때문이다. 관리자가 계속 친절을 강조하더라도 직원이 생각하는 친절의 수준은 다 다를 수 있다. 그러므로 우리 병원에서 어느 정도로 친절해야 하는지 구체적으로 정의해야 한다. 병원에서 일어나는 일은 쉽게 유형화할 수 있어서 상황별로 표준 영상 사례를 만들고 함께 시청하면 도움이 된다.

친절은 병원 문화의 영역이다. 장기적인 시각을 가지고 변화를 유도해야 우리 병원을 친절한 병원으로 만들 수 있다. 특히 직원에게 친절을 지나치게 강조할 경우 역효과가 나는 경우도 많다. 이러한 활동들을 통해 우리 병원에서 필요한 친절 수준을 꼭 정의하기를 바란다.

병원 환경
Medical Physical Evidence

의료산업은 다른 일반적인 산업과 달리 의료 서비스가 생산되는 장소에서 바로 판매가 이뤄지는 특징이 있다. 그렇기 때문에 여타 산업보다 환경Physical Evidence이 고객의 의사결정에 매우 큰 영향을 미친다. 그럼 병원 환경에는 어떤 것들이 포함될까? 쉽게 말해 병원 내외에서 보이는 모든 것들이라고 생각하면 된다. 간판, 인테리어, 의사·간호사 유니폼, 원내 자료, 부착물 등이다. 대다수 1차 의료기관은 이런 환경을 제대로 챙기지 못한다. 이 모든 것을 세세하게 챙길 수 있는 인력이 대표 원장밖에 없는데 원장의 시간이 부족하기 때문이다. 하지만 고객은 병원 환경을 통해 병원 의료 서비스를 판단하고 그 병원에 대한 신뢰감을 가진다. 지금부터 1차 의료기관에서 어떤 병원 환경을 갖춰야 하는지에 관해 이야기하고자 한다.

병원 간판 만드는 것을 소홀히 해서는 안 된다

병원을 개원하면 간판을 달게 된다. 간판 제작과 설치는 대부분 인테리어와 동시에 진행되기 때문에 대부분 의사는 간판을 잘 만드는 일을 소홀히 여기는 경우가 많다. 훨씬 규모가 큰 인테리어 비용과 비교했을 때, 간판은 후순위로 밀리는 경우가 많기 때문이다. 이런 이유로 간판 제작 과정에서 업자들에게 뒤통수를 맞는 경우도 종종 있다 병원 간판을 만들 때 어떤 것들을 신경써야 할까?

간판은 병원 앞을 지나가는 고객에게 우리 병원이 여기 있나는 사실을 인지시키기 위해 존재한다. 그렇기 때문에 간판 제작을 할 때는 간판을 통해 우리 병원을 인지시킬 수 있을 것인지에 고민의 초점을 맞춰야 한다. 디자인, 재질, 투자 비용 모두 현재 병원 입지에서 주변 고객에게 어떻게 병원을 인지시킬 것인지에 대한 고민을 담아야 한다. 필자는 간판 제작 시 법과 건물주가 허용하는 한도 내에서 가장 크고 가장 밝게 만드는 것이 중요하다고 생각한다. 어떤 환경에서 보더라도 크고 밝을수록 가시성이 좋을 수밖에 없기 때문이다. 기억하자. 간판은 무조건 크고 밝아야 한다.

그리고 간판은 병원 영업시간이 아닐 때도 항상 켜져 있어 간판을 통해 우리 병원을 알려야 한다. 또한 아침에 해가 쨍쨍할 때, 밤이 되어 어두울 때, 비가 오거나 눈이 올 때 등 모든 상황에서 간판의 가시성을 고려하여 제작해야 한다.

병원 개원 시 들어가는 비용 대부분을 차지하는 것이 인테리어다. 그런데 병원을 여러 번 개원하는 사람이 많지 않다 보니 대부분 의사에게 인테리어는 인생 처음으로 경험하게 된다. 이런 이유로 인테리어 회사로부터 사기를 당하거나 원한 것과 많이 달라 분쟁을 겪는 경우가 다반사다. 지금부터 어떻게 하면 이런 문제를 최소화할 수 있을 것인지 이야기해보겠다.

설계와 시공을 분리하는 것이 좋다

인테리어는 크게 설계 단계와 시공 단계로 나뉜다. 병원 인테리어는 대체로 설계와 시공을 같은 회사에서 맡는다. 필자는 이런 구조가 좋지 않다고 생각한다. 의사가 설계와 시공의 상세 항목에 대해서 세세하게 알기 어려워 인테리어 회사에 휘둘릴 가능성이 크기 때문이다. 이런 문제를 해결할 수 있는 가장 좋은 방법은 개원의 편에서 전체 인테리어를 감독할 수 있는 사람을 두는 것이다. 대다수 인테리어 회사는 시공을 위주로 하기 때문에 건축 설계를 하는 사람을 따로 고용하여 자기 편에서 인테리어 과정을 감독하도록 해야 한다. 설계를 전문으로 하는 사람을 고용하면 다소 비용이 들겠지만 두 가지 장점이 생긴다.

첫째는 인테리어 설계 단계에서 업무 동선과 환자 동선 등을 매우 꼼꼼하게 검토할 수 있다는 점이다. 이미 개원한 원장들의 이야기를 들어보면 대다수 병원은 설계가 미흡하게 진행되어 동선상 비효율이 매우 크게 발생한다는 사실을 알 수 있다. 물론 설계를 전문으로 하는 사람에게 맡긴다고 이런 비효율이 완전히 사라지지는 않을 것이다. 그래도 설계와 시공을 턴키turn-key로 맡겼을 때와 비교했을 때 비효율을 최소화할 수 있다는 장점이 있다.

둘째는 시공사에서 사기를 치기 어렵다는 점이다. 한 회사에 설계와 시공을 함께 맡기는 경우 대체로 설계도면과 견적서를 완벽하게 만들지 않는 경우가 많다. 회사 입장에서는 할 일을 최대한 모호하게 정의해놓는 것이 이익 창출에 좋기 때문이다. 하지만 설계를 따로 맡기면 도면상에서 벽지를 어떤 브랜드 벽지를 쓰는지, 문고리는 어떤 것을 쓰는지와 같이 매우 세부적인 사항까지 미리 정의한다. 이 실계 도면을 기반으로 시공사들끼리 경쟁시키면 불필요하게 들어가는 인테리어 비용을 절감할 수 있다. 또한 설계자에게 시공 과정에 대한 감리를 맡겨 설계도면과 실제 인테리어 결과물이 다를 경우 애프터 서비스를 명확하게 요청할 수 있다.

특이한 디자인을 적용하거나 강렬한 색을 사용하는 것도 좋다

의료기관 사이의 경쟁이 매우 심한 현대 사회에서 다른 경쟁 병원과 우리 병원을 차별화하기는 매우 어렵다. 표준화되어 있는 1차 의료기관의 의료 서비스 특성상 경쟁 병원과 완벽히 다른 서비스를 제공하는 것은 거의 불가능하기 때문이다. 실제로 다른 병원과 비교해 차별점이 한 개도 없는 병원이 90퍼센트나 되는 게 현실이다.

하지만 이런 상황에서 강력한 차별화 도구 중 하나가 병원 인테리어 디자인이다. 대부분 의사가 표준에 맞춘 단순한 인테리어 디자인을 선호하기 때문이다. 당장 우리 주변에 내부 인테리어가 기억에 남는 병원이 있는지 생각해보자. 아마 잘 떠오르지 않을 것이다. 이런 상황에서 특이한 디자인과 색을 활용한 인테리어는 강력한 경쟁력을 제공할 수 있다. 특이한 인테리어 디자인은 잠재고객에게는 우리 병원을 쉽게 인지시킬 수 있고 기존 이용 고객에게는 다른 병원과 다르다는 인식을 주어 충성 고객이 되게끔 만들 수 있는 장점이 있다.

인기 있는 클리닉은 디테일로 완성된다 1

'깨진 유리창의 법칙'이 있다. 자동차 유리창이 깨져 있을 때 그 자동차에 대한 절도가 훨씬 많이 발생한 현상을 설명한 법칙이다. 병원도 마찬가지다. 병원에서 깨진 유리창이 있는지 확인하고 있다면 빠르게 개선해야 한다. 병원 내부에서 챙기면 좋은 디테일한 요소를 알아보자.

① 말라비틀어진 식물, 죽은 화분, 건강해 보이지 않는 식물은 치운다. 생명을 살리는 병원에 가장 어울리지 않는 소품이다.

② 직원들이 데스크에서 개인 용무를 못 하게 하자. 개인 용무를 하는 순간 바로 동네 병원으로 전락하게 된다는 것을 명심하자. 라디오를 듣거나 개인 용무로 인터넷을 하거나 음식을 먹는 일이 없도록 해야 한다. 뜨개질하거나 책을 읽거나 공부를 하는 것도 좋지 않다

③ 의사가 입은 가운이나 마스크 등에 약물이나 피 같은 게 묻었는지 확인하자. 의외로 자주 발견되는 문제점이다. 환자는 그런 모습을 보면서 병원에 위생상의 문제가 있다고 생각하게

된다.

④ 직원 유니폼이 너무 낡지 않았는지 점검하자. 유니폼의 세탁 상태를 자주 확인해야 한다. 직원 유니폼이 깨끗하지 못하면 환자로부터 존중받기 어렵다. 병원 직원의 손톱, 헤어스타일, 화장, 신발 등 유니폼 바깥으로 보이는 부분도 통제 대상이다.

⑤ 화장실을 청결하게 관리해야 한다. 어떤 서비스 산업이든 화장실이 깨끗해야 본업에 대한 평가가 높아진다.

⑥ 조명에 신경써야 한다. 일단 병원은 밝아야 한다. 또한 주기적으로 내부 조명 상태를 점검해보고 고장 난 조명을 빠르게 교체해야 한다.

⑦ 간판 일부에 불이 나갔다면 최대한 빠르게 수리한다.

⑧ 대기실에서 배경 음악이 나오도록 해야 한다. 음향시설이 좋지 않아 조잡한 음질이 나오면 절대 안 된다. 클래식이나 재즈를 틀되 적당한 빠르기(모데라토)의 곡을 선별한다. 모차르트, 베토벤, 바흐, 비발디와 같은 작곡가의 곡이 가장 적당하다.

인기 있는 클리닉은 디테일로 완성된다 2

일본의 작은 가게들을 보면 항상 옆에 빨간 의자를 둔다. 가게에서 구매한 음식을 앉아서 먹고 갈 수 있도록 한 것이다. 병원의 전문성을 강조하고 싶다면 환자의 눈에 띄는 사소한 부분 모두를 치밀하게 관리해야 한다.

일본 교토 니시키 시장의 150년 된 오뎅 가게에서

진료실 책상 위는 깨끗해야 한다

진료실 책상 위에 개인 물건이 많거나 정리 상태가 나쁘면 환자는 불안함을 느끼게 된다. 특히 병원 운영과 관련된 문서(자금 계획, 마케팅 전략 등), 커피 등의 음료, 각종 음식물도 좋지 않다. 또한 안경 닦는 헝겊, 패션잡지, 향수 등도 좋지 않다.

음식 먹은 것이 연상되면 안 된다

병원은 병을 치료하고 낫게 하는 공간이다. 이런 공간에서 먹는 것을 연상시키는 것은 병원의 전문성과 신뢰도를 낮출 수 있다. 데스크에서 직원이 간식을 먹는 모습을 보이거나, 점심 식사하고 난 뒤 잔향이 남아 있거나, 옷에 김칫국물이 묻어 있거나, 의료진이나 간호사의 입가에 이물질이 묻어 있으면 신뢰를 줄 수 없다.

부착물을 잘 관리해야 한다

많은 병원이 부착물 관리를 제대로 하지 않는다. 데스크 아래 영역에 많은 수의 포스터가 덕지덕지 붙어 있는 경우를 많이 보았을 것이다. 지저분하게 포스터를 붙일 거면 아예 안 붙이는 편이 낫다. 필자가 추천하는 방법은 포스터를 게시하기 위한 액자를 사용하는 것이다. 액자가 있는 장소에만 포스터를 게시하겠다고 생각하면 병원 내부도 깔끔하게 관리되면서 핵심 메시지만 환자들에게 전달할 수 있다.

병원 출입구를 관리해야 한다

잘 안 되는 병원은 대체로 입구가 어둡다. 환자가 병원을 방문할 때 가장 먼저 마주하는 것이 병원 건물 외관, 복도, 엘리베이터다. 왠지 모르게 출입구가 어두운 병원은 방문하기 싫어진다. 우리 공간이 아니라고 방치하기보다는 건물주와 잘 이야기하여 관리하는 것이 중요하다. 건물 출입구에 죽은 나무, 지저분한 쓰레기통, 담배 냄새, 엘리베이터 안 성인 광고 문구 등이 병원의 첫인상이 되지는 않는지 확인하고 잘 관리해야 한다.

병원 냄새를 관리해야 한다

병원 약품 냄새는 환자를 불안하게 만든다. 디퓨저를 사용하여 병원에서 기분 좋은 향이 느껴지도록 관리해야 한다.

대기실의 오래된 게시물은 정리한다

병원 대기실에 1~2년 전 잡지가 있으면 병원이 오래된 것 같다는 인상이 생긴다. 오랜 시간이 지난 공지 사항이 게시판에 게시되어 있어도 병원이 관리가 안 된다고 판단하게 된다.

병원에 상담실을 설치하고 적극적으로 활용하자

필자가 병원을 컨설팅할 때 가장 유심히 살펴보는 공간이 상담실이다. 아예 상담실이 없는 곳도 많이 보았다. 병원에 상담실 설치를 추천하거나 상담실 인테리어에 좀 더 투자하라고 이야기하면 "성형외과나 피부과도 아닌데 병원에 진료실이 있으면 됐지 상담실은 왜 필요한가요?"라는 반문을 듣게 된다. 내과, 이비인후과, 소아청소년과와 같이 환자 수가 많고 보험 위주의 진료를 하는 병원일 경우 이런 경향성이 더욱 크다. 그러나 좀 더 부가가치 있는 시술을 늘려 매출 상승을 희망하는 병원이라면 상담실에 투자해야 한다고 생각한다. 공간 규모로 판단한다면 상담실이 병원 공간 내에서 면적 대비 가장 효율적으로 부가가치를 창출하는 곳이다. 대기 공간 크기를 줄이고 진료실 하나를 줄이더라도 상담실 하나를 더 만드는 것이 매출 창출에 효과적이었다.

상담실이란 진료실 밖에서 환자가 상담실장과 대화를 나눌 수 있도록 별도로 마련한 공간이다. 이곳에서 의사가 처방한 수술이나 시술의 부작용, 시술 방법, 전체 소요 기간, 입원 절차, 비용, 그밖의 여러 옵션에 관해 설명한다. 모든 환자가 상담실을 거칠 필요는 없다. 하지만 1차 의료기관에서 50만 원 이상 가격표가 붙은 검사, 수술, 시술, 처치 등을 처방할 때 상담실에서 좀 더 자세한 이야기를 나눠야 한다.

왜 상담실이 필요할까? 상담실은 어떤 의미가 있을까? 상담실을 운영하고 투자해야 하는 가치는 무엇일까? 필자의 컨설팅 경험을 바탕으로 상담실의 효용을 정리해보겠다.

환자 동의율을 높일 수 있다

환자는 진료실에서 의사가 처방한 내용을 그대로 따르지 않는다. 의사가 하라고 했지만 환자 나름의 이유로 의사의 처방을 따르지 않을 때도 많다. 상담실이 있으면 환자에게 원장의 처방에 대해 좀 더 자세하게 설명할 수 있다. 아무래도 환자 입장에서 보면 진료실에서 의사에게 질문을 많이 던지기 어렵기 때문에 상담실에서 다양한 질문에 답을 줄 수 있으면 치료 동의율이 높아질 수 있다.

의사의 진료 시간을 단축해준다

의사는 핵심적인 내용만 전달하고 궁금한 사항 등은 상담실에서 이야기를 들으라고 하면 된다.

의사가 적극적으로 처방할 수 있다

의사는 권위가 필요하기 때문에 환자의 거절에 예민하게 반응한다. 많은 의사가 특정 치료 방법을 제안했을 때 환자로부터 거절당하면 어쩌나 하는 두려움을 갖고 있다. 이런 두려움은 소극적 처방으로 이어져 환자와 의사 모두에게 좋지 않다. 상담실을 운영하면 이런 문제를 해결할 수 있다. 의사는 필요하다고 판단되면 별다른 고민 없이 처방하고 구체적인 제안과 조정은 상담실에서 수행할 수 있기 때문이다. 의사는 환자로부터 거절당할 위험이 사라져 더욱 적극적으로 진료를 할 수 있다.

환자 만족도가 높아진다

환자도 상담실에서 상담받기를 원한다. 환자는 의사의 처방에 대해 자세한 이야기를 듣고 충분히 생각할 수 있는 시간을 원한다. 그럴 수 있으면 병원에 호감을 느끼게 된다. 권위적으로 느껴지는 의사와 달리 상담자는 좀 더 친근하기 때문에 환자 입장에서 편안함을 느낄 수 있다.

좋은 상담실의 몇 가지 체크 포인트

좋은 상담실은 몇 가지 특징을 가지고 있다.

콘셉트가 분명한 상담실이 좋은 상담실이다

공간이 사람의 심리에 미치는 영향력은 대단하다. 콘셉트가 분명한 상담실이란 심리적 영향력을 극대화한 상담실이다. 환자가 상담실에 들어서는 순간 상담실의 구조, 벽면, 책상 위 소품 등 모든 것이 치료 과정을 잘 설명하기 위한 느낌을 주도록 해야 한다. 안과의 라식 수술 상담실이 피부과 상담실과 차이가 없다면 콘셉트가 불분명한 것이다. 예를 들어 백내장 수술 예정 환자를 대상으로 하는 별도의 상담실에 백내장에 관해 설명하는 자료가 빼곡히 채워져 있다면 콘셉트가 명확하다고 할 수 있다.

상담실은 다른 공간과 분리된 느낌을 주어야 한다

상담실에서는 환자가 천천히 자신의 생각을 정리할 수 있어야 한다. 이를 위해서 병원의 다른 공간과 상담실이 확실히 분리돼야 한다. 환자에게 병원은 불편하고 어려운 공간이다. 상담실은 병원의 어려운 이미지를 완충하는 공간이다. 그러므로 상담실을 만들 때는 일반적인 병원 공간보다 편하게 꾸미기 위해 노력해야 한다. 간접 조명을 활용하고 오랫동안 앉아 있더라도 불편하지 않도록 소파가 있으면 좋다. 진료실 책상과는 다른 테이블을 두어 환자와 상담자가 편하게 이야기를 나눌 수 있도록 해야 한다. 환자는 이런 상담실을 경험할 때 대우받았다 느끼고 그만한 가치를 지불할 수 있다고 생각한다.

고급스러울 필요까지는 없지만 기본은 해야 한다

병원 상담실을 가보면 내부 상태가 좋지 않은 경우가 많다. 오래된 잡지가 구비되어 있거나 주사기와 같은 의료 소모품이 쌓여 있거나 반찬 냄새가 배어 있는 경우도 보았다. 상담실은 창고가 아니다. 상담자의 개인 물품은 절대 환자의 눈에 띄어서는 안 된다. 상담실에는 반드시 출입문이 있어야 하고 문을 닫으면 외부에 소리가 새어 나가지 않아야 한다. 또한 문을 닫았을 때 창문이 없어 말소리가 울려도 안 된다. 환기도 항상 신경써야 한다.

4장

의료 서비스 메뉴판 만들기

병원 의료 서비스 상품
Medical Product

원래 병원 경영에서는 의료 서비스를 어떻게 구성하고 발전시켜 나가는지가 가장 중요하다. 의사의 의학적 역량이 의료산업의 본질이기 때문이다. 하지만 우리나라는 대부분 의료기술이 의료보험제도로 통제되고 있어 새로운 의료 서비스를 개발하거나 기존 의료 서비스를 질적으로 개선하는 것이 거의 불가능하다.

보험진료과목은 더더욱 새로운 의료 서비스가 나타나지 않는다. 2~3년에 겨우 한두 개의 신상품이 나오는 수준이다. 이런 상황에서 의료시장이 꾸준히 성장하는 것은 거의 불가능해 보인다. 기본적인 의식주 중 하나인 쌀만 보더라도 유기농 쌀이니 무농약 쌀이니 하면서 새로운 상품을 만들어 다른 브랜드와 차별화하기 위해 노력하는데 의료시장은 이런 것들이 원천 차단되어 있다. 또한 의료계도 이를 개선하기 위해 딱히 노력을 기울이지 않고 있다. 앞으로도 새로운 의료 서비스의 등장이 더디리라 예상된다. 그럼에도 우리는 새로운 의료 서비스를 만들어내기 위해 노력해야 한다. 최근 피부과에서 지속적으로 새로운 의료 서비스를 만들어내는 것이 좋은 사례다.

새로운 의료 서비스를 만들 때 가장 중요한 것은 개별 의사의 역량에 기대지 않는 의료 서비스를 만드는 것이다. 의사가 바뀌어도 할 수 있어야 새로운 의료 서비스로 가치가 있다. 예를 들어 미세 현미경 척추 수술을 잘하는 의사를 초빙한 덕분에 새로운 척추 수술 상품을 만들어낸 병원이 있다고 하자. 이 병원은 의료 서비스를 잘못 만들어낸 것이다. 이 서비스는 개인 의사에게 귀속되기 때문이다.

보험으로 통제되는 상황이 어렵다면 수가를 매기지 않는 서비스를 만들어내는 것도 좋다고 생각한다. 환자가 이런 서비스를 통해 우리 병원을 좋게 생각한다면 마다할 이유가 있겠는가. 보험과목이든 비보험과목이든 새로운 의료 서비스를 통해 우리 병원의 전체 이미지가 좋아진다면 이 서비스는 의미 있는 서비스일 것이다. 이런 차이가 동네 병원 간 경쟁에서 큰 차이를 만들어낸다. 소아청소년과에서 사용하는 약은 대동소이 하지만 환자가 몰리는 병원은 정해져 있다. 잘되는 병원은 병원 고유의 신제품을 가지고 있다.

신제품을 도입하는 병원이 되자

기업에서 마케터에게 가장 중요한 것이 무엇인지 묻는다면 다양한 답변이 나올 것이다. 그중 다섯 손가락 안으로 자주 거론되는 단어가 '신제품 개발'일 것이다. 열 개의 마케팅이 제대로 된 한 개의 제품을 못 이긴다. 신제품 개발이 중요한 이유는 제품에도 라이프사이클이 있기 때문이다. 처음부터 잘되는 제품도 드물지만 끝까지 잘 나가는 제품은 더 없다는 것이 제품 라이프사이클의 핵심 원리다.

필자는 병원에도 신제품 개발이 필요하다고 생각한다. 세상에 없던 치료법을 개발하거나 불치의 병을 치료하라는 뜻이 아니다. 병원에서 그동안 하지 않았던 치료를 넓혀가라는 뜻이다. 과거 등한시했던 치료를 연구하고 새로운 기술을 배워서 병원의 진료 영역을 확장해야 한다. 치료 영역을 넓히는 방법으로는 다음과 같은 것들이 있다.

① 건강검진센터를 새롭게 만든다.

② 과거에 하지 않았던 검사 장비를 도입한다.

③ 유사 영역으로 치료 범위를 확장한다.

④ 새로운 과를 넓힌다.

⑤ 로봇 팔 수술을 도입한다.

⑥ 과거에는 시행하지 않았던 분만법을 채택한다.

대구 지역에 최초의 분만 병원을 표방한 어느 산부인과 병원장의 대화는 많은 시사점을 준다.

"한때 병원이 잘나갈 때는 한 달에 800건 정도 분만을 하였습니다. 정신이 없었지요. 그러나 요즘 보면 한 달에 200건 정도 분만하는 것 같습니다. 제 기분이 어떨 것 같습니까? 별로일 것 같죠? 사실 그렇지 않습니다. 저는 오히려 지금이 더 좋습니다. 그때는 못 했던 여러 부인과 진료를 더 체계적으로 할 수 있게 되었고 환자 만족도도 높아지고 있습니다. 지금은 다른 부분에서 충분한 병원 운영이 되고 있습니다. 당시와 비교해보면 바닥과 천장만 빼고 다 변한 것 같습니다. 저는 이것이 우리 병원의 장수 비결이라고 생각합니다."

병원의 전문성, 지역 상황, 전략에 따라 얼마든지 신제품을 개발할 수 있다. 현재 병원 매출 구성을 10년 전 병원 매출 구성과 비교 분석해보자. 아마도 10년 동안 매출 구성이 많이 달라졌을 것이다. 과거에 불가능했던 치료 장비와 여러 신기술과 검사 방법이 도입되면서 환자 구성도 달라졌을 것이다. 이러한 변화가 당연히 생길 것으로 생각하고 경쟁 병원보다 조금 더 빠르게 신기술, 신제품, 신의료기술을 도입하는 병원이 돼야 한다.

의료 품질이란 무엇인가

내 몸을 치료하기 위한 병원을 고르는 것은 식당을 고르거나 옷을 고르는 것보다 수십 배 이상 중요한 일이다. 환자는 병을 잘 고치는 병원을 원한다. 환자 설문조사에서 "왜 이 병원을 선택하였습니까?"라는 질문에 의료 품질quality이 높기 때문에 선택했다는 답을 얻게 된다. 병원을 경영할 때 의료 품질은 위생 요소다. 일정 수준의 의료 품질이 보장되지 않으면 병원은 성장할 수 없다.

의료 품질은 어떻게 정의할 수 있을까? 진료 성공률, 중증치료 커버 능력, 장비나 응급처치 대비 등과 같은 객관적 요소가 먼저 떠오른다. 그러나 1차 의료기관의 의료 품질은 달리 해석돼야 한다. 1차 의료기관을 찾는 환자 대다수의 질병이 중증이 아니기 때문에 의료 품질을 쉽게 구별할 수 없다. 또한 병원마다 치료 역량이 평준화되어 있다. 나 홀로 엄청난 의술을 가지고 있다고 주장하는 것은 거의 불가능하다.

1차 의료기관의 의료 품질은 우리 병원을 이용한 환자가 느끼는 의료 서비스 만족도로 평가되는 것이 옳다. 당뇨환자에게 혈당을 잘 관리해주는 능력도 중요하지만, 의사가 환자를 무시하거나 대기 시간이 지나치게 긴 문제가 있다면 의료 품질이 높다고 평가할 수 없다. 생각보다 많은 의사가 서비스 만족도를 중요하게 생각하지 않는다. 의료 품질은 병을 낫게 하는 것에만 있다고 착각하기 때문이다. 이런 생각에서 빨리 깨어나야 한다. 고객이 느끼는 만족도를 높이는 병원이 훨씬 빠르게 성장할 수 있다.

의료 서비스 가격
Medical Price

자본주의 사회 내에서 이루어지는 모든 마케팅 전략 중 가장 중요한 것이 가격 전략이다. 고객이 어떤 제품·서비스에 대해 어느 정도의 금액을 지불하고자 하는지가 그 비즈니스의 흥망성쇠를 결정하기 때문이다. 그러나 우리나라 1차 의료기관은 가격 전략을 수립하고 활용하는 것이 매우 어렵다.

급여 영역은 국가가 모든 의료 서비스 가격을 통제하기 때문에 가격 정책을 사용하는 것이 원천 차단되어 있다. 우리나라에서 급여 영역의 의료 서비스 가격은 행위별수가제를 기준으로 설정된다. 행위별수가제는 진료에 소요되는 약제 또는 재료비를 별도로 산정하고 의료인이 제공한 진료 행위 하나하나마다 항목별로 가격을 책정하여 진료비를 지급하도록 하는 제도다. 대부분 자본주의 국가에서 채택하는 방식이다. 우리나라는 대표적으로 의료 행위에 수가를 낮게 책정하는 나라다. 마케팅 관점에서 본다면 저수가는 사람들이 의료 서비스의 가치를 낮게 평가하도록 만든다는 점에서 의료산업에 굉장히 부정적인 영향을 미친다. 고객이 병원을 방문할 때 내고자 하는 금액 수준willingness to pay이 매우 낮아졌기 때문이다.

비급여 영역은 그나마 국가의 통제가 덜하여 어느 정도 가격 전략을 사용할 수 있다. 하지만 의료의 본질적 속성 때문에 비급여 영역에서도 어느 정도의 가격 전략을 사용하는 것이 적정한 것인지에 대한 논쟁이 끊임없이 있어 왔다. 일정 수준의 의료 품질을 보장할 수 있는 수준의 가격, 이익 집단으로서 의사가 생각하는 가격, 고객이 원하는 가격 등 다양한 의견이 섞여 있기 때문이다. 반값 임플란트로 가격 논쟁을 일으킨 네트워크 치과 의원과 일반 치과 의사들 사이에 법적 분쟁이 생긴 사례도 있다. 최근에는 정부에서 모든 의료기관을 대상으로 비급여 가격을 국가에 고지하라고 압박하여 논란이 생기고 있다.

하지만 이런 어려움 속에서도 병원이 성장하려면 가격에 대한 고민이 꼭 필요하다고 생각한다. 자본주의 사회에서 가격만큼 중요한 것은 없다. 일단 서비스 공급자로서 가격은 나의 생존 여부를 결정한다. 마냥 가격을 높이는 것이 능사는 아니다. 우리 병원이 지향하는 가격 정책과 환자가 원하는 가격 수준이 일치해야 한다. 그렇지 않으면 환자가 병원을 방문하지 않을 것이다. 반대로 저렴한 가격 정책을 시행할 때 환자는 많아지겠지만 나의 이익률이 매우 낮아지는 불상사가 생길 수 있다.

그렇다면 어떻게 해야 할까? 너무나도 당연한 이야기지만 모든 병원에 대입할 수 있는 가격 전략이란 존재하지 않는다. 병원 진료과목, 위치, 진료 권역 등 매우 다양한 요소들이 가격 정책에 영향을 미치기 때문이다. 우리 병원 상황에 맞는 전략을 정해야 한다. 이번 장에서는 1차 의료기관에서 시행할 수 있는 다양한 가격 전략의 개요를 짚어보고자 한다. 우리 병원의 의료 서비스의 가격 상한선과 하한선은 어떻게 설정할 수 있는지, 저가 전략 혹은 고가 전략을 사용할 때는 어떤 것들을 신경써야 하는지 이야기하고자 한다.

어떻게 의료 서비스의 가격을 결정할 것인가

개원의에게 의료 서비스의 가격을 어떻게 책정했는지 물어보면 대체로 주변 병원과 비교하여 적당한 수준으로 결정했다는 답변을 듣게 된다. 주변 병원과 비교했을 때 적당한 가격은 너무나도 모호한 말이다. 필자가 개원의에게 적당한 수준이 어떤 의미인지 물어보면 명확한 근거를 이야기하는 경우가 드물었다.

이런 상황이 생기는 것은 너무 당연하다. 의과대학에서 공부할 때 어떤 근거를 가지고 의료 행위의 가격을 산정할 것인지 배우지 않았기 때문이다. 병원에서 근무할 때도 가격은 의사의 고민 영역이 아니다. 그저 병원 직원이 환자에게 통보하는 영역일 뿐이다. 하지만 당장 개원을 하면 내 의료 서비스의 가격을 결정해야 한다. 가격 결정은 매우, 매우, 매우 중요하다. 가격은 앞으로 우리 병원에서 어느 정도의 이익이 창출될 것인지 결정하는 지표이기 때문이다. 그렇다면 가격은 어떻게 결정해야 할까? 가격 결정과 관련된 다양한 이론을 소개한다.

경쟁자 모방 가격 결정 방법

경쟁 병원의 가격을 보고 우리 병원의 가격을 결정하는 방법이다. 가장 쉽게 생각할 수 있는 방법이다. 하지만 이 정도 고민을 하는 병원도 많지는 않다. 당장 내 병원 근처 경쟁 병원의 의료 서비스 가격을 물어보면 답할 수 있는 병원이 많지 않기 때문이다. 또한 경쟁 병원 대비 내 병원이 높은 가격을 받는 게 합당한지, 낮은 가격을 받는 게 합당한지에 대한 의사결정도 이루어져야 한다.

경쟁자 모방 가격 결정 방법의 가장 큰 장점은 단순성이다. 경쟁자가 정해놓은 가격을 기반으로 내 가격을 정하기 때문에 정보를 획득하는 차원에서 어려움이 없다. 다만, 경쟁자를 따라 가격을 결정하면 진정으로 내 이익을 극대화하기 위한 최적 가격을 찾아내는 것이 불가능하다는 단점이 있다.

원가에 기반한 가격 결정 방법

우리 병원에서 서비스를 제공할 때 들어가는 의료 원가를 계산해보고, 해당 의료 원가에 일정 수준의 이익(마진)을 덧붙여서 가격을 결정한다. 이 방법을 쓰기 위해서는 우리 병원에서 발생하는 비용에 대해 명확하게 인지하는 것이 중요하다. 병원 인테리어 비용, 의료장비 비용, 임대료, 직원 인건비, 병원 관리비 등과 같은 고정비와 의료 소모품과 같은 변동비를 상세하게 열거한 뒤 어느 정도의 마진을 붙여야 병원이 적절한 이익을 얻을 수 있을지 생각하는 것이 중요하다. 원가에 기반한 가격 결정 방법의 장점은 정확성이다. 확실하게 주어져 있는 원가 데이터를 기반으로 의사결정을 하기 때문이다.

이 방식으로 의사결정을 하면 적어도 손해를 보면서 병원을 운영하지 않게 된다. 다만, 이 방식의 가장 큰 단점은 소비자에 대한 고민이 없다는 점이다. 소비자는 굳이 이야기해주지 않으면 병원 원가에 큰 관심이 없을 가능성이 크다. 원가 기반 가격 결정을 하면 더 지불할 용의가 있는 소비자를 대상으로 적은 금액을 받게 되는 상황에 놓일 수 있다.

수요자가 느끼는 가치에 기반한 가격 결정 방법

고객이 지불할 의사가 있는 가격을 생각해보고 그에 맞게 우리 병원의 의료 서비스의 가격을 결정한다. 우리 병원의 의료 서비스에 대해 고객이 느끼는 가치가 높아질수록 높은 가격을 받을 수 있다. 수요자가 느끼는 가치에 기반한 가격 결정 방법을 사용할 때 중요한 것은 고객이 느끼는 가치는 경쟁 병원의 가격이나 우리 병원 의료 원가와 관계가 없다는 사실을 인식하는 것이다. 한 유명한 소아정신과 의사는 상담료로 10분당 9만 원의 비용을 청구한다. 다른 경쟁 병원에서 청구하는 비용과 비교해보면 매우 높은 가격이다. 그럼에도 이 의사의 예약 스케줄은 항상 가득 차 있다고 한다. 다른 병원과 비교했을 때 의료 원가가 그렇게 높지도 않을 것이다.

병원 가격을 결정할 때 이러한 세 가지 방법을 모두 시행해보기를 권장한다. 단편적으로 한 가지 방법만 시행할 때 놓치는 부분이 생길 수 있기 때문이다. 다음 사례를 보면 이해하기 쉬울 것이다.

손 원장은 이번에 서울 영등포구에 하지정맥류 수술을 주로 하는 A외과를 개원하였다. 손 원장은 서울대학교 의과대학을 졸업하고 10년의 임상 경험이 있는 혈관외과 전문의로 하지정맥류 수술에 자신이 있다. A외과 하지정맥류 수술에 어느 정도의 가격을 책정하는 것이 좋을지 정하기 위해 손 원장은 위 세 가지 방법을 활용해보았다.

첫 번째로 경쟁 병원의 수술 가격을 확인해보았다. 하지정맥류 수술은 일생에 한 번만 하는 수술이기 때문에 꽤 먼 거리에 있는 병원도 경쟁 병원이 될 것 같았다. 그래서 반경 2킬로미터 안에 있는 하지정맥류 수술 병원에 전화를 걸어 가격을 확인해보았다. A외과의 경쟁 병원으로는 B외과와 C외과가 있었다. 하지정맥류 수술로 B외과는 500만 원이었고 C외과는 700만 원이었다.

두 번째로 우리 병원의 의료 원가를 확인해보았다. 매월 발생하는 비용을 고정비와 변동비로 정리해보니 다음과 같았다.

총고정비: 4,700만 원/월

① 인테리어 감가상각비(인테리어 비용 1억 2,000만 원 지출): 200만 원/월

② 임대료(관리비 포함): 1,000만 원/월

③ 의료기기 대여료: 300만 원/월

④ 의사(본인) 인건비: 1,500만 원/월

⑤ 인건비(상담실장 1인, 간호조무사 4인): 1,200만 원/월

⑥ 마케팅비: 500만 원/월

총변동비: 수술 건당 30만 원

① 수술 소모품비 : 25만 원

② 각종 약품 : 5만 원

세 번째로 우리 병원 수술에 대해 고객이 느끼는 가치에 대해 생각해보았다. 우선 손 원장은 하지정맥류 수술은 실비보험 지원이 되는 수술이어서 고객이 실제 지불하는 비용은 수술 원가 대비 20퍼센트 정도 수준이라는 점을 생각했다. 또한 하지정맥류 수술은 일생에 딱 한 번 받을 가능성이 큰 수술이기 때문에 수술비용보다도 훌륭한 의사에게 수술을 받고 싶어할 것이라는 점을 생각했다. 특히 손 원장은 주변 병원 의사들 대비 훨씬 좋은 경력을 가지고 있어 고객이 지불하고자 하는 비용이 높을 것으로 생각했다.

이 세 가지 고민을 종합하여 손 원장은 하지정맥류 수술 가격으로 800만 원을 책정하였다. 경쟁 병원과 비교했을 때 100만~300만 원 높은 가격이지만 병원 인테리어와 의료장비와 손 원장의 실력을 고려했을 때 충분히 합리적이라고 생각하였다. 또한 손 원장의 급여와 원가를 고려했을 때 적어도 월 6건 정도의 수술을 할 경우 손익분기점을 돌파할 수 있을 것이라는 생각이 들었다. 마지막으로 고객 입장에서 볼 때 실비보험을 든 고객의 경우 경쟁 병원 대비 20만~60만 원(100만~300만 원의 20퍼센트) 정도의 비용만 차이 나기 때문에 충분히 가치를 느낄 수 있을 것으로 판단했다.

의료 서비스 가격의 상한선과 하한선을 알고 있어야 한다

가격 전략을 수립하려면 우선 우리 병원의 의료 서비스의 가격 상한선과 하한선이 어느 정도일지 생각해봐야 한다. 일단 가격 범위를 알아야 그 안에서 우리가 고가 전략을 사용할 수 있을지, 저가 전략을 사용할 수 있을지 결정할 수 있기 때문이다. 의료 서비스의 가격 상한선과 하한선은 다음의 질문을 통해 도출할 수 있다.

- 상한선: 특정 의료 서비스의 가격이 어느 정도로 높아야 고객이 구매를 고려하지 않을 것인가?
- 하한선: 특정 의료 서비스의 가격이 어느 정도로 낮아야 고객이 품질에 관한 의심을 하지 않을 것인가?

이 두 가지 질문에 대해 진지하게 답변해보면 우리 병원 의료 서비스의 가격 범위를 어느 정도 인지할 수 있을 것이다. 물론 이 범위를 완벽하게 벗어나는 초저가 전략이나 초고가 전략을 사용할 수도 있다. 하지만 의료산업에서 초저가 또는 초고가 전략은 큰 위험이 있어 최대한 선택하지 않기를 권장한다. 개별 1차 의료기관에서 모험적인 가격 전략을 취하기 위한 분석을 하는 것이 현실적으로 불가능하기 때문에 최대한 이 범위 안에서 의료 서비스의 가격을 책정하길 바란다.

우선 급여 영역 의료 서비스 가격의 상한선과 하한선에 대해 한번 짚어보고자 한다. 보통 환자들은 질환을 기준으로 의료 서비스의 가격을 생각한다. 예를 들어 '내과에서 감기 진료를 받으면 5,000원 정도의 비용이 나온다'와 같은 자기만의 기준을 가지고 있다. 하지만 같은 감기에 대해서 병원에서 제공할 수 있는 의료 행위는 매우 다양하다. 이 말은 같은 감기 환자에 대해서 병원에서 제안할 수 있는 치료 방법이 매우 다양하다는 뜻이다. 당연히 치료 방법에 따라 환자 본인이 부담해야 하는 금액은 상당히 크게 차이가 날 것이다.

그러므로 급여 영역을 주로 진료하는 병원이더라도 우리 병원을 방문하는 환자들이 자주 앓는 질환에 대해서 다양한 치료 방법을 고민해보고 가격표로 만들어 환자들이 선택할 수 있도록 하면 좋다. 가끔 "의사는 환자에게 최선의 치료 방법을 제안하고 환자는 무조건 따라야 한다."라고 이야기하는 경우를 보기도 한다. 그런데 이런 자세는 옳지 않다. 환자의 선택권을 제한하는 행동이기 때문이다. 의사는 전문가로서 환자에게 최대한 많은 선택권을 주고 각 선택의 효과에 관해서 이야기하는 것이 바람직하다. 환자 역시 이런 의사를 선호한다.

비급여 영역의 경우, 병원장의 의료 서비스 마인드에 따라 가격 전략이 크게 달라진다. 특히 급여 영역과 비교했을 때 훨씬 많은 수의 상품 구성이 가능하므로 가격의 상한선과 하한선 차이가 매우 크게 난다. 또한 의료 서비스 A는 경쟁 병원 대비 매우 저렴하게 받으면서 의료 서비스 B는 훨씬 비싸게 받는 식의 의료 서비스 구성도 가능하다. 비급여 의료 서비스는 가격 상한선과 하한선이 매우 크다는 것을 인지하고 우리 병원 전략에 맞게 가격 정책을 수립해야 한다.

의료 서비스가 다양해야 이익이 극대화된다

우리나라 병원은 굉장히 단순한 가격 전략을 사용하고 있다. 대부분 특정 시술이나 수술에 대하여 단 하나의 금액을 책정하는 식이다. 예를 들어 안과에서는 이런 대화가 이루어지는 것을 쉽게 발견할 수 있다.

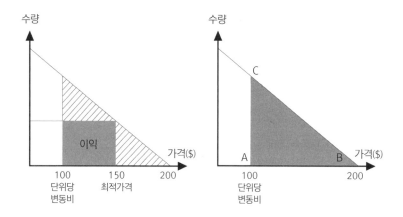

환자: 이 병원 라식 수술 얼마인가요?

간호사: 100만 원입니다.

좀 더 가격 전략을 잘 쓰고 있는 성형외과나 피부과는 여러 번 받을 시술을 패키지로 묶어서 할인해주는 방법을 많이 사용한다. 피부 레이저 시술을 10회 받으면 일정 비율의 금액을 할인해주는 식이다.

경영학에서는 가격 차별화에 관한 연구가 많다. 다양한 이론이 있는데 그중에 가장 쉽게 설명한 예시를 들어보고자 한다. 다음의 그래프를 보면 병원에서 최적 가격을 책정했을지라도 놓치는 이익이 상당히 많다는 사실을 알 수 있다. 그래프는 일정 변동비를 기준으로 최적 가격을 책정했을 때 병원의 이익이 얼마나 발생할 것인지 나타낸 것이다. 왼쪽 그래프를 보면 병원이 최적 가격을 책정했을지라도 병원은 사각형 모양의 이익만을 확보할 수 있다. 반면 오른쪽 그래프는 굉장히 이상적인 상황이지만, 최대한 가격 차별화가 되었을 때 병원은 왼쪽 그래프에서 빗금을 친 두 삼각형만큼의 추가 이익을 볼 수 있다는 사실을 알 수 있다. 실제 도형의 넓이를 생각해보면 두 그 래프 간 이익은 2배 차이가 난다.

그렇다면 병원 현장에서는 왜 이런 방법을 시행하지 않는 것일까? 아마 대부분 병원장이 가격 차별화에 대한 개념을 모르거나 알고 있 더라도 그렇게 하면 지나치게 상업적으로 보일까 걱정하기 때문일 것이다. 하지만 이런 고민은 쉽게 해결할 수 있다. 핵심은 병원의 서 비스를 최대한 세분화하고 서비스별로 적절한 가격을 책정하는 것 이다.

상품을 세분화할 때 사용할 수 있는 가장 쉬운 방법은 환자군을 세분화하는 것이다. 나이에 따라서 세분화하거나, 신분(학생, 직장인, 주부 등)에 따라서 차별화된 할인율을 제공하거나, 시기(요일)에 따라 차이를 주는 것이 좋다. 대표적인 사례가 수능 시험을 친 학생을 대 상으로 한 피부 관리 가격 할인 이벤트다. 상대적으로 구매력이 약한 학생을 대상으로 우리 병원의 의료 서비스를 구매할 수 있도록 기회 를 주는 것이다. 기존 병원이 100퍼센트 가동률로 운영되는 것이 아 니라면 이런 가격 차별화 정책이 추가 수익 창출의 기회를 만들어줄 것이다.

가격 차별화를 할 때 주의해야 하는 것은 좀 더 비싼 가격을 지불 한 고객이 불만을 품지 않도록 하는 것이다. 불만이 나오지 않도록 하기 위해서는 상품 구성의 이유를 명확히 설명해야 하고 가격에 따 라 제공되는 혜택이 다르게 느껴질 수 있도록 해야 한다. 다음 글에 서 다양한 사례를 다루도록 하겠다.

행동주의 경제학이라는 학파가 있다. 심리학자 대니얼 카너먼Dan-iel Kahneman이 「전망 이론」이라는 논문을 펴내면서 시작된 학파다. 카너먼이 2002년 노벨상을 수상하면서부터 행동주의 경제학에 관한 연구가 매우 활발하게 진행되었다. 합리적인 구매자와 판매자를 가정하고 이론을 만들었던 고전 경제학과 다르게 행동주의 경제학은 사람들이 합리적이지 않다는 점에 주목하여 이론을 전개한다. 행동주의 경제학 이야기를 하는 이유가 무엇일까? 가격 결정을 할 때 합리적인 고객을 가정하기보다는 비합리적인 고객을 가정하고 결정을 하는 것이 효과적이기 때문이다. 이번 글에서는 가격 결정에 영향을 미치는 심리에 대해 다뤄보겠다.

가격의 품격 효과

베블런 효과에 대해 들어보았는가? 미국 경제학자 소스타인 베블런Thorstein Bunde Veblen이 주창한 이론으로 사치재의 경우 가격이 그 자체로 제품의 품질 지표가 된다고 이야기한다. 주로 명품 시계, 가방, 자동차 등이 베블런 효과를 잘 나타내는 상품이다. 병원에서도 베블런 효과가 적용된다. 예를 들어 쌍꺼풀 수술에 A병원은 30만 원을 받고 B병원은 150만 원을 받을 때 5배가 넘는 가격 차이임에도 B병원을 선택하는 사람들 수가 많을 수 있다. 사람들은 높은 가격이 곧 좋은 품질을 나타낸다고 생각하는 경향이 있기 때문이다. 의료는 대체로 사람들이 중요하게 생각하는 영역이기 때문에 마냥 저렴한 가격 전략을 시행하기보다는 가격의 품격 효과를 생각하면서 가격 책정을 하는 것이 유리할 수 있다.

우리 병원에서 제공하는 의료 서비스의 평균적인 기준 가격을 환자가 알고 있을까? 환자가 기준 가격을 알고 있다면 그 가격이 바로 앵커 가격이다. 앵커 효과의 앵커anchor는 배가 떠내려가지 않도록 기준을 잡아주는 닻을 의미한다. 사람들 머릿속에 특정한 기준이 세워지면 해당 기준과 지나치게 차이 나는 가격을 제안하기 어려워지게 된다. 이 이론을 주창한 카너먼이 했던 실험을 보자. 카너먼은 에베레스트산의 높이를 모르는 사람들을 모아 A, B 두 그룹으로 나누었다. 그리고 A그룹에는 "에베레스트산이 600미터보다 높은가요, 낮은가요? 정확히 몇 미터일까요?"라는 질문을 하고, B그룹에는 "에베레스트산이 1만 4,000미터보다 높은가요, 낮은가요? 정확히 몇 미터일까요?"라고 질문했다. 재미있게도 A그룹은 에베레스트산의 높이를 2,400미터 정도로 예상했고, B그룹은 1만 3,000미터 정도로 예상했다. 카너먼은 이런 차이가 나타나는 가장 큰 이유를 첫 질문에서 제시한 높이가 앵커(기준) 역할을 했기 때문이라고 설명한다.

앵커 효과를 잘 활용할 수 있는 방법의 하나는 최고가와 최저가 사이에 중간 가격의 의료 서비스를 구성하는 것이다. 이는 레스토랑에서 자주 발생하는 현상을 적용한 것이다. 레스토랑에서 식사하면서 와인을 주문하는 고객은 대체로 최고가나 최저가 와인이 아니라 중간 가격대의 와인을 고르는 경우가 많다. 와인의 세계는 복잡하고 심오하다. 그러다 보니 와인을 구매하는 사람들은 대부분 와인의 품질과 가격에 대해 제한적인 정보를 가진 경우가 많다. 이런 상황에서 중간 가격대 상품은 강력한 힘을 발휘한다. 필자는 의료 서비스도 와인과 비슷한 성질을 가지고 있다고 생각한다.

예를 들어 과거에는 보톡스 시술에 대해 단순히 한 종류의 보톡스만을 사용했다면 최근 피부과에서는 가격대에 따라 국산 보톡스, 수입산 보톡스, 수입산 프리미엄 보톡스 세 가지 제품 구성을 하는 경우가 많다. 구성을 세 가지로 늘림에 따라 수입산 보톡스의 판매가 급증하는 효과를 누리게 되었다.

숫자 9의 효과

우리는 일상에서 9로 끝나는 가격을 많이 찾아볼 수 있다. 사람들이 숫자로 이루어진 가격을 보았을 때 가장 왼쪽 숫자를 먼저 보고 가장 큰 영향을 받는다는 점에 착안한 가격 설정 방법이다. 매우 유명한 이야기이기 때문에 독자들 모두가 9로 끝나는 가격에 관한 이야기를 들어보았을 것이라 확신한다. 그렇다면 우리 병원의 의료 서비스의 가격은 9로 끝나고 있는가? 그렇지 않은 병원이 많을 것이다. 실제로 이익률에 큰 차이가 나지 않으니 최대한 9로 끝나는 가격을 책정해보기를 바란다.

안녕하세요? GF소아청소년과를 운영하는 소아청소년과 전문의 김우성입니다.

이 책은 갈수록 힘들어지는 개원 환경에서 매출을 올리기 위한 여러 가지 방법을 고민하고 정리한 책입니다. 매출을 올리기 위한 다양한 이야기를 풀어내기 위해 마케팅 믹스 7P를 활용했습니다. 앞서 설명드린 마케팅 믹스 중 가장 사용하기 쉬운 도구는 프로세스라고 생각합니다. 병원에 오는 환자들, 병원에서 일하는 사람들이 편하게 느낄 수 있는 우리 병원만의 프로세스를 구축하면 큰 경쟁력이 될 것입니다. 물론, 프로세스 외에 다른 도구들을 사용할 수 있으면 더욱 좋겠지요.

저는 병원 마케팅 강의를 할 때 파인다이닝 레스토랑의 예시를 자주 듭니다. 파인다이닝 레스토랑의 서비스가 1차 의료기관에 시사하는 바가 많다고 생각하기 때문입니다. 그중의 한 사례로 홍콩에 있는 미슐랭 2스타 프렌치 레스토랑 앰버Amber에서 경험한 이야기를 들려드리고자 합니다. 엠버 레스토랑의 음식이 얼마나 맛있는지 이야기하기보다, 앰버 레스토랑에서 고객경험을 좋게 만들기 위해 어떤 노력을 하는지 알려드리겠습니다.

아무래도 제 생애 첫 파인다이닝이다 보니 저는 음식이 나오자마자 사진을 찍으려 했습니다. 하지만 종업원이 사진을 못 찍게 제지하더군요. 처음에는 종업원의 행동이 불쾌했습니다. 하지만 곧 종업원이 사진 촬영을 금지하는 이유를 알려주었습니다. 다른 테이블에서 식사하는 고객이 식사할 때 방해를 받지 않도록 하기 위해 사진을 못 찍게 한다는 것이었습니다.

코스 요리여서 식사 시간이 꽤 길었습니다. 거의 3시간 동안 식사를 하다 보니 약간 지루함이 느껴지기도 했습니다. 그때 저를 레스토랑 부엌에 초대하는 순서가 있었습니다. 실제로 음식이 요리되는 주방을 직접 눈으로 보고 셰프들이 얼마나 열정적으로 요리를 하는지 느껴보는 시간을 제공한 것입니다. 또한 주방 내 스탠딩 테이블에서 셰프가 전달하는 싱그러운 채소 요리를 맛보게 하면서 다음 나오는 요리가 어떤 요리인지 설명해주었습니다. 미슐랭 2스타 레스토랑에서 어떤 과정을 통해 음식이 요리되는지 보고 듣는 것은 굉장히 신선한 경험이었습니다.

모든 메뉴가 만족스러웠지만 개인적으로 디저트 하나가 맛이 없었습니다. 너무 강하게 단맛이 느껴져 조화가 깨지는 느낌을 받았기 때문입니다. 따로 종업원에게 이야기는 하지 않고 그 디저트를 조금 남겼습니다. 그러자 담당 버틀러가 와서 왜 디저트를 남겼냐고 물어보았고 제 나름대로 답을 해주었습니다. 그러자 그 담당 버틀러도 비슷한 생각이 든다고 동의하며 메뉴를 개발하는 셰프에게 꼭 수정 제안을 하겠다고 이야기했습니다. 굳이 이야기하지 않아도 불만을 빠르게 알아내고 즉각적으로 고객과 소통하는 것이 매우 인상적이었습니다.

앰버 레스토랑의 식사비는 비쌌지만 먹는 행위에서 느낄 수 있는 최고의 경험을 할 수 있었습니다. 요즘 말로 가심비가 최고라고 이야기할 수 있겠네요. 저는 병원 역시 앰버 레스토랑 수준의 고객경험을 추구할 수 있다고 생각합니다. 저희 병원에서도 성공한 사례를 조심스럽게 말씀드리겠습니다. 소아청소년과를 방문하는 고객은 크게 두 부류입니다. 하나는 질병을 치료하기 위한 그룹이고 다른 하나는 예방 접종을 하고자 하는 그룹입니다. 그렇다 보니 예방 접종을 위해 아이를 데려온 부모님들이 병원에 왔다가 도리어 전염병을 얻어 갈까 봐 걱정하는 상황을 자주 접하게 되었습니다. 그래서 저는 질환을 앓고 있는 아이들이 오는 공간과 예방을 위해 병원을 방문한 아이들이 있는 공간을 분리하였습니다. 그저 공간만 분리했음에도 사람들은 병원이 전문적이라고 느끼게 되었고, 실제로 이 이야기가 소문이 나 초진환자가 크게 늘었습니다. 당연히 매출과 수익도 크게 늘었지요.

많은 의사 선생님이 병원을 운영하기 어렵다고 이야기합니다. 과거와 비교했을 때 병원 운영으로 기대되는 수익이 점점 떨어지는 것이 사실이기도 합니다. 또한 국가 정책도 지속적으로 의사에게 불리한 방향으로 바뀌고 있습니다. 하지만 이런 상황일수록 자발적으로 노력하고 변화를 만들어내야 합니다. 우리 병원이 다른 경쟁 병원과 어떤 차별점이 있는지 생각해보고 끊임없이 차별점을 만들어내야 합니다. 그리고 이 책에 나와 있는 7P는 개원의에게 훌륭한 접근법이 될 수 있다고 자신합니다. 차별성이 없는 보험의료 시장일수록 더욱 그러하다고 생각합니다. 모두가 똑같을 때 내가 달라지면 빠르게

티가 나기 때문입니다.

그러나 실제로 마케팅하려 할 때 어떻게 이 과정을 실행해나갈지 어려움을 느끼는 병원장님들이 많습니다. 혹은 "내가 돈만 있으면 마케팅에 투자하지!"라는 말을 하는 지인들도 많이 있습니다. 이 두 경우 모두 이 책이 큰 도움이 될 것입니다. 전자에 속하는 원장님들에게는 구체적인 실행계획action plan이 나올 수 있어서 좋을 것이라 생각하고 후자에 속하는 원장님들에게는 마케팅의 필요성에 대해 느낄 수 있도록 해준다는 점에서 의미가 있다고 봅니다.

글을 마무리하면서 꼭 하고 싶은 이야기가 있습니다. 이 글을 읽는 의사 선생님들은 모두 나름대로 꿈을 가지고 있을 겁니다. 하지만 힘든 개원 과정을 거치고 나면 어느새 이런 꿈은 사라지고 병원 경영의 어려움만을 느끼면서 그저 하루하루 살아가는 분들도 많을 것으로 생각합니다. 올바른 마케팅 전략은 이런 상황을 타개해줄 수 있을 것입니다. 의사의 꿈이 병원에 있든 병원 밖에 있든 운영하는 병원이 잘돼야 그 꿈을 이룰 수 있을 것으로 생각합니다. 이 책을 읽는 독자분들의 병원 매출이 상승하기를 기원합니다.

마지막으로 이렇게 좋은 책을 쓰기까지 많은 시간을 같이 고민하고 함께한 제원우 이사와 손병극 대표에게 정말 감사하다는 말을 전합니다.

2022년 8월
김우성

『피터 드러커가 살린 의사들』1, 2권 공동저자 인터뷰

필자가 느끼기에 우리나라 개원의의 가장 큰 문제는 대부분 본인이 행복하지 않다는 것이다. 이는 굉장히 아이러니한 이야기다. 보통 사람들이 생각하기에 의사라는 직업을 가진 사람들은 행복해야만 하는 사람들이기 때문이다. 최고의 인재들만이 의과대학을 진학할 수 있고 그 후에도 사람을 살리는 매우 가치 있는 일을 한다. 또한 개인 소득 측면에서도 의사 직업군은 타 직업군 대비 훨씬 높은 수준을 자랑한다. 이런 직업을 가진 사람이 대체로 불행하다는 것이 말이 되는 이야기일까?

이 책의 저자로 참여하게 되면서 자연스럽게 『피터 드러커가 살린 의사들』1, 2권을 읽어보게 되었다. 『피터 드러커가 살린 의사들』1, 2권은 의료 경영의 바이블 역할을 했다. 개원의가 어떤 비전이 있어야 하는지 알려주면서 동시에 다양한 고민에 대해서 명쾌한 해결책을 제시하고 있다. 독자로서 이 책을 읽으면서 가장 궁금했던 점은 성공한 개원의로서 책을 공동 집필한 저자들이 현재 어떤 삶을 살고 있는지였다. 책은 어디까지나 좋은 이야기를 적어놓았을 뿐 실제

로 실현하기 어려운 내용이라는 생각이 들었기 때문이다. 책에서 이야기한 내용이 실제 현실에서는 어떻게 이루어지고 있을까? 도전적인 시선으로 바라보았을 때 공동저자는 본인이 이야기한 내용을 실제 삶에서 실천하고 있기는 할까?

공동저자 인터뷰는 이런 배경에서 진행되었다. 필자가 인터뷰한 결과부터 이야기하자면 모두 매우 멋진 삶을 살고 있었다. 과거 집필한 책의 내용을 실제로도 실천해오고 있어 병원은 매우 훌륭하게 경영되고 있고 의사 개인의 삶 역시 매우 행복해 보였다. 인터뷰 내용은 이런 훌륭한 의사들의 개원에 관한 생각을 정리한 것이다. 많은 개원의에게 좋은 이정표 역할을 해주기를 기대한다.

이른 아침에 삼성동의 JF피부과를 방문하였다. 원장님 일정상 오전 8시에 인터뷰 진행이 가능하다는 이야기를 들었기 때문이다. JF피부과에 대한 첫인상은 '병원이 참 정갈하다'였다. 보통 1차 의료기관은 출입구 관리에 소홀해서 관리가 안 된 배너들이 마구 서 있고 무언가 정신없는 느낌이 드는데 JF피부과는 출입문을 딱 들어서는 순간부터 인터뷰를 마치고 병원 문 밖으로 나올 때까지 관리가 안 된 느낌이 드는 공간이 단 한 곳도 보이지 않을 정도로 매우 정갈했다. 정찬우 원장님과의 인터뷰는 이런 정갈함이 잘 반영된 회의실에서 진행되었다. JF피부과의 진료 철학에 대해 적어놓은 문구들을 뒤로하고 정찬우 원장님과 개원에 관한 이야기를 나누었다.

손병극: 처음 개원을 하면서 어떤 점이 가장 어려웠는지 궁금합니다.

정찬우: 경영자로서 어떻게 병원을 경영해야 하는가에 대해 아는 것이 많지 않았던 것이 가장 문제였다고 생각합니다. 특히 우리 병원에서 직원들을 어떻게 대해야 하는지 방향을 정하는 것이 가장 어려웠습니다. 저는 병원 서비스 전체를 10이라고 생각한다면 의사가 3을 차지하고 직원들이 7을 담당한다고 생각합니다. 1차 의료기관의 현실에서는 3과 7이 그 순서가 반대여야 할 것으로 보이지만, 저는 그 반대가 돼야 한다는 믿음이 있었습니다. 그러기 위해서는 직원들이 어떤 마음으로 병원에서 일하고 어떻게 행동하는지가 병원 경영에 매우 중요한 요소인 것이지요. 병원 경영자로서 리더십을 어떻게 발휘할

것인가를 고민해보거나 트레이닝받아본 적이 없었기 때문에 초반에는 이 부분을 알아가는 과정이 가장 큰 과제였습니다.

손병극: 어떤 방식으로 리더십 문제를 해결하셨나요?

정찬우: 일단 그 당시로 돌아가 생각해보면 제원우 이사님의 도움을 많이 받았습니다(웃음). 좋은 리더십을 가지기 위해서는 리더십에 관해 공부해야 하는데요. 제원우 이사님을 통해 '경영'에 눈을 떴다고 할까요? 제 리더십 철학은 제프리 페퍼Jeffrey Pfeffer와 찰스 오레일리Charles O'Reilly가 공저한 『숨겨진 힘』에 기반을 두고 있습니다. 이 책은 높은 수준의 인재들이 아니라 평범한 인재들과 함께 전설적인 기업으로 성장한 다양한 사례에 관해 연구한 내용을 담고 있습니다. 이 책을 보면 모든 사람의 본성에는 숨겨진 힘이 있기 때문에 리더는 이런 숨겨진 힘을 끌어내기 위한 환경을 조성하는 데 많은 에너지를 써야 한다는 사실을 알 수 있습니다.

저 나름대로 우리 직원들의 숨겨진 힘을 이끌어내기 위해 개원 초기인 20여 년 전에는 제 저녁 시간의 60~70퍼센트를 직원들과 함께 보내는 데 사용한 것 같습니다. 직원 한 명 한 명이 가지고 있는 꿈과 생각에 대해서 소통하는 시간이 대부분이었습니다. 그리고 제가 가지고 있는 꿈과 생각에 대해서도 직원들에게 충분히 이야기해주었습니다. 이런 시간을 많이 가진 결과 직원들과 제가 서로 눈빛만 봐도 무엇을 원하는지 어느 정도는 이해할 수 있는 관계가 되었다고 생각합니다.

또한 일상에서 제가 항상 이야기하는 방향으로 행동하는 것이 매우 중요하다고 생각합니다. 병원이란 공간은 의사와 직원들이 항상 같은 공간에 머물러 있기 때문에 대표 원장이 가면을 쓰기가 매우 어렵습니다. 직원들이 항상 대표 원장이 무엇을 하는지 관찰한다고 생각하면 됩니다. 이때 제가 이야기한 메시지와 제 실제 행동이 달라지면 리더십 역시 자연스럽게 사라지겠지요. 정리하면 직원들의 숨겨진 힘을 끌어내기 위한 환경을 조성하고, 제가 이야기한 메시지를 실제 진료 현장에서 직원들에게 보여주는 것이 리더십의 핵심이라 생각합니다.

손병극: 병원 경영 관점에서 리더십 다음으로 신경 썼던 일은 어떤 일인가요?

정찬우: 리더십 다음으로 신경썼던 일은 매뉴얼을 완성하는 일입니다. 1차 의료기관은 2차, 3차 의료기관과 비교했을 때 다양한 환자가 오지 않습니다. 대부분의 업무나 프로세스가 매일매일 반복되는 특징이 있기 때문입니다. 이를 얼마나 최적화해서 고객들에게 의료 서비스를 제공할 수 있는지가 매우 중요합니다. 가장 좋은 방법은 매뉴얼을 만들고 실천하는 것입니다. 특히 일하는 직원들의 입장에서는 매뉴얼이 본인 스스로 행동하는 하나의 행동 기준으로서 작동합니다. 매뉴얼이 있으면 따로 지적하거나 남과 비교하지 않더라도 직원 스스로 충분히 내가 한 행동이 잘되었는지 잘못되었는지 쉽게 판단할 수 있습니다. 조직의 관점에서 본다면 중간관리자가 직원을 혼내거나 하면 감정적으로 문제가 생길 수 있는데 매뉴얼이 그런 감정적인 문제를 대다수 해결할 수 있을 것으로 생각했습니다.

손병극: 원장님께서 말씀하신 내용이 대부분 직원과 관련된 이야기인 것 같습니다. 어떻게 해야 직원들을 잘 관리할 수 있을까요?

정찬우: 의사가 자신과 함께 일하는 직원을 바라보는 시각을 바로 잡아야 한다고 생각합니다. 의학을 공부하여 의사가 된 사람들은 환자에 대한 태도는 교육을 통해 배우게 됩니다. 다만, 직원을 관리하는 일에 대해서는 문외한이죠. 내부 직원들이 관리가 잘되는 병원이 많지 않은 것 같습니다. 그리고 이런 어려움이 반복되다 보니 많은 의사가 직원과는 적당한 관계를 유지하는 것이 마음 편하다고 이야기합니다. 잘해줘봐야 결국 떠난다는 이야기죠. 저는 이런 생각이 많이 바뀌어야 한다고 봅니다. 직원도 의사와 바라는 것이 같습니다. 조직 내에서 나의 역할과 존재감이 있기를 바라고, 자신과 자신이 바라고, 나와 내가 속한 조직이 성장함에 따라 처우 역시 개선되기를 바랍니다. 사람들의 마음은 모두가 같습니다. 이런 것들을 이루어줄 수 있으면 직원 관리가 어느 정도 가능해지겠죠. 경영자로서 함께 일하는 직원들을 소중하게 생각하고 직원들의 목소리에 집중하는 것이 중요하다고 생각합니다.

손병극: 현재 함께 일하는 직원이 몇 명인가요?

정찬우: 20명 정도 됩니다.

손병극: 조직은 어떻게 구성되어 있고 보상은 어떻게 이루어지나요?

정찬우: 직급상 이사님이 있고 총괄실장님이 있습니다. 이 두 분이 병원 경영 전반적인 업무를 담당합니다. 그리고 과장님이 두 분 있고 팀장님이 세 분 있습니다. 20명밖에 안 되는 조직이지만 꽤 체계적

으로 직급체계가 잡혀 있지요. 팀장님 아래에는 대리와 사원 직급이 있습니다.

저희는 항상 연초에 전체 직원들을 대상으로 연봉 협상을 진행합니다. 지난 1년간의 성과를 종합해서 평가를 진행하고 본인과 그 평가에 대해서 충분히 논의합니다. 인센티브도 1년 치를 한 번에 지급하는데 병원 성과에 따라서 깜짝 놀랄 만한 인센티브가 지급되기도 합니다. 즉 저희 병원에서 일하는 직원들은 병원에 성과가 일어났을 때 그 열매를 모두가 나눌 것이라는 사실에 대해서 인지하고 있습니다. 이런 면들이 모이고 모여서 병원 전체 서비스 퀄리티가 높아진다고 생각합니다.

손병극: 『피터 드러커가 살린 의사들』 1, 2권을 쓰실 때는 리더스피부과 전체 대표 원장 역할을 하고 있었던 것으로 알고 있습니다. 리더스피부과를 나와 JF피부과를 시작하게 된 계기는 무엇인가요?

정찬우: 지금도 리더스피부과는 국내 모든 피부과 중에 가장 좋은 브랜드를 가지고 있다고 생각합니다. 다만, 저는 제 삶의 소명 때문에 리더스피부과를 떠나 지금의 특별한 병원을 시작하게 되었습니다. 개인적으로 현재 우리나라 미용의료 분야는 의료 영역에서 너무나도 멀리 떨어져 버렸다고 생각합니다. 생명을 다루는, 소위 필수의료 영역의 의사들은 언제나 엄청난 긴장감을 가지고 있을 수밖에 없습니다. 내가 어떻게 하느냐에 따라 환자의 생명이 영향을 받기 때문입니다. 치열함 그 자체인 삶입니다. 그런데 이런 종류의 긴장감은 도저히 익숙해지지 않습니다.

반면 미용의료 분야는 상대적으로 생명에 대한 긴장감이 적거나 없습니다. 생명과 직접적인 관련이 없기 때문이지요. 경제적으로는 조금 더 여유로우면서 생명에 대한 치열한 중압감이 없으니 의사 입장에서 미용의료 분야는 매력적일 수밖에 없습니다. 지금까지 국내 의사 면허가 약 14만 개 정도 발행되었는데요. 그중 미용의료에 종사하는 의사의 수가 4만을 넘는다고 합니다. 피부과와 성형외과 전문의가 각 2,500명 수준인 것을 고려하면 엄청나게 많은 의사가 미용의료업에 종사하고 있고 미용 시술이 대중에게 보편화된 것이지요.

보편화된 미용 시장이 너무 단기적인 효과만을 목표로 하는 문제가 있다고 생각했습니다. 대부분이 5년 정도만 지나도 문제가 될 가능성을 가진 시술이기 때문입니다. 이제 평균 수명이 100세를 넘어서는 날이 머지않은 상황에서 20년은커녕 5년 앞도 알 수 없는 시술들이 만연되어 있습니다. 잘못된 시술로 인한 어색한 결과로 평생을 후회하는 사람들도 많습니다. 저는 100세 시대에 맞는 모두가 원하는 그런 자연스러운 항노화 시술만을 진행하는 특화된 병원을 만들고 싶었습니다. 처음에는 리더스피부과 내에서 이런 변화를 만들어보려고 했는데 아무래도 기존 병원에서 새로운 치료 방식과 문화를 정착시키는 것이 어려웠습니다. 다른 원장님들에게도 무조건 제 방식을 따르라고 요구하는 것이 말이 안 되는 것이기도 했고요. 그래서 제가 일궈온 많은 것들과 단절된 새로운 도전을 시작하게 되었습니다.

손병극: 그럼 지금은 어떤 방식으로 의료 철학을 구현하고 있으신가요?

정찬우: 저는 피부암을 전공한 피부외과 의사입니다. 칼은 저에게는 친숙한 무기입니다. 그러나 저는 노화의 문제를 치료할 때 칼을

사용하지 않습니다. 또한 수면마취를 하지 않고 100퍼센트 국소마취만으로 시술을 진행합니다. 절개는 돌이킬 수 없는 조직 손상을 만들 수 있고 수면마취는 사망의 위험성이 존재하기 때문입니다. 미용 시술을 할 때 가장 중요한 것은 환자가 100퍼센트 안전한 것으로 생각합니다. 이를 달성하기 위해서는 칼을 사용하지 않고 수면마취를 하지 않는 것이 꼭 필요하다고 믿습니다.

저는 바로 눈에 보이는 결과를 치료하는 것이 아니라 노화로 인한 구조를 복원하기 위한 가장 근본적인 시술을 진행합니다. 또한 항상 장기적인 관점을 가지고 시술을 진행합니다. 50년이 지나더라도 자연스러움을 얻을 수 있도록 한 번에 큰 변화를 만들기보다는 단계별로 순차적으로 노화를 복원하고 있습니다.

저희 병원을 방문하는 고객은 담당 의료진의 진단을 기반으로 최소 3개월 혹은 1년 동안 이루어지는 노화 복원 치료 프로그램을 제시받습니다. 고객은 이 제안을 받아들일 것인지, 거절할 것인지만 결정할 수 있습니다.

손병극: 병원 매출을 올리기 위해 조언하실 내용이 있으신지 궁금합니다.

정찬우: 병원 매출을 올리는 데 필요한 것은 딱 두 가지입니다. 초진 환자가 많이 와야 하고 그 환자가 우리 병원을 다시 찾아와야 하죠. 이 두 가지를 달성하기 위해 가장 추천하는 방법은 병원을 방문한 고객의 고객경험을 최고로 올리기 위해 노력하는 것입니다. 보통 의사들은 치료하거나 시술해서 환자들의 결과가 좋아지면 매우 만족할 것이라고 착각해요. 환자 입장에서 보면 그건 너무나도 당연한

일입니다. 치료를 받기 위해 병원에 왔는데 결과가 좋아야 한다는 것은 당연한 기대치입니다. 하지만 환자는 매우 감성적인 존재예요. 병원을 이용하는 경험 중 단 한 가지만 마음에 안 들어도 전체 고객경험이 별로인 병원으로 인식될 수 있습니다.

병원 매출을 올리고자 한다면 고객이 처음에 불편함을 느끼고 병원을 찾아보는 시점부터 병원에 대한 고객경험이 시작된다는 것을 명확히 인지해야 합니다. 고객이 어떤 경로로 우리 병원을 알게 되는지, 방문하는 과정에서 문제는 없는지, 병원 출입문을 들어선 시점부터 나갈 때까지 고객경험이 훼손되는 영역이 없는지 끊임없이 파악하고 문제를 해결해야 합니다. 특히 의료 서비스는 특성상 병원에서 일하는 사람들이 고객경험에 지대한 영향을 미칠 수밖에 없습니다. 그렇기 때문에 직원 관리가 매우 중요하고 함께 일하는 직원들이 고객경험을 완벽하게 만드는 일에 동참하도록 해야 합니다.

예를 들어 얼마 전 저희 병원에 오래 근무한 수술실 간호부 직원들 몇 명이 동시에 결혼하거나 육아 등의 이유로 병원을 떠난 적이 있습니다. 물론 새 직원들을 채용해서 교육하면 어느 정도 해결은 되겠지만 일정 기간은 저희 병원의 고객경험이 예전만큼 좋지 못하리라고 생각했습니다. 그래서 저는 전월 대비 모든 스케줄을 30퍼센트 줄였습니다. 아시겠지만 매출이 30퍼센트 줄면 그 달은 적자를 볼 수밖에 없습니다. 그럼에도 저는 고객경험이 무너지는 것이 더욱 위험하다고 판단했습니다.

손병국: 꾸준히 같이 일하는 직원에 대해 강조하고 있으신데요. 어떻게 해야 좋은 직원들을 채용하고 또 오래 근속시킬 수 있을까요?

정찬우: 무엇보다도 중요한 것은 채용을 잘하는 것입니다. 저희는 보통 직원 면접을 볼 때 해당부서 책임자가 지원자를 약 1시간 넘게 면접을 진행합니다. 저희가 지향하는 바가 무엇인지 알고 있는지, 저희 조직 문화에 어울릴 수 있는 사람인지 긴 시간 동안 여러 명이 판단해보는 것이지요. 물론 다수의 면접관이 참여해서 면접을 긴 시간 동안 본다고 해서 100퍼센트 좋은 사람만 뽑을 수 있는 것은 아니지만 그래도 오류를 많이 줄일 수 있는 것 같습니다. 두 번째로 중요한 것은 당연한 이야기겠지만 근무 조건이 좋아야 합니다. 경쟁 병원 대비 급여가 충분히 높은지, 일하는 환경은 어떠한지, 병원의 성장성이 충분하고 대표 원장이 그 과실을 나누려 하는지와 같은 요소들이 영향을 미칩니다. 마지막으로 중요한 것은 우리 병원에서 근무한 것이 커리어가 되도록 하는 것입니다. 우리 병원에 입사에서 일을 배우면 1~2년 후에 다른 병원으로 이직을 할 때 보통 그 병원의 팀장 역할을 할 수 있게 됩니다. 이런 개인의 성장을 병원에서 적극적으로 지원할 수 있어야 좋은 직원들이 오래 근속할 수 있다고 생각합니다.

약수역에 위치한 보아스이비인후과는 보아스이비인후과 네트워크의 첫 병원이다. 보아스이비인후과는 병원을 들어가기 전 복도에서부터 병원의 역동성을 느낄 수 있었다. 많은 사람이 복도 의자에 앉아서 엘리베이터를 기다리고 있었고, 대기실에는 더 많은 사람이 진료를 받기 위해 줄을 서고 있었다. 코로나19로 인해 이비인후과가 많이 어려워졌다는 이야기를 들었는데 보아스이비인후과는 이런 어려움이 없는 것일까라는 생각이 들 정도로 병원에 환자가 많았다. 놀라운 것은 그 많은 환자의 진료 프로세스가 매우 매끄러워 보였다는 것이다. 보통 사람이 붐비는 병원을 가면 뭔가 무질서한 느낌을 많이 받는데 보아스이비인후과는 각 프로세스가 진행되는 과정에 어려움이 없어 보였다.

보아스이비인후과를 방문하기 전 이비인후과에 대해 사전 조사를 했을 때 '오재국 원장님은 평균적인 사람들보다 에너지 레벨이 매우 높다'는 생각을 했다. 병원을 성장시키기 위한 다양한 노력의 흔적들이 여기저기서 많이 보였기 때문이다. 보아스이비인후과 전용으로 만들어진 예약 앱이 있었고 공식 홈페이지에서도 보아스이비인후과가 이비인후과 진료과목에서 할 수 있는 거의 대부분의 치료를 한다는 사실을 알 수 있었다. 실제로 병원 내부를 돌아보았을 때 매우 다양한 진단·치료 시설들이 준비되어 있었다. 그중 가장 인상적인 것은 목소리 진단 치료 시설이었다. 더불어 의료진을 외에 수많은 목소리 전문가들이 병원 진료를 돕고 있는 점이 돋보였다. 이런 보아스이비인후과를 운영하는 오재국 원장님과 개원이란 무엇인지 이야기를 나누어보았다.

손병극: 『피터 드러커가 살린 의사들』1, 2권을 저술하신 지 9년이라는 시간이 지났습니다. 그 시간 동안 보아스이비인후과에서 어떤 변화들이 생겨났는지 궁금합니다.

오재국: 9년 동안 정말 많은 일이 있었습니다. 사실 당시 『피터 드러커가 살린 의사들』1, 2권을 쓰겠다고 결심했을 때 저는 대내외적으로 전혀 알려져 있지 않은 의사였습니다. 그저 30평 정도 크기의 이비인후과를 운영하는 초보 개원의였습니다. 하지만 책을 쓰는 중에 병원이 계속 발전했고 완성될 즈음에는 같은 건물에서 세 개 층을 활용하고 있었죠. 병원이 빠르게 성장했으니 매우 감사한 일입니다. 결국 같은 건물에서 세 층을 다 써도 공간이 모자라서 지금 위치로 병원을 이전하였습니다.

손병극: 9년의 시간 동안 병원이 매우 많이 성장한 것 같습니다.

오재국: 코로나19 위기가 닥치기 전까지는 병원이 꾸준히 성장해 왔습니다. 제가 지금 병원 자리로 이사를 올 때 세 가지 생각이 있었습니다.

첫 번째는 '채움에서 비움으로'입니다. 이곳으로 이사 오기 전까지는 병원을 성장시키기 위해 정말 많은 시도를 했습니다. 새로운 시도들 덕분에 병원이 성장한 것도 사실이고요. 그러다 보니 병원이 너무 복잡해진 것 같습니다. 특히 병원 벽면이 각종 포스터와 저널들로 가득 차 있었는데 이런 것들이 병원의 인상을 도리어 좋지 않게 만들었던 것 같습니다. 그래서 여기로 올 때는 정말 핵심만 남기고 모든 것들을 비워냈습니다. 이 작업을 거치다 보니 가장 본질적인 부분만 남게 되어 본질에 더욱 집중할 수 있게 되고 병원도 훨씬 깔끔해지더라고요.

두 번째는 '증명에서 사명으로'입니다. 8년 전에 저는 끊임없이 저를 증명해야 했다고 생각합니다. 실제로 제가 별 볼 일 없는 사람이었고 단지 제너럴 닥터로서 개업한 의사였기 때문이죠. 그게 나쁘다는 이야기는 아닙니다. 다만, 저 스스로 계속 증명하고 싶었던 것 같아요. 그래서 제가 가는 길을 증명하기 위해 많은 일을 했습니다. 지금은 사명에 관한 생각을 많이 합니다. 약수동에서 진료를 하는 이비인후과 의사로서 나의 사명은 무엇일까? 제가 크리스천이다 보니 사명에 관한 생각을 많이 하는데요. 결국 저만의 사명으로 나간다면 병원도 같이 잘될 수 있지 않을까 하는 생각을 하고 있습니다.

세 번째는 '성장에서 성숙으로'입니다. 과거 저희 병원의 핵심 가치는 멈추지 않는 성장이었습니다. 저는 인간 오재국으로서 좀 더 나은 사람이 되고자 하는 욕구가 항상 있었습니다. 그래서 병원도 끊임없이 성장하는 것을 추구해왔습니다. 하지만 병원이 무한대로 성장하는 것은 한계가 있기 때문에 좀 더 성숙한 단계로 넘어가야겠다고 생각하게 되었습니다. 그러니깐 신기하게 병원이 한 단계 더 성장하더라고요.

이런 경험을 하고 얼마 지나지 않아서 코로나19 유행이 시작되었습니다. 잘 아시겠지만 코로나19로 인해 많은 병원이 어려움을 겪고 있습니다. 그중에서도 가장 영향을 많이 받은 과가 바로 소아청소년과와 이비인후과입니다. 저도 이비인후과를 운영하고 있으니 참 타격이 컸죠. 그래서 최근에는 이비인후과 개원 전문의로서 어떻게 생존할 수 있을 것인지에 대한 고민이 많습니다.

손병극: 생존에 대한 문제를 어떻게 해결할 생각인가요?

오재국: 결국은 경영의 영역에서 해결될 수 있다고 생각합니다. 처음 우리 병원은 의사 한 명이 혼자서 운영하는 병원이었기 때문에 무언가를 수치화하고 관리하는 일에서 부족했다고 생각합니다. 그래서 병원을 운영하는 시스템을 차곡차곡 만들어갔습니다. 옛날에는 보고체계와 결제 시스템이 전혀 없어서 병원에서 어떤 일이 일어나는지 명확하게 파악하기 어려웠거든요. 이제는 조금씩 어떤 일들이 일어나는지 파악하고 관리할 수 있는 역량이 생기고 있다고 생각합니다. 결국 경영을 잘해야 생존 문제를 해결할 수 있겠죠.

손병극: 역시 병원 경영에 관해 이야기하려면 필수적으로 함께 일하는 직원에 대해 이야기를 해야 할 거 같습니다. 보아스이비인후과만의 직원 관리 노하우가 있을까요?

오재국: 현재 저희 병원에 저와 같이 일하는 직원들이 약 30명 정도 됩니다. 저는 직원들을 관리할 때 세 가지가 중요하다고 생각합니다. 첫 번째는 직원을 대하는 방식에 대한 것입니다. 직원을 공정하게 대하고 합리적으로 대하고 투명하게 이야기해야 합니다. 적어도 이 세 기준대로 직원을 대해야 조직이 유지된다고 생각합니다. 두 번째로 중요한 것은 성장입니다. 병원에서 일하는 사람도 본인의 직급이 올라가기를 원하고 본인의 급여가 상승하기를 원합니다. 인간이면 누구나 그러니깐요. 하지만 병원이 성장하지 못하면 그런 직급을 전혀 만들 수 없고 직원들의 급여를 올려줄 수도 없습니다. 그러므로

긴 시간 동안 병원이 꾸준히 성장하는 것이 매우 중요하겠죠. 각 파트 담당 인원이 두 명만 되더라도 한 명에게 팀장 자격을 부여할 수 있으니깐요. 저희는 그렇게 팀을 관리합니다. 마지막으로 중요한 것은 시스템이 갖춰져야 한다는 것입니다. 필연적으로 대부분의 사람들은 시스템이 없는 경우 업무에서 혼란을 느끼게 됩니다. 특히 병원에서는 반복적인 업무가 많습니다. 그런데 이런 것들이 돌아가는 시스템이 없으면 개인에 의존하여 업무가 이루어지고 일하는 개인도 조직에서 마음이 떠날 수밖에 없다고 생각합니다.

손병국: 매출을 올리고 싶어하는 의사들에게 가장 중요한 것이 무엇이라고 생각하시나요?

오재국: 사실 저는 매출이라는 단어를 잘 쓰지 않습니다. 오해의 여지가 있을 수 있기 때문에 그렇습니다. 물론 저도 생계형 의사이기 때문에 병원이 잘되는 것이 매우 중요합니다. 그럼에도 매출이라는 단어를 사용하는 순간 마치 저의 생각이 돈에 포커스가 맞춰지는 것 같아서 최대한 자제하려 하고 있습니다. 그래서 저는 보통 성과라는 용어를 씁니다.

제가 생각할 때 성과를 올리기 위해 가장 좋은 방법은 최대한 교과서적인 진료를 하는 것입니다. 어떤 병원을 보면 상식적이지 않은 방법의 치료를 하고 어마어마한 매출을 만들어내는 병원도 있습니다. 하지만 우리가 의사로서 생활을 얼마나 오래할 것인지에 관한 생각을 꼭 해야 합니다. 돈이 벌린다고 내가 배운 것과 다른 진료를 하게 되면 장기적으로는 매출 성장에 역효과를 가져올 것이라 생각합니다. 교과서적인 진료의 장점은 환자와 진정 어린 관계를 만들어갈 수 있다는 것입니다. 우리 모두가 사람인지라 정도에서 벗어난 진료를 하면 아무래도 환자와 깊은 관계로 나아가기가 어렵습니다. 하지만 교과서적인 진료와 나만의 철학이 결합하면 자연스럽게 환자와의 관계를 잘 만들어갈 수 있다고 생각합니다.

손병극: 교과서적인 진료라고 하면 다소 개념이 모호한 느낌이 있습니다. 좀 더 풀어서 이야기해주실 수 있나요?

오재국: 사실 진료하고 있는 의사 본인은 스스로 그 느낌을 받으리라고 생각합니다. 이게 손 대표님이 말씀하신 것처럼 많이 다를 수 있거든요. 의사마다 판단이 다를 수 있으니까요. 제가 생각하는 좋은 방법은 만약 환자가 내 가족이라면 내가 어떤 식의 솔루션을 제공할 것인지 계속 자문해봅니다. 내 가족에게 권할 수 있는 검사와 치료 방식이라면 일반 환자들에게도 충분히 권할 수 있는 것이겠죠.

손병극: 이비인후과를 전공한 선생님들에게 하고 싶은 이야기가 있을까요?

오재국: 코로나19가 유행하고 난 뒤의 가장 큰 변화는 감염병의 시대가 지났다는 것입니다. 원래 이비인후과는 감염병을 주로 보는 진료과였습니다. 수많은 감기, 축농증, 부비동염, 중이염, 편도선염 같은 것들이죠. 그럼 이제 우리는 어떤 파트에 집중해야 할지 고민이 많습니다. 제가 생각하는 길은 난청과 어지러움 같은 귀에 대한 분야, 그리고 코 성형을 포함하는 광범위한 코에 대한 분야, 그리고 수면과 음성 분야가 잘할 수 있는 영역이라고 생각합니다. 사실 이런 분야는 환자들이 넘쳐나는 분야가 아니기 때문에 감염병 질환과 비교해 한

계가 있을 수 있습니다. 더구나 과거에는 병원에서만 얻을 수 있었던 정보에 대한 접근성이 좋아지면서 환자 입장에서 대략적인 내용은 언제든 찾아볼 수 있거든요. 그럼 이 환자들이 전문가에게 기대하는 답은 어떤 것들이 있을지 항상 고민하고 그에 대한 답을 가지고 있어야 하죠. 내가 계속 깨어 있는 게 중요하다고 생각합니다. 과거랑 비교해서본다면 무거운 미래가 기다리고 있으리라 생각합니다.

손병극: 마지막으로 개원의와 봉직의의 가장 큰 차이가 무엇이라고 생각하시나요?

오재국: 개원의가 봉직의와 다른 점은 개원의가 봉직의에 비해 다양한 상황에 많이 노출된다는 점입니다. 봉직의는 진료에만 집중하면 되지만 개원의는 진료 이외에 경영과 인력 관리에 여러 노력을 기울여야 합니다. 이 과정을 통해 봉직의는 진료 부분의 성장을 하고 개원의는 인간적인 성숙을 하게 된다고 생각합니다. 사실 의사로서는 두 직군의 차이가 전혀 없어야 한다고 생각합니다. 현실적으로는 다른 경우가 있을 수도 있습니다만 그래도 다르지 않은 게 바람직한 방향성이라고 생각합니다.

군자에 위치한 소리의원은 굉장히 특별한 병원이다. 병원명에서 알 수 있듯이 소리의원은 이비인후과 중에서도 귀를 특화로 보는 병원이다. 1차 의료기관으로 개원하여 이비인후과 진료과목을 보는 병원이 귀만 특화해서 본다는 것은 대단히 위험한 선택일 수 있다. 누가 뭐라 하더라도 개원 이비인후과는 주로 감염병 질환을 보는 것이 메인이기 때문이다. 그래서 병원을 방문하기 전부터 병원에 대한 궁금증이 매우 컸다.

소리의원을 처음 방문했을 때 가장 눈에 들어오는 것은 '세상 모든 귀 환자들이 오고 싶어하는 병원'이라고 적혀 있는 비전이었다. 대부분의 병원 비전은 구체적이지 않은 경우가 많다. 그와 비교해 소리의원은 너무나도 명확했다. 이런 비전하에서 소리의원이 하는 활동을 보고 있다가 전영명 원장님을 만나게 되었다.

손병곤: 소리의원은 병원명만으로도 굉장히 특이한 병원이라고 생각합니다. 이런 형태의 병원을 개원하시게 된 이유가 있으신가요?

전영명: 개원을 생각하는 의사라고 한다면 아마도 누구든지 경쟁력 있는 병원을 만들고 그래서 경제적으로도 안정을 이루고자 함은 당연한 일이지요. 그러므로 첫 번째 고민은 '어떻게 우리 병원이 경쟁력을 가질 수 있을까?'였습니다. 경쟁력이 될 수 있는 요소들은 많이 있습니다. 그중에서 제가 선택한 경쟁력은 전문성입니다. 제가 전공한 이비인후과 진료 분야는 귀 분야인데 선진국에는 귀 전문 클리닉이 많이 있고 실제로 몇몇 클리닉은 이 분야의 발전을 주도해왔습

니다. 할 수만 있다면 자기 임상 분야에서 전문가로 인정받고 경쟁력 있는 전문 클리닉을 운영하고 싶지 않은 의사가 어디 있겠습니까? 그러나 막상 실행하려고 하면 전문성, 예산, 인력, 규모, 수익성 등 현실적으로 실현하기에는 너무 많은 장벽이 눈앞에 나타날 것입니다. 그중에서 가장 극복하기 어려운 문제 중 하나는 전문성입니다. 이것은 진료 영역의 희소성과 전문성에 의해 결정됩니다. 이 측면에서 의사가 진료 전문성에 대한 확신과 전략이 없다면 다른 것이 다 있어도 성공하기 어렵다고 생각합니다.

제가 귀 전문 클리닉을 운영하기로 했을 당시는 이비인후과 분야뿐만 아니라 다른 과 분야에서도 메이저 대학병원들과 경쟁할 수 있는 작은 규모의 전문 클리닉은 거의 찾아보기 어려웠습니다. 그러니 제가 나름 뚜렷한 확신이 없었다면 어떻게 선뜻 발을 내디딜 수 있었겠습니까? 그런 확신의 배경과 동기는 저의 이전 경력이나 인지도가 아니라 제가 가진 확고한 생각으로부터 온 것이었습니다. 좀 이상하게 들릴지 모르지만 인간은 이성적이고 논리적인 것 같아도 실제로는 결정적인 순간에 이성보다는 감성과 직관에 의존하는 성향이 있는 것 같습니다. 분명히 논리적으로 이해하고 인정을 하더라도 실제로 습관적이거나 전통적인 생각과 방식을 바꿔야 하는 시점에서는 여러 가지 비논리적인 이유를 대고 직관과 감성에 의존해 쉽게 바꾸려고 하지 않습니다. 따라서 변화와 개혁을 시도하기 매우 어려운데 의료 분야도 예외가 아닙니다. 분명히 임상적으로 효과나 필요성이 밝혀진 진단이나 치료법을 현실적으로 적용하기 어렵다는 선입견과 단순한 과거 경험에 사로잡혀 제대로 시행하지 못하는 경우가 여러 분야에 산재해 있습니다.

반대로 이런 허점을 정확히 알고 극복해나갈 수만 있다면 다른 병원에서 제공하지 못하는 진료를 제공할 수 있을 것이라는 생각을 했습니다. 특히 국내 대학병원들은 오히려 더 완고하고 권위적인 측면이 강하고 세부적인 원칙과 환자 중심적 진료 측면에서는 매우 부족하다고 생각했습니다. 그래서 저는 이런 약한 고리를 잘 보완하고 극복해서 저희 병원의 강점을 만들어가고자 노력했습니다. 교과서나 학회에서 그 가치가 인정된 것들이 있다면 원칙대로 그 가치를 바탕으로 진료하는 것이 어쩌면 당연한 것이지만 그 당연함이 다른 병원들과 차별화될 수 있는 경쟁력을 가져다줄 것이라 확신하였습니다. 이런 생각을 하고 소리의원을 시작하게 되었습니다. 물론 현실에서는 수많은 어려움이 있었지만 현실보다는 가치 중심적 진료를 추구한 결과 주요 분야에서 상당한 경쟁력을 확보하게 되었고 20년이 지난 현재까지 나름 발전해나가고 있습니다.

손병극: 지금 병원을 운영하면서 성공의 정의가 무엇이라고 생각하나요?

전영명: 보편적인 성공의 정의는 환자 수가 많고 병원 수익이 극대화되는 것이겠죠. 하지만 저는 그런 것이 성공의 전부라고 생각하지 않습니다. 저는 '성공=의사로서의 행복'이라고 생각합니다. 사실처음에는 귀 전문 클리닉을 개원하고 나름 유명세를 타면서 경쟁력을 갖추게 되니 그것만으로도 충분히 성공했다고 생각했습니다. 그러나 병원을 내원하는 환자 수가 많다고 또 유명한 병원과 의사가되었다고 과연 그것만으로 행복한 의사가 될 수 있을까라는 생각을 깊이 해보았습니다.

그럼 의사가 행복하려면 무엇이 필요할까요?

첫 번째는 병원을 운영하고 진료하는 일이 내가 가장 좋아하는 일이 되고 능력에도 맞고 동시에 내 성격이나 가치관과도 잘 조화가 된다면 행복한 의사일 겁니다. 내가 아무리 노래를 잘 부른다고 해도 남들 앞에 서는 게 성격적으로 부담이 된다면 노래를 부르는 삶이 그렇게 행복하지는 않을 겁니다. 의사로서의 삶도 비슷하다고 생각합니다. 만약 종교가 있다면 자신의 종교적인 가치관에도 잘 맞아야겠죠. 두 번째는 내가 좋아서 하는 일이 남에게도 유익이 되고 행복함을 줄 수 있다면 그 사람은 행복한 사람일 겁니다. 손흥민은 자기가 좋아하고 성공하기 위해서 축구를 열심히 했는데 수많은 사람이 그의 축구를 보고 열광하며 행복해합니다. 내가 좋아하는 일을 하면서도 남들을 행복하게 할 수 있는 대표적인 사례라고 생각해요. 세 번째는 내가 좋아하는 일을 통해서 충분한 보상을 받을 수 있다면 그 사람은 정말 행복한 사람일 겁니다.

그런데 만약에 정반대로 사는 사람이 있다면 얼마나 불행하겠습니까? 다시 말해서 먹고살기 위해서 어쩔 수 없이 환자를 보는 의사가 있다고 합시다. 결코 행복한 의사라고 할 수 없지요. 그런데 환자를 늘리려고 하다 보니 진료도 무리해서 보고 환자들에게 오히려 나쁜 결과를 준다고 하면 더 불행해질 겁니다. 거기에다가 그렇게 진료하는 것이 본인의 가치관이나 성격에도 안 맞기에 항상 죄책감과 씨름한다면 그는 가장 불행한 의사임이 분명합니다. 제 후배 의사 하나는 개원하여 상당히 많은 환자를 보는 잘되는 병원을 운영하는 원장이에요. 그런 그가 매일 너무 많은 환자를 보는 데 이력이 나고 틀에 박힌 진료만 하다 보니 자긍심도 떨어지고 보람도 잃어가면서 일요일 저녁만 되면 다음 날 출근하기가 너무 싫어 우울증으로 고생하고 있습니다. 얼마 전 모 방송국에서 의사들의 행복도를 조사해보니 행복하다고 답한 의사가 3분의 1도 안 된다는 보도를 본 기억이 납니다. 물론 사람들마다 가치관이 다르기 때문에 다 다를 수 있지만 인간의 공통된 가치를 기준으로 보면 물질적인 성공만으로는 진정한 행복을 줄 수 없지 않나 생각합니다.

손병극: 말씀을 매우 쉽게 하시지만 실제로 실천하려 하면 정말 어려운 길인 것 같습니다. 소리의원을 잘 운영하기 위해 가장 신경 쓴 영역은 어떤 것인가요?

전영명: 가장 어려웠던 것은 선택과 결정이었습니다. 처음에 귀 전문 이비인후과를 시작했을 때는 우리나라 최초라는 타이틀과 큰 규모만으로도 경쟁력이 생겨났고 홍보하기도 매우 수월했습니다. 그러나 점차 시간이 지나면서 더 실제적이고 높은 수준의 경쟁력이 요구되었습니다. 그러다 보니 더 많은 투자가 필요하게 되었는데 투자는 재정, 시간, 그리고 노력이었습니다. 여기서 저는 선택의 갈림길에 섰습니다. 즉 경영적으로 잘 운영되는 매출 중심 병원으로 만족하고 남을 것인가, 아니면 병원을 설립할 때 가졌던 비전과 미션을 추구하는 가치 중심 병원을 향해 나갈 것인가 하는 선택이었습니다. 전자를 위해서는 큰 투자 없이도 적절한 마케팅과 경영 전략으로 충분히 살아남을 수 있다고 판단된 반면에 후자를 택한다면 더 많은 투자가 필요하며 수익 중심보다는 진료의 가치와 원칙을 따르는 전략으로 나아가야만 한다고 생각했습니다. 이 두 가지 중에서 선택을 한다는 것은 결국 '무엇을 포기해야 하느냐'의 문제입니다. 전자를 선택한다

면 비전을 포기하는 것이 되며, 후자를 선택한다면 현실적인 보상을 포기하게 되는 것입니다. 결국 선택의 기준은 가치관에 달려 있었습니다. 저는 결국 저희 병원의 비전인 '세상의 모든 귀 환자들이 가장 오고 싶어하는 병원'을 만들기 위한 길을 선택했습니다.

지금 저희 병원은 귀 진료만을 위해 약 500평 이상의 공간을 쓰고 있고 의사를 포함해 50명 이상의 여러 전문인력과 직원들이 근무하고 있습니다. 거기에다 저희 병원에는 대학병원에서도 흔하지 않은 상당한 규모의 장비와 시설이 있습니다. 이런 투자를 하는 것은 병원의 예산이 충분히 있어서가 아닙니다. 부가가치가 높지 않은 저희 이비인후과 분야의 특성상 결국 병원의 수익을 상당 부분 포기하지 않으면 불가능한 것입니다. 또한 투자를 한 만큼 매출이 따라서 증가하느냐? 그렇지 않다는 것은 우리가 잘 알고 있습니다. 그렇다면 왜 이런 투자를 하려고 하느냐? 저는 병원 경영을 통해 얻을 수 있는 가치가 수익 자체에만 있다고 생각하지 않기 때문에, 이 질문에 대한 답을 구하는 기준이 눈에 보이지 않는 가치도 자산이고 수익이라고 생각하느냐 아니냐에 달려 있다고 생각합니다. 이것은 맞고 틀림이 아니며 동시에 옳고 그름의 문제도 아니라고 생각합니다. 저희 병원은 이런 투자와 노력의 결과로 환자들뿐만 아니라 국내외 전문가들 사이에서도 전문성을 크게 인정받게 되었고 몇몇 분야에서는 독보적인 경쟁력을 가질 수 있게 되었습니다.

손병국: '포기'라는 단어를 사용하셨는데요. 사실 개원의 입장에서 이런 선택을 하기가 쉽지 않은 것 같습니다. 그럼에도 이런 선택을 할 수 있는 이유가 무엇인가요?

전영명: 결국 제가 앞서 언급한 대로 진정한 성공은 행복과 일치하는 것이고 행복한 의사가 되기 위해서 필요할 때 과감하게 포기할 수 있다고 생각합니다. 그런데 여기서 수익적인 측면을 포기한다는 것이 마치 현실을 떠나 이상만을 추구한다는 의미로 오해할 수도 있겠다는 생각이 듭니다. 그러나 저에게 있어서 포기란 비전을 이루기 위해 우선적으로 가치 중심적 경영을 선택했다는 것입니다. 이런 선택의 결과로 가치가 만들어지면 결국 병원의 경영적인 측면도 성장할 것이라는 신념을 갖고 있었지요. 실제로 저희 병원에는 외이도개방술이라는 희귀 질환의 수술을 받기 위해 외국에서 내원하는 환자가 50~100명 가까이 됩니다. 물론 코로나19 이전의 상황이지만, 이 숫자는 아마 세계에서 톱 수준일 겁니다. 세계적으로 가장 유명한 미국의 병원 한두 곳이 저희와 경쟁하고 있습니다. 결국 포기라는 것은 우선순위를 바꾼다는 의미인데 그것은 의사의 가치관에 따라 정해진다고 봅니다.

손병극: '세상 모든 귀 환자들이 오고 싶어하는 병원'이라는 소리의원의 비전이 매우 명확하고 좋은 것 같습니다. 이런 비전을 정하게 된 계기는 무엇인가요?

전영명: 우선 비전이란 단어를 정의해보는 게 중요한 것 같아요. 비전은 일종의 꿈이고 내가 나아갈 바가 어디인지를 가르쳐주는 나침반이라고 생각합니다. 대개 비전은 내가 추구하는 개인적 가치관에 의해 정해지는데 가치관이 항상 옳고 그름을 판단하는 기준이 되지 못하는 것처럼 비전도 사람마다 추구하는 게 당연히 다를 수 있습니다. 특히 개원 의사는 반드시 그 병원의 비전을 가져야 한다고

봅니다. 비전이 없으면 나침반 없이 망망대해를 항해하는 선박과 같이 내 병원이 어디로 가야 할지 우왕좌왕할 수 있기 때문입니다. 특히 병원 경영상 위기가 오거나 중요한 선택과 결정을 해야 할 때 나아갈 바를 찾기 어려울 수 있습니다. 따라서 비전은 병원을 운영하며 일생 의사로서의 삶을 살아갈 때 기준이 되는 헌법과도 같은 역할을 한다고 생각합니다.

저희 병원의 비전은 아마도 귀를 전공하는 거의 모든 의사의 로망이 아닐까 생각합니다. 실제로 제가 이 병원을 시작하면서 여러 이비인후과 선배들께 "자네 병원과 같은 병원은 내가 평생 꿈꾸어 오던 병원이야. 그러니 잘될 수 있다는 걸 보여주게."라는 조언의 말씀을 자주 들었습니다. '세상의 모든 귀 환자들이 가장 오고 싶어하는 병원 만들기'라는 저희 병원의 비전이 너무 거창한가요? 저는 귀 전공 의사로서 꿀 수 있는 가장 큰 꿈을 비전으로 세웠던 겁니다.

손병극: 그럼 어떻게 해야 내 병원만의 적절한 비전을 만들 수 있을까요? 사실 당장 개원을 앞둔 많은 의사가 생존의 어려움을 겪고 있다 보니 비전이란 사치스러운 이상일 뿐이라고 여기는 게 현실이거든요.

전영명: 인간인 이상 누구나 사업을 시작하는 첫 단계에서는 실패 없이 살아남는 것이 최우선 과제일 겁니다. 그러니 비전을 갖는다고 반드시 당장 그 비전을 이루기 위한 일을 우선으로 해야 할 필요는 없습니다. 또한 비전은 꿈과 같은 것이기 때문에 꿈이 성취되지 않는다고 실패한 것이 아니듯이 비전도 반드시 100퍼센트 이루어져야만 성공한 것으로 생각할 필요는 없다고 봅니다. 제 경험으로 볼 때 비

전을 수립하기 전에 꼭 염두에 두어야 할 두 가지 중요한 점을 말씀
드리겠습니다.

첫 번째는 비전은 가능한 크게 만들라는 것입니다. 국내 IT 분야 벤처기업을 세계 1위로 올려놓은 한 벤처기업가가 한 말이 생각납니다. "내가 처음 기업을 시작하려고 할 때 만난 대부분의 벤처기업 CEO들의 비전을 들어보니 현실적으로 달성 가능한 정도의 소박한 비전을 갖고 있다는 사실에 많이 놀랐습니다. CEO의 꿈이 손바닥 크기만 하다 보니 그 기업이 운이 좋아서 100퍼센트 목포를 달성했다고 해도 결국 그 기업은 손바닥 크기를 넘지 못하지 않겠습니까? 만약 CEO의 꿈이 태산같이 크다면 비록 조금밖에 이루지 못한다고 하더라도 손바닥 크기의 몇 배가 되지 않겠습니까?" 자신은 창업할 때 세계 최고가 되겠다는 원대한 꿈을 품고 사업을 시작했는데 10년 만에 세계 초일류 기업으로 성장하고 그 꿈을 향해 나아가고 있다고 하였습니다. 오히려 꿈이 크면 클수록 더 크게 성공할 가능성이 높아질 수 있다는 것이었습니다. 저는 그 CEO의 생각에 100퍼센트 동의를 합니다. 물론 허황된 것이 되면 곤란하지만 큰 꿈을 꾸게 되면 그 다음부터 모든 내딛는 발걸음의 폭이 달라질 수 있습니다.

두 번째로 비전은 일생에 걸쳐 이루는 것임을 기억해야 합니다. 개원을 시작해서 먼 훗날 은퇴를 할 때까지 개원 일생을 통해 비전을 이루고자 노력하며 살아가는 것이고 지금 당장 무엇을 할 수 없어도 마음에 품고 있는 것이 중요합니다. 비전은 당장의 현실과 관계 있지도 않으며 지금 그 사람의 그릇의 크기와도 아무런 상관이 없습니다. 다만, 의사로서 내가 경영하는 병원이 어떤 가치와 모습으로 만들어지기를 원하는가를 마음속에 품으라고 하는 것입니다. 비전을 세우

고 꿈을 가진 의사는 당장에는 꿈과 거리가 먼 병원을 운영하는 것 같아도 언젠가 기회가 오면 그동안 준비해온 모든 생각과 전략을 펼쳐나갈 수 있을 겁니다. 이것은 제 경험입니다. 아마도 개원하려는 이비인후과 의사에게 500평의 공간을 줄 테니 병원을 만들어보라고 한다면 아마 대부분 그 넓은 공간을 무엇으로 채우고 무엇을 어떻게 해야 할지 고민이 클 겁니다.

비전이라는 것은 하루아침에 어떤 조건이 된다고 해서 다 이루어 갈 수 있는 게 아닙니다. 우리는 은퇴 후 삶에서 새로운 인생으로 거듭난 사례들을 자주 접하곤 합니다. 제 주변에도 평생 금융인으로 살다가 은퇴한 후 경영컨설턴트로 더 바쁜 생활을 하는 분, 직업 군인으로 은퇴하여 사진작가로 성공한 분, 철도 공무원으로 은퇴하여 외국인 여행 가이드로서 더 풍요롭고 활발한 삶을 사는 분이 있습니다. 이들의 공통점은 비록 지금은 생계를 위해 다른 일을 하고 있지만 오래전부터 꿈을 꾸고 조금씩 조금씩 키워왔다는 점입니다. 개원의들이 비전을 갖는 것도 이와 유사하다고 봅니다.

저는 귀 전문 병원을 만들어야겠다는 비전을 오래전부터 조금씩 키워나갔는데 그 꿈을 꾸기 시작한 때부터는 언제 어디서든지 일을 하든, 사람을 만나든, 세미나에 참석하든, 여행을 가든, TV에서 광고를 보든, 보고 듣고 경험하는 모든 시간 속에서 귀 전문 병원 만들기 전략과 연결을 짓는 버릇이 생겼습니다. 이런 버릇이 쌓이면서 머릿속으로 가상의 귀 전문 클리닉을 만드는 청사진과 전략이 하나씩 만들어졌습니다. 이런 준비를 끊임없이 해온 사람들은 기회가 있으면 마치 연습이라도 한 듯 자신 있고 능숙하게 실행에 옮길 수 있게 됩니다. 요즘은 정말 스마트한 사람들이 의대에 가잖아요. 그런데 본인이 가진 스마트함에 비해 너무 작은 세상에 갇혀 있는 것 같습니다. 큰 꿈을 갖고 그 꿈을 키워가면서 의사의 삶을 살아가도록 권고하고 싶습니다.

손병극: 원장님께서 처음 의대를 졸업하고 전문의가 되었을 때 어떤 생각을 하셨나요?

전영명: 저는 향후 제가 의사로서 일할 시기를 30년으로 보고 10년 씩 3단계로 나누어 설계했습니다. 첫 10년은 나 자신에 대한 투자로 내가 의사로서 더 실력을 쌓고 성장하는 데 투자를 하기로 하고, 그다음 10년은 나에게 투자한 것을 환자와 사회와 그리고 가족들과 함께 나누고 싶었고, 마지막 10년은 일과 가장의 역할로부터 좀 자유로워져서 의사로서 제가 가장 하고 싶은 일을 능동적으로 할 수 있는 시간이 되기를 꿈꾸었습니다. 그러나 지금 와서 돌아보니 대학에서 보낸 첫 10년과 중간 10년은 설계한 대로 잘 맞춰서 살았는데 마지막 10년은 아직 완성되지 않았고 일과 가족의 굴레(?)에서 완전히 벗어나지 못했네요. 그래도 제가 젊을 때보다 기대수명이 많이 늘었으니까 좀 조정을 해도 되지 않을까 합니다.

손병극: 미래를 준비하는 동료 이비인후과 의사들에게 하고 싶은 이야기가 있으신가요?

전영명: 과거에는 귀, 코, 목 세 파트 중에서 펠로십을 한다고 하면 코 쪽이 가장 인기가 있었어요. 당시 동네에서 아이들이 감기에 걸리면 우선 이비인후과를 찾았는데 주로 상기도 질환을 위주로 한 소아 환자가 이비인후과의 주 환자군이었습니다. 그러니 상대적으로 귀

환자는 적었는데 또 검사들을 해야 하니 전문성과 투자가 더 요구되었기 때문에 귀 전공은 인기가 없었어요. 저는 그 당시에도 "앞으로 세상은 귀 환자를 봐야 먹고살 수 있는 시대가 올 거야."라고 이야기했거든요. 인구가 노령화되고 저출산이 지속되면 결국 인구 구조가 바뀌지 않겠어요? 실제로 지금 소아 관련 시장이 작아졌잖아요. 그래서 지금은 이비인후과 펠로십에서 귀가 가장 인기가 많다는 이야기를 들었습니다. 또 의사들은 의료가 발전하는 방향을 잘 봐야 해요. 의사가 내 손으로 뭔가 개발을 해서 발전한다는 것은 매우 어려워요. 그런데 귀 분야는 커뮤니케이션에 관련된 영역이다 보니 통신과 IT 분야가 발전하면서 동시에 귀 관련 의료산업도 같이 발전되고 있습니다. 미래를 잘 보고 분야를 선택하는 것도 매우 중요한 포인트입니다.

손병국: 지금 귀 분야를 중점적으로 보고 있으신데요. 귀를 중점으로 보는 병원을 운영하시면서 느끼는 가장 큰 장점은 무엇인가요?

전영명: 저희 병원에 내원하는 환자들은 대부분 다른 이비인후과나 대학병원에서 1차 진료를 받고 오십니다. 그래서 확실한 진단과 치료를 원하십니다. 일반적으로 개인의원에서 복잡한 검사나 시술을 시행하기는 매우 어렵습니다. 대부분 간단한 진료를 기대하고 있기 때문에 부가가치가 있는 검사를 시행하는 데 큰 부담을 느낍니다. 대략적으로 보면 일반 개인 이비인후과에 비해 저희 병원의 진료 부가가치는 5~6배 높습니다. 저희 병원에서 50명의 환자를 본다면 일반 의원에서 200~300명의 환자를 보는 것과 맞먹습니다. 적은 환자를 보면서 높은 부가가치를 기대할 수 있다는 점은 의사들에게 큰 만족

을 줄 수 있습니다. 또 저희 병원은 사회, 정치, 경제적 변동 상황에 대해 비교적 안정적이라는 점입니다. 특히 위기 상황이 왔을 때 비교적 적은 영향을 받았는데요. 지난 수년간을 돌아보더라도 사스나 메르스 감염이 왔을 때나 2년 넘게 지금까지 지속되고 있는 코로나19 위기 속에서도 다른 병원에 비해 덜 위축되었고 비교적 꾸준하게 유지를 하고 있습니다. 이런 위기들을 경험하면서 저희 병원이 그동안 추구해온 전문 클리닉의 경쟁력이 큰 버팀목이 되어주고 있습니다.

손병극: 제가 이야기를 들어보니 소리의원은 대학병원과의 경쟁이 매우 중요할 것 같습니다. 대학병원과의 경쟁을 어떻게 이겨내 왔는지요?

전영명: 사실 개인의원이 대학병원과 경쟁을 한다는 것은 매우 어려운 일입니다. 우선 진료 영역과 대상이 다르고 인력, 시설, 규모 등이 현저히 다르기 때문에 애당초 대학병원과 경쟁한다는 건 상상할 수도 없습니다. 그러나 저희 귀 분야의 경우에는 조금 다른 측면이 있는데요. 귀 한 분야에 집중되어 있고 진료가 크고 복잡한 시설과 시스템보다는 의사나 청각사 등 전문인력의 의존도가 매우 높고 수술 등도 대부분 집도의 혼자 수행하기 때문에 전문성만 갖춘다면 충분히 경쟁할 수 있다고 생각합니다.

저희가 대학병원과 경쟁을 하면서도 환자들에게 인정을 받은 것은 강점을 최대로 살렸기 때문입니다. 저희는 환자들이 무엇을 원하고 가장 중요하게 생각하느냐를 누구보다도 더 정확하게 인식하고 그 솔루션을 주기 위해 노력해왔습니다. 앞서 언급한 바와 같이 저희는 첫 번째로 원칙 중심적 진료를 철저히 추구했습니다. 일례로 인공와

우수술센터가 되기 위해서는 수술-청각 관리-재활이 삼위일체로 엮여 있는 것이 매우 중요합니다. 그런데 이를 이상적으로 갖춘 센터는 저희 병원이 국내에서 유일하다고 평가되고 있습니다. 두 번째로 환자들에게 가장 효과적이고 창의적인 진료 프로그램을 만드는 노력을 해왔는데 다른 병원들에서 경험하지 못한 프로그램으로 환자들에게 크게 인정을 받았습니다. 또한 앞에서도 여러 번 말씀드렸지만 저희 병원의 비전-가치 중심적 경영 마인드를 많은 대학병원 교수들과 학회에서 인정한 점도 큰 강점으로 작용해왔다고 생각합니다.

손병극: 마지막으로 개원이란 무엇이라고 생각하시나요?

전영명: 인간은 사회적 동물이고 경제 활동이 그 중심에 있습니다. 의대를 졸업하고 의사가 되면 누구나 의사로서 사회-경제 활동을 하게 됩니다. 의사가 개원한다는 것은 자기 스스로 사회-경제 활동의 틀을 능동적으로 만들어간다는 것을 의미합니다. 그래서 개원은 의사에게 부여된 특별한 축복이라고 생각합니다. 얼마나 멋진 일입니까? 완전히 백지에다가 내 미래를 내가 그릴 수 있다는 것입니다. 그래서 이런 특별한 기회를 성공적으로 만들기 위해서는 획일적으로 남들이 이렇게 했으니까 나는 그렇게 따라가겠다고 생각하기보다는 본인이 가장 원하는 삶을 만들기 위해 자신만의 꿈을 꾸어야 한다고 생각합니다. 의사로서의 일생을 장기적인 관점에서 그려간다고 생각하면 분명 행복한 의사로 살아갈 수 있을 겁니다.

하루가 모두 끝나고 어둑어둑해지는 저녁 7시 30분에 삼성연세고운미소치과를 방문하였다. 병원 문의 열림 버튼을 누르자마자 굉장히 상쾌한 향기가 났다. 보통 치과를 방문하면 치과 특유의 냄새가 나서 불편한 기억을 떠올리게 되는 경우가 많다. 그런데 그런 냄새가 나지 않는 것이 매우 신기했다. 공휴일 늦은 시간 병원을 방문해서 그런지 병원 내부에 사람이 아예 없었다. 직원들이 퇴근하기 선 병원 정리를 말끔하게 끝내서 병원의 모든 물품이 제자리에 있다는 느낌을 받았다. 백석기 원장님과의 인터뷰는 병원 내 따로 마련된 의료진 업무 공간에서 진행되었다. 원장님의 편안한 인상만큼 느긋한 마음으로 인터뷰를 진행하였다.

손병극: 『피터 드러커가 살린 의사들』 1, 2권이 출판된 지 8년이 지났습니다. 출판 후 9년 동안 삼성연세고운미소치과에서 어떤 변화가 있었는지 궁금합니다.

백석기: 9년 전에는 고운미소치과 네트워크 일을 정말 많이 했습니다. 제가 고운미소치과 브랜드의 초기 멤버였거든요. 네트워크는 프랜차이즈와는 큰 차이가 있는 비즈니스 모델입니다. 저희가 당시 정의할 때 프랜차이즈는 수직 관계이고 네트워크는 수평 관계라고 정의했거든요. 그러다 보니 저희는 참여한 병원이 n분의 1의 의사 결정 권한을 갖는 형태로 시작되었습니다. 일반적인 회사는 한 사람이 지분의 50.1퍼센트 이상을 가지고 있으면 의사결정 권한을 가지고 있잖아요. 저희 네트워크는 10명의 원장이 n분의 1 방식으로 의

사결정을 해왔기 때문에 다수의 의견을 하나로 모으는 데 굉장한 에너지가 필요했습니다. 물론 모두 훌륭하신 원장님들이어서 그분들의 생각이 대부분 맞는데 세상에 정답이 없잖아요. 빠르게 하나를 선택해야 하는 상황에서 의사결정이 안 되고 있으니 새로운 시류 변화에 적응하기가 좀 어려웠던 측면도 있다고 봅니다.

가장 어려웠던 영역은 특정 치과에서 유발된 다양한 사건과 사고들로 인해 사회적으로 네트워크 치과에 대한 인식이 너무나도 부정적으로 변했다는 사실입니다. 저희는 나름대로 오랜 시간 어떻게 네트워크 치과 모델을 긍정적으로 만들 수 있을지 고민을 많이 했습니다. 이때 내린 결론은 직영화가 가능해야 한다는 것이었어요. 프랜차이즈 모델인 카페베네는 어려워졌지만 직영점 모델인 스타벅스는 어마어마하게 성장하고 있죠. 물론 프랜차이즈라고 다 안 되는 것은 아니지만 적어도 치과는 스타벅스처럼 소유자의 세심한 관리가 필요한 영역이라고 생각했습니다. 하지만 네트워크 치과에 대한 사회적 인식이 나빠지면서 동시에 1인 1개소 법이 제정되었습니다. 지금은 어느 정도 이 법안을 우회하는 형태의 해결책이 나오고 있지만, 그 당시로 돌아가보면 네트워크 치과를 더 이상 하지 말라고 느낄 정도의 판결이었습니다. 경영과 소유의 차이를 구분하는 것이 너무나도 어려웠거든요.

손병극: 그럼에도 네트워크를 설립하실 당시의 생각은 지금도 의미가 있을 것 같습니다. 그때 어떤 목적으로 네트워크 병원을 설립하셨는지요?

백석기: 우리가 고은미소치과 네트워크를 시작한 가장 큰 이유는

고객에 있습니다. 고객들 대부분은 치과에 전문의가 있다는 사실을 잘 몰라요. 예를 들어 사랑니를 뽑아야 하는 상황이 되었을 때 아무나 뽑을 수 있는 줄 아는 경우가 많습니다. 하지만 사랑니를 아무나 뽑아주지 않거든요. 보통 그냥 대학병원을 가라고 이야기합니다.

저희는 이런 문제를 해결하고 싶었습니다. 환자가 다시 대학병원에 가려면 얼마나 불편해요? 그러니깐 환자가 가지 말고 우리가 환자를 찾아가자. 병원들끼리 서로 협약을 맺고 진료 일수를 조절해서 다른 병원에서 관련 환자들을 진료하자는 움직임이었죠. 그런데 이것도 불법이 되었습니다. 물론 사회적 판단이니 존중하지만 저희 입장에서는 안타깝죠. 어쨌든 저희가 네트워크를 만든 이유는 이런 것들입니다. 어떻게 하면 치과를 이용하는 고객의 효용을 가장 높일 수 있을지 고민하는 모임이었죠. 그래도 이때 고민한 내용을 현재 치과를 운영해오는 데 많이 반영하고 있습니다. 우리 치과를 찾아오는 고객의 효용을 어떻게 높일 것인지에 대한 나름대로 답을 찾아 운영하고 있습니다.

손병극: 요즘 생존이 어려워지는 개원가의 세태 속에서 가장 중요한 단어는 '매출'인 것 같습니다. 매출을 올리기 위한 원장님만의 생각이 있을까요?

백석기: 저는 매출을 올리는 것이 진정으로 가장 중요한 일인 것인가에 대한 의문을 가지고 있습니다. 이번 책에서 매출을 강조한 이유가 있으신가요?

손병극: 저희는 병원의 재무적인 구조에서 매출이 중요하다는 명

제를 도출하였습니다. 대부분 병원은 고정비가 많이 들고 변동비가 낮은 구조라고 보는데요. 이런 구조가 유지된다면 매출이 높아지면 자연스럽게 이익도 동반 상승하게 됩니다. 그래서 투자하고 여러 노력을 기울여서 병원의 매출을 높이는 것이 개원의에게 유리하다고 판단한 것이지요.

백석기: 지금 말씀하신 내용은 고정 설비의 확충을 고려하지 않은 것이지요? 저는 모든 개원의가 매출을 올려서 큰 병원을 만들 것인지, 아니면 순수익률을 높일 것인지를 결정하고 이에 준하는 전략을 수립하는 것이 중요하다고 생각합니다. 매출이 중요하다고 말씀하셨는데 병원이 100퍼센트까지 가동되는 상황에서 매출을 올리려면 결국 병원 규모를 키울 수밖에 없거든요. 그런데 병원 매출이 높아지면 그만큼 세금도 많아지고 비용 지출도 커지기 때문에 꼭 순익 관점에서 유리하지 않을 수 있습니다.

손병국: 맞는 말씀이십니다. 저희가 매출을 강조하는 것은 병원이 100퍼센트 가동될 때까지를 전제로 하고 있습니다. 병원이 100퍼센트 가동될 때까지는 무조건 매출을 높이는 것이 좋다고 이야기한 것이지요. 아무래도 최근에는 대부분의 병원이 100퍼센트 가동되기 어려운 상황이다 보니 매출을 강조하게 되었습니다.

백석기: 그런 전제 조건이 있다면 맞는 말일 수 있겠네요. 사실 가동률 100퍼센트를 달성한 시점에서 매출을 높이려면 생산 주체인 인력과 시설을 늘리고 마케팅을 해서 회전율을 높이는 것이 맞는 전략이겠죠. 반면 순이익률을 높이려면 경비의 최적화에 관심을 가져야 합니다. 병원에서 나가는 지출을 어떻게 관리하는지가 이익을 결

정하기 때문이죠. 전략을 고민할 때는 이러한 기본적인 내용에 관한 이해가 필요하다고 봅니다.

손병극: 생존을 고민하는 개원의 입장에서 가동률 100퍼센트 이후를 고민하는 게 의미가 있을까 싶기도 한데, 어떻게 보시는지요?

백석기: 잘못된 생각입니다. 생존이란 단어의 정의가 무엇인가요? 오늘 하루를 사는 게 생존의 정의가 아니잖아요. 생존이라고 하는 것은 생식하고 내 종족을 번식시키고 앞으로 남기겠다는 걸 의미하잖아요. 개원의들이 생존을 이야기할 때 결코 단기적인 생존을 이야기하는 게 아닐 거예요. 장기간의 생존을 의미하는 거죠. 그렇기 때문에 매우 장기적인 시각을 가져야 합니다.

손병극: 그렇다면 원장님께서는 9년 동안 장기적인 생존을 위해 어떤 일들을 해오셨는지요?

백석기: 저도 아직 다 못 했지만 전체 구성원들이 다 이해할 수 있는 가치를 만들고 공유하는 병원 구조를 만들려고 노력해왔어요. 우리 병원에서 일하는 모든 사람이 일관된 문화와 가치를 느끼는 거죠. 환자들도 이걸 느낄 수 있어야 하고요. 병원에서 평생 일하는 사람은 많지 않잖아요? 저희 병원에도 수많은 사람이 들어와서 같이 일하고 또 그만두고 나가기도 했습니다. 그분들 모두가 '삼성연세고운미소치과는 이런 가치를 지향하는 병원이다.'라는 생각을 할 수 있도록 하는 게 장기적인 생존을 위해 가장 중요하다고 생각했습니다.

손병극: 좀 더 구체적으로 이야기해주실 수 있으신가요?

백석기: 의사들의 가장 큰 고민은 인사 관리예요. 우리 병원은 왜 이렇게 안정되는 경우가 없냐. 그런데 경영학에서 인사 관리를 배워보면 조직이 안정된 날은 없다고 하잖아요. 조직은 늘 불안하고 항상 변화한다고. 이걸 받아들여야 합니다. 하지만 이렇게 조직이 변화하는 와중에도 유지돼야 하는 가치가 있습니다. 가령 가끔 10년 전에 우리 병원에서 일했던 직원들이 병원에 놀러 오잖아요. 현재 일하고 있는 직원과 과거 일했던 직원이 같이 식사하다 보면 현재 일하는 직원들이 굉장히 신기해합니다. 어떻게 저분은 우리가 하는 이야기를 모두 알아듣고 있냐는 거죠. 이런 것이 바로 병원이 지향하는 가치라고 생각합니다. 10년이 지나도 모든 사람이 같은 이야기를 할 수 있도록 만드는 것이죠.

저희 병원의 슬로건은 이렇습니다. '서로가 고운 미소를 나누자!' 서로가 누구일까요? 의사, 간호사, 스태프, 물건 납품하시는 분, 청소해주시는 선생님, 고객 등 우리 치과와 연관된 모든 사람이 고운 미소를 나눌 수 있도록 병원을 운영해나가자는 거죠. 이런 가치가 명확하게 자리잡고 있으니 조직 전체의 미소를 위한 노력을 많이 기울이게 되었습니다. 그러다 보니 조직이 많이 변화하는 와중에도 장기적인 생존을 이어갈 수 있었다고 생각합니다.

손병극: 요즘 갖고 계신 고민은 어떤 것이 있으신지요?

백석기: 장기적으로는 은퇴 프로그램에 관한 고민을 하고 있습니다. 저도 이제 나이가 어느덧 쉰을 넘어가고 있다 보니 삼성연세고운미소치과를 어떻게 이어갈 수 있을지에 대한 고민이 많습니다. 아직은 먼 미래의 일이겠지만요. 제 생각을 이어받을 수 있는 분이 저희

병원을 인수하고 운영해서 환자들에게 같은 느낌을 전달할 수 있으면 정말 좋을 것 같습니다.

손병극: 병원은 의사만 소유할 수 있기 때문에 이런 분을 만나기가 매우 어렵지 않을까요? 치과 의사 면허를 소유하면서 원장님의 철학까지 공유할 수 있는 사람을 찾아야 하니까요.

백석기: 맞습니다. 그렇기 때문에 제 가치가 보편타당해야 하는 것 같아요. 너무 특이하면 징말 찾을 수 없을 테니까요. 저는 언젠가는 찾을 수 있을 거라고 믿고 있습니다.

손병극: 또 다른 고민이 있으신가요?

백석기: 역시 병원 인사 관리가 가장 고민입니다. 확실히 저도 병원 경영을 한 지 시간이 오래되다 보니 최근 MZ세대에 대한 이해가 어려운 경우가 많거든요. 옛날에는 '매주 한 번 세미나하면서 공부하자!' 이러면 대부분의 직원들이 동참해서 열심히 공부했거든요. 저희는 공부하면서 맛있는 거 많이 사 먹었고요. 그런데 요즘은 이런 게 참 어렵습니다. 업무 시간 외에 왜 세미나를 하느냐 이런 이야기를 많이 하죠.

저희 병원에서는 직원들에게 자기계발비를 지급하거든요. 옛날에 자기계발비는 새로운 공부를 하거나 책을 사거나 이런 것이었어요. 그런데 요즘 친구들은 헬스클럽을 가거나 마사지를 받고 피부 관리를 받는 것도 자기계발의 일종이라고 이야기하더라고요. 틀린 말은 아니긴 한데 과거와는 다른 느낌으로 인해 약간의 어려움이 느껴지는 것 역시 사실이에요. MZ세대를 잘 이해하고 싶습니다.

용두역 부근에 위치한 속편한내과를 처음 방문했을 때 가장 먼저 눈에 들어온 것은 예전 분당서울대병원에서 볼 수 있었던 환자 동선 안내 화살표였다. 각각의 화살표는 환자군에 따라서 진료 프로세스를 상세하게 안내하고 있었다. 병원을 방문한 고객들은 질서정연하게 그 화살표를 따라 움직이고 있었다. 그리고 병원 입구에서부터 가장 많이 들리는 소리는 쉴 새 없이 울리는 번호표 소리였다. 정말 많은 환자가 병원 대기실에 앉아 있었다. 방문 전 홈페이지를 보니 속편한내과에는 내과 전문의만 9명이 소속되어 있었다. 단일 내과에서 이렇게 많은 의사가 필요할까 하는 의문이 풀렸다. 김영선 원장님과의 인터뷰는 '사랑'이란 글자가 크게 붙어 있는 진료실에서 진행되었다. 마침 오전 진료가 마무리되어 그 뒤에는 따로 일정이 없다고 하여 상당히 여유 있는 시간 동안 인터뷰를 진행할 수 있었다.

손병극: 『피터 드러커가 살린 의사들』1, 2권을 저술하신 지 9년이라는 시간이 지났습니다. 9년 동안 어떤 일이 있었는지 궁금합니다.

김영선: 저는 내과를 진료하는 의사잖아요. 내과 진료라는 본질적인 영역에서 큰 변화가 있지는 않았어요. 하지만 외부 환경은 엄청나게 변화했어요. 외부 환경이 변하다 보니 본질이 같더라도 우리 생각이 엄청나게 변한 것 같아요. 보통 비즈니스라고 하면 외부 환경을 분석하고 자기가 가진 역량을 검토해서 나아갈 방향을 정하잖아요? 그런데 의사들은 비즈니스처럼 외부 환경 변화에 따라 모델을 확 변화시키기 어려워요. 진료라는 것은 언제나 근거evidence를 기준으로

이루어질 수밖에 없고 과학적이어야만 건강보험의 인정을 받을 수 있거든요. 그러다 보니 요즘 어려움이 많이 생기는 것 같아요.

가장 큰 변화는 의사 수가 엄청나게 증가했다는 거예요. 제가 1995년에 졸업했는데 면허 번호가 5만 번대예요. 지금 14만 번 대잖아요. 25년 동안 거의 3배가 늘어난 거죠. 1950년부터 1995년까지 5만 번이 되었는데요. 이렇게 비교하면 엄청난 증가죠. 의료시장의 경쟁도 어마어마하게 치열해졌습니다. 요즘 새로 면허를 따는 의사들은 미래에 대한 고민을 많이 할 수밖에 없는 시대가 되었다고 생각합니다.

두 번째 변화는 의사 집단이 매우 다양해졌다는 것입니다. 일단 과거에는 의사 중 여성 비율이 전체 10퍼센트 정도밖에 안 되다가 이제는 거의 50퍼센트가 되었죠. 그리고 의전원 세대 의사들이 배출되면서 더욱 의사 집단이 다양해졌다고 봅니다. 이분들은 더 많은 경험을 하고 의사 생활을 시작하다 보니 또 다른 시각에서 의료산업을 바라볼 수 있거든요. 비즈니스로 생각하는 의료 영역이 점점 더 넓어진다고 생각하고 있습니다.

세 번째 변화는 정부의 급여 확대 정책으로 인한 변화를 들 수 있을 것 같습니다. 예전에는 비급여가 많았기 때문에 환자가 병원에서 진료를 받으면 이건 단순히 환자와 의사 간의 계약이었거든요. 그런데 여기에 보험이 개입되면서 정부 기조를 따를 수밖에 없는 문제가 생겨났습니다. 그로 인한 가장 힘든 문제는 서류 작업과 관련 교육을 이수하는 것입니다. 예를 들어 코로나바이러스 백신을 놓기 위해선 적게는 3~4시간에서 많게는 10시간가량 온라인 교육을 들어야 합니다. 거기다 이걸 신청하기 위한 서류 작업은 점점 더 많아지고 있죠. 이런 점들이 저희를 굉장히 힘들게 합니다.

마지막 변화는 의료시장의 변화입니다. 우선 과거에는 의사, 즉 공급자 중심으로 모든 의료 시스템이 진행되었습니다. 그러다 보니 고객인 환자 입장에서 보면 불편하고 부당한 부분이 많았던 것이 사실입니다. 그러나 이제는 의료 영역도 소비자 중심으로 모든 것이 빠르게 바뀌어가고 있습니다. 고객 중심으로 의료시장이 변함에 따라 과거에는 질병의 치료에만 국한되었던 의료 영역이 질병은 아니지만 고객이 불편하거나 개선을 원하는 건강 문제를 해결하고 환자가 아니라 건강한 분들의 건강을 더 잘 유지할 수 있는 쪽으로 빠르게 확대되고 있습니다. 서비스 영역으로 평가받는 의료가 굉장히 강조되는 시대가 된 것이죠.

손병극: 말씀을 들어보니 의사 입장에서 좋은 변화는 많지 않은 것 같습니다.

김영선: 맞습니다. 의사들이 앞으로 이런 변화들이 얼마나 더 심화될 것인지에 대한 두려움이 있습니다. 특히 우리나라는 세계에서 변화가 가장 빠른 나라잖아요. 이번에 코로나19로 인해 원격진료가 어느 정도 허용되었고요. 이런 변화로 인해 가장 큰 피해를 보는 곳은 지방 병원들이에요. 예전에는 귀찮아서 가까운 병원을 이용했는데 이제 큰 병원, 잘하는 병원으로 환자가 모두 몰려가는 문제가 생겼습니다. 거기다 온라인으로 약까지 배송해주면 가까운 병원을 갈 이유가 없어지죠. 이렇게 환경이 급변하고 있다 보니 어떻게 생존할지에 관한 고민이 많아지는 것 같습니다. 지금 인터뷰를 하는 분들은 대체로 자리를 잡은 분들이다 보니 조금 걱정이 적겠지만 새롭게 진입하

는 분들은 정말 어려운 상황이죠.

손병극: 말씀하신 것처럼 상황이 어렵다 보니 매출에 대한 고민이 많아지는 것 같습니다. 매출을 올리기 위해서 어떤 것을 하는 것이 가장 중요하다고 보시는지요?

김영선: 이 질문에 대한 답을 하기 위해서는 우선 진료과목의 특성을 이해하는 것이 중요하다고 봅니다. 제가 진료하는 내과는 주로 노인 환자분들을 많이 보게 되는데요. 이분들은 죽을 때까지 내과를 이용하게 됩니다. 연령대가 높은 분들이 주를 이루기 때문에 입소문이 나는 것이 중요합니다. 대부분의 내과는 반경 100미터, 200미터 안에서 사람들이 찾아오세요. 이분들이 SNS를 열심히 하는 것도 아닐 것이고 마케팅을 할 수 있는 영역도 굉장히 전통적인 영역이 많다고 생각해요. 그럼 우리에게 남은 유일한 방법은 방문하는 분들의 진료 만족도를 높이기 위한 모든 노력을 다하는 것이라고 봅니다. 그러므로 고객에게 알려지기 위한 마케팅을 진행하고 우리 병원을 찾아온 고객이 의료 서비스에 만족감을 느끼도록 하는 것, 이것이 내과에서 매출을 올리는 방법이라고 생각합니다.

손병극: 굉장히 본질적인 영역에 집중하라는 이야기로 들립니다. 물론 말씀하신 것처럼 우리 병원을 방문한 환자들을 만족시키는 것은 기본 중의 기본이 아니겠습니까? 그럼에도 많은 개원의가 그것만으로는 부족하다고 느끼는 것 같습니다. 본인들이 원하는 수준까지 병원이 성장하지 않는다고 느끼는 것 같아요. 왜 이런 차이가 생긴다고 생각하시나요?

김영선: 첫 번째는 장기적인 시각의 부재 때문입니다. 개원의는 필연적으로 장기적인 시각을 가지기가 매우 어렵습니다. 오늘 당장 환자가 언제 올지도 모르는 상황에서 5년 뒤, 10년 뒤를 어떻게 생각하겠어요. 저도 병원 초기에 환자가 오랜 시간 오지 않으면 굉장히 불안한 마음이 생겼던 기억이 있습니다. 하지만 10년 이상 경험하고 보니 개원하고 운영하는 과정은 굉장히 장기적으로 바라보는 것이 맞다는 확신이 있습니다. 내과는 더욱 그러합니다. 결국 내과는 고혈압, 당뇨 등의 질환을 주로 볼 수밖에 없습니다. 그런데 이런 질환은 평생 봐야 하는 만성질환이잖아요. 이분들이 우리 병원 서비스에 만족하면 다른 곳으로 이사 가지 않는 한 계속 이용할 가능성이 큰 거죠. 이걸 전제에 두고 생각해보면, 지금 당장 얼마나 많은 환자가 오는가보다도 우리 병원을 이용한 고객이 얼마나 재진율이 높은지가 훨씬 중요하다는 사실을 알 수 있습니다.

두 번째는 소비자들이 똑똑해졌기 때문입니다. 우리나라 사람들은 대체로 교육 수준이 높고 똑똑해요. 거기다 아는 의사 한 명도 없는 사람이 어딨어요. 게다가 네이버나 유튜브 같은 곳에 보면 각종 의료 정보가 넘쳐나고 있어요. 의료는 본질적으로 경쟁 병원보다 엄청나게 다른, 특별한 것을 제공하기가 거의 불가능합니다. 고객들 입장에서 보면 다양한 병원들이 무차별하게 보일 수밖에 없습니다. 이 책을 주로 읽으실 30대 후반에서 40대 분들은 이런 점에서 분명한 어려움이 존재한다고 생각합니다. 특별한 무언가를 제공할 수 없는 상황에서 이미 자리를 잡은 병원을 넘어서야 하기 때문이죠. 안타깝지만 앞으로도 이런 상황이 지속될 것이라고 보고 있습니다.

손병극: 새로 면허를 딴 의사들이 이런 어려운 상황을 이겨내려면 어떻게 해야 할까요?

김영선: 첫 번째는 새로운 기술이 열리는 시장을 잘 보아야 한다고 생각합니다. 요즘은 메타버스 세상이 열린다고 하잖아요. 잠재고객들과 메타버스를 활용해서 커뮤니케이션을 할 수 있겠죠. 이런 영역은 아무래도 기성세대 의사들이 잘하기 어려운 영역이라고 생각합니다. 특히 어느 정도 자리를 잡은 의사들은 너무 바빠서 새로운 걸 배우기가 어려워요. 내 주력 진료과목에서 새로운 기술이 등장할 때 빠르게 캐치하고 임상에서 적용할 수 있는 에너지가 필요합니다.

두 번째는 해외로 진출해야 한다고 생각합니다. 우리나라에는 가장 뛰어난 인재들이 의사가 되지 않습니까. 저는 이런 점을 적극적으로 활용해야 한다고 봅니다. 특히 고령화 이슈는 우리나라가 압도적이라고 봅니다. 외국에서도 한국이 이렇게 고령화가 빠른데 의료적으로 어떻게 대처하는지 보자는 이야기를 항상 하거든요. 시니어에 대해서 어떻게 관리를 해나갈지, 시니어 헬스케어를 어떻게 구현할지 이런 것들이 국내에서 잘 실험되면 분명히 외국으로 진출할 기회가 열리리라 생각합니다.

손병극: 마지막으로 개원이란 무엇일까요?

김영선: 개원은 비즈니스로의 의료를 시작하는 거죠. 내가 개원을 하기 전에는 의료에 중점을 두면 돼요. 그냥 나와 환자의 관계인 거죠. 나는 의사로서 환자를 치료하면 그것으로 된 거라고요. 하지만 개원의는 개원 이후에 나와 환자의 관계보다 훨씬 넓은 관계를 맺을 수밖에 없어요. 의사로서 환자에 대한 책임감도 느껴야 하고 직원들

과의 관계도 너무 중요해지죠. 지금 저희 병원만 하더라도 50명의 직원을 고용하고 있는데요. 이분들을 보면 제가 굉장한 뿌듯함을 느낍니다. 아무리 힘들어도 제가 열심히 하면 적어도 그분들 가족까지 약 150명 정도의 삶에 기여했다는 생각을 하는 거죠. 또 동업자나 저희 병원과 거래하는 사람들과 관계가 새로 생기게 됩니다. 그분들과 꾸준한 관계를 잘 이어가는 것도 개원 비즈니스의 핵심이라고 봅니다.

삼성동에 위치한 창피부과는 100평 규모에 인테리어가 굉장히 우아한 병원이었다. 병원에는 개원 10주년 기념 다양한 이벤트와 축전 영상이 흘러나오고 있었다. 개원한 지 10년이 지났는데도 인테리어 상태는 매우 깔끔했고 병원 벽면에는 북카페처럼 다양한 책들이 전시되어 있었다. 병원 내부 공간이 정말 예쁘다고 생각했는데 나중에 알고 보니 원장님 사모님께서 디자인을 전공하셨다고 한다. 오후 4시에 병원을 방문했는데 대기실에 환자가 없어서 조금 썰렁한 느낌이 있었다. 그런데 오피스 상권에 위치한 병원이라 그런지 5시부터는 환자가 매우 많아져 대기실이 북적였다. 환자들이 몰려 다소 분주한 상태에서 인터뷰가 진행되었다.

손병극: 『피터 드러커가 살린 의사들』1, 2권이 출간된 지 9년이라는 시간이 지났습니다. 이 시간 동안 창피부과에서 어떤 일들이 있었나요?

김창식: 일단 나이를 많이 먹었네요. 제가 처음 개원했을 때가 30대 후반이었는데 이제 40대 후반이 되었으니까요. 그 시간 동안 창피부과도 어느 정도 자리를 잡았습니다. 가장 큰 변화는 피부과 의사로서 병원 경영자로서 제가 성장했다는 것입니다. 피부과 의사이기 때문에 다양한 피부과 영역의 기술들을 많이 익히게 되었고요. 요즘은 피부과의사회 이사직을 맡고 후배들에게 다양한 강의도 많이 하고 있습니다. 병원 공간은 그대로지만 고객들도 많이 늘어났습니다. 재미있게도 개원 당시에는 20대 후반에서 30대 초반의 환자들이 많았는데 이제

는 이분들이 저와 같이 나이가 들어가는 상황입니다. 그러다 보니 예전과 비교해 항노화 영역에 관심을 가지게 되었고 이것과 관련된 공부를 많이 하고 있습니다.

더욱 큰 변화는 병원 경영자로서의 변화입니다. 『피터 드러커가 살린 의사들』1, 2권을 쓸 때의 저는 정말 아무것도 모르는 상태였다고 생각합니다. 함께 책을 저술한 내로라하는 선배님들에 비해서 저는 막 개원한 의사에 불과했거든요. 책에 나온 내용처럼 수치적으로 경영을 관리하고 하는 것들이 부족했습니다. 하지만 10년 동안 피부과를 경영해오면서 다양한 공부를 하고 노력을 하면서 채웠다고 생각하고 있습니다.

창피부과를 운영하는 동안 병원을 성장시키고 싶었던 시절도 있었고, 이제 어느 정도 자리를 잡고 나니 조금 나태해지면서 다른 데 관심을 가지기도 했는데요. 이제 정말 앞으로 10년의 병원 정체성을 확고하게 해서 더 큰 성장을 바라는 자세를 갖게 되었다는 게 특별하네요. 피부과는 새로운 기술, 새로운 약물, 새로운 기기가 많이 매우 빠르게 발명되는 분야이기 때문에 이런 영역을 선도해가는 병원이 되고 싶습니다.

손병극: 개원을 할지, 학교에 남을지 고민하는 후배들에게 해주고 싶은 이야기가 있으신가요?

김창식: 대학에 남고 싶은 분들은 최선을 다해 노력하는 게 좋다고 생각합니다. 물론 이게 원하는 대로 안 될 때가 있겠지만요. 개원의도 정말 종류가 다양합니다. 제 주변을 보니깐 정말 사업가로서 병원을 운영하는 개원의도 있고, 교수님처럼 병원을 운영하는 개원의

도 있습니다. 개원의가 되면 공통으로 해결해야 하는 문제가 바로 매출입니다. 생존을 위해서 꼭 필요하니까요. 우리가 봉직의로 있을 때는 월급이 나오지만 개원하는 순간부터는 그러지 않죠. 그래서 개원을 한 후부터는 매출을 잘 올리기 위한 다양한 고민을 하는 것이 맞다고 생각합니다. 그리고 이게 본인 핏에 맞아야 하고요.

저는 개원했기 때문에 개원의의 삶에 대해서 조금 더 이야기해보겠습니다. 개원하게 되면 개원의로서 방향을 잘 잡아서 그 방향으로 흔들리지 않고 쑥 가는 게 가장 중요한 것 같습니다. 물론 하다 보면 벽에 부딪힐 때도 있고, 원하는 대로 안 될 때도 있지만 그쪽을 꾸준히 밀고 나가야 합니다. 먹고살 수만 있다면요. 만약 본인이 학술적인 영역에 관심이 있다면 개원을 한 후에도 학술적인 영역을 깊게 파는 것이 좋다고 생각합니다. 당장은 그런 것들이 매출로 이어지지 않을 수 있지만 장기적으로 보면 모두 매출로 이어지거든요. 다만, 매출이든 학술이든 모두 꾸준한 시간을 투여해야만 결과가 나온다고 봅니다.

손병국: 매출 이야기를 하셨는데요. 예나 지금이나 개원의들의 가장 큰 고민일 것으로 생각합니다. 매출을 올리기 위한 원장님만의 노하우가 있을까요?

김창식: 앞에서 이야기했듯이 무엇보다도 중요한 것은 장기적인 시각을 갖는 것입니다. 물론 이 답이 질문한 내용에 대한 적절한 답이 아닐 수 있다는 것을 알고 있습니다. 하지만 우리가 어떤 사업을 하든 단기간에 무언가를 이룩하려고 하지 않잖아요? 그런 것처럼 당장 매출이 잘 나왔다고 좋아할 게 아닙니다. 이런 매출이 항상 유지

되지 않기 때문에 어느 정도 초연해지는 게 좋다고 생각합니다. 어차피 우리가 1, 2년만 병원을 운영하고 그만둘 게 아니잖아요. 그렇다면 장기적인 관점에서 마인드 컨트롤을 해나가는 게 가장 중요한 것 같습니다. 그러다 보면 매출은 따라온다고 생각해요.

만약 지금의 대답이 썩 만족스럽지 않다면 저는 경영 공부를 하는 것을 추천해 드립니다. 병원은 의료 서비스를 판매하는 공간이기 때문에 조직 관리가 잘되는 것이 매우 중요합니다. 의사가 경영 공부를 하지 않으면 조직 관리를 훌륭하게 해내기 어렵다고 봅니다. 그래서 조직 관리를 위한 경영 공부를 꼭 하시기를 추천해 드립니다.

손병국: 원장님께서 생각하는 병원 개원의 미래는 어떤 모습인가요?

김창식: 제 생각에는 다양한 형태의 경쟁력을 가진, 작지만 강한 나 홀로 병원들이 많아질 거라 생각합니다. 병원 규모가 커질수록 비용이 늘어나고, 그만큼 개인이 감당하기에는 리스크가 커질 수밖에 없습니다. 또한 사회가 발전하면서 임대료 등 운영 관련 비용과 물가는 계속 오르고 병원에서 근무하는 근로자의 권익도 따라 커지는 것이 자연스럽죠. 전처럼 병원 분위기만 좋으면 직원들이 오래 있어 주는 것도 아닙니다. 개원의 본인이 이러한 비용을 감당하면서 노무, 세무, 관리, 마케팅까지 철저히 할 수 있는 기업형 병원으로 가기에는 그 변화가 부담스러운 것이 사실이죠.

물론 시스템과 자본력과 경영이 뒷받침되는 경쟁력 있는 병원들은 계속 잘 성장할 겁니다. 그렇지만 신규 개원하는 개인 의원만 따로 떼어내서 생각해보면 과거 대비 큰 규모의 개원이 점점 어려워질 것으로 예상됩니다. 개원의로서 창출할 수 있는 수익률이 계속 떨어질 것이 자명하기 때문입니다.

하지만 규모가 작은 병원은 비용 부담과 조직 관리 면에서 비교적 자유롭다는 장점이 있습니다. 기업형 병원보다 오히려 의료 본질에 더 집중하기가 쉽죠. 진료와 진료 외적인 면에서 본인의 철학과 색깔을 나타내기도 쉽고요. 우리나라나 다른 선진국 사례들을 봐도 작지만 특색 있고 질 높은 식당과 상점이 큰 성장세를 보이는 것과 연결해서 생각해볼 수 있습니다. 제 생각에 이러한 경향은 향후 개원가에도 나타날 것이고 실력을 갖추고 본인의 성향과 장점을 잘 활용한 작은 병원들이 많아질 겁니다. 물론 이런 병원들은 높은 수익을 올릴 것이고요.

개원 시장은 언제나 지금이 가장 치열합니다. 1년 뒤에는 지금보다 더 치열해지겠죠. 이를 부정적으로만 생각할 것은 아닌 것이 유망한 모든 산업에서 공통으로 일어나는 일입니다. 한 개원의의 목표가 병원의 사업적 성장이라면, 벤처기업의 전성시대인 요즈음 혁신적인 경영으로 병원을 성장시키는 것이 매우 의미 있다고 생각합니다. 하지만 갈수록 어려워지는 개원 환경에서 어떻게 살아남을까 고민이 되는 분들이라면 당장 규모의 성장을 목적으로 하기보다는 본인의 전문 분야나 본인의 장기 또는 철학을 살려 작지만 강한 본인만의 병원을 만들어가는 것이 오히려 빠른 길일 수도 있다고 생각합니다.

이호천 원장님의 인터뷰를 위해 미금역 부근 큰 상가에 위치한 리지안안과를 방문하였다. 리지안안과는 빠르게 성장한 병원만이 가진 특색이 있었다. 같은 상가 내에서 상가에 공실이 나올 때마다, 그 공실을 차례로 확보한 느낌이 들었기 때문이다. 본원부터 시작해서 한 층 아래에 위치한 직원 식당까지 돌아보면 얼마나 치열하게 성장해왔는지 기운을 느낄 수 있었다. 점심시간 10분 전 즈음 병원을 방문했는데 여전히 대기실에 환자들이 다음 진료를 기다리고 있었다. 곧 점심시간이어서 직원들이 환자들에게 짜증을 낼 만도 한데 끝까지 친절함을 유지하는 모습에서 훌륭함을 느낄 수 있었다. 인터뷰 전에 직원 식당에서 원장님과 식사를 했는데 1차 의료기관에서 직원 식당을 운영하는 것이 굉장히 신기하게 느껴졌다. 간단히 식사를 마친 후 회의실에서 인터뷰가 진행되었다.

손병국: 『피터 드러커가 살린 의사들』을 저술하신 지 8년이 지났습니다. 8년 동안 어떤 변화가 있었는지 궁금합니다.

이호천: 일단 매출이 2배 가까이 늘었습니다. 매출이 상승한 다양한 이유가 있습니다. 그중 가장 큰 것은 책을 쓰면서 제가 제 일에 대한 자신감이 생겼다는 점이라고 봅니다. 원래는 자신감이 별로 없었어요. 처음 책을 쓰자는 제안을 들었을 때 내가 이런 책을 쓸 자격이 있는지에 대한 고민이 정말 많았거든요. 휘발되는 SNS에 글을 올리는 것과 영원히 남는 내용을 책에 쓰는 것은 너무나도 큰 차이가 있잖아요. 그래서 당시 책을 쓸 때는 매우 큰 부담감을 가지고 책을 썼

던 거 같습니다. 그런데 신기하게도 책을 쓰고 나니 주변 동료들이 저를 훌륭한 사람으로 평가해주고 또 그에 부끄럽지 않게 스스로도 노력을 많이 하게 되더라고요. 이런 흐름이 8년 동안 이어지다 보니 나름대로 병원이 많이 성장할 수 있었던 것 같습니다.

손병극: 병원이 2배나 성장했다니 부럽습니다. 8년간 일어난 병원의 성장에 만족하시나요?

이호천: 감사한 일입니다. 함께 열심히 일해준 동업자들과 직원들 덕분입니다. 그럼에도 아직 갈 길이 멀다고 생각하고 있습니다. 저는 이 병원을 처음 시작할 때부터 서울·경기권 5대 안과병원으로 성장하고자 하는 목표를 가지고 있었습니다. 아직 달성하지 못했죠. 아마 앞으로의 8년은 이 목표를 이루기 위한 노력이 계속 진행되지 않을까 생각합니다.

손병극: 많은 동료 개원의들이 매출 상승에 대한 꿈을 가지고 있을 것 같습니다. 매출을 올리기 위한 원장님만의 방법이 있는지요?

이호천: 피터 드러커가 한 유명한 말이 있죠? 어떤 기업이든 두 가지 본질적인 기능이 있다. 첫 번째는 마케팅이고 두 번째는 혁신이다. 저는 병원장도 마찬가지라고 생각합니다. 우선 마케팅부터 이야기해볼까요? 마케팅은 단순히 광고를 잘하는 것을 의미하지 않습니다. 마케팅은 고객을 설득하는 과정이에요. 고객을 설득해서 고객에게 꼭 필요한 수술을 제시하고, 제가 처방하는 약을 계속 먹게 하는 것 등을 의미합니다. 고객들이 제 지시를 잘 따라오게 하여, 궁극적으로는 그들이 불편함을 느끼던 영역을 해결해주는 것이지요. 개원

시에 가장 중요한 노하우인데 이런 것들은 의과대학에서 가르쳐주지 않습니다. 이런 이유로 많은 의사가 환자와 커뮤니케이션 하는 역량을 갖추기 어려워하는 것 같습니다. 보통 의사들은 진료를 볼 수 있는 시간이 제한되어 있잖아요. 저는 환자들에게 문자를 많이 보내요. 스마트폰에 간단히 저장된 멘트들을 복사·붙여넣기 해서 개인적으로 연락을 드립니다. 또한 직원들과의 관계도 마케팅이라고 생각합니다. 성공한 개원의들을 만나보면 다른 사람들을 내 사람으로 만드는 능력이 있는 것 같아요. 직원들을 내 사람으로 만들어야 그분들이 제 마음을 고객들에게 그대로 전해줄 수 있거든요.

혁신 역시 중요합니다. 저는 혁신이 독한 마음을 갖고 병원을 성장시키기 위해 끊임없이 노력하는 것으로 생각합니다. 대부분 병원이 어느 정도 성장하고 나면 운영에 힘을 빼는 경우가 많습니다. 계속 성장을 하려면 혁신을 지속해서 해내야 하는데 참 괴로운 일이거든요. 저는 운이 좋았던 것이 영등포 김안과병원에서 스태프로 일을 했습니다. 그때 김안과병원을 세우신 김희수 이사장님의 경영관을 배울 수 있었습니다. 병원 오너가 어떤 사람인지에 따라 병원이 얼마나 달라지는지 많이 느낄 수 있었죠. 그런 변화를 직접 눈으로 목격한 경험이 제가 쉬지 않고 열심히 할 수 있는 원동력이 되지 않았을까 생각합니다.

손병극: 원장님께서 말씀하신 오너 의사의 역할이라는 말에 많이 공감됩니다. 그렇다면 오너 의사로서 원장님이 중시하는 오너 의사로서 역할은 어떤 것이 있을까요?

이호천: 저는 오너 의사로서 끊임없이 배의 조타수 역할을 하는

것을 제 경영 철학으로 삼고 있습니다. 배를 타고 바다를 건너고 있다고 생각하면, 바람에 따라서 배가 계속 흔들릴 수밖에 없잖아요. 목표를 정하고, 그 목표를 향해 가기 위한 조타수 역할을 오너 의사가 해야만 한다고 생각합니다. 그런데 조타수 역할을 하려면 끊임없이 배를 움직여야 합니다. 이 과정이 진짜 힘들어요. 병원 외부 상황이 계속 변하기 때문입니다. 오너 원장은 힘들더라도 끝까지 조타를 유지하려는 자세를 가져야 합니다.

손병극: 후배 안과 전문의들에게 해주고 싶은 이야기가 있으신가요?
이호천: 요즘 젊은 후배들을 만나면 저희 세대 의사들과 비교했을 때 굉장히 현실적이라는 인상을 많이 받아요. 저희는 터무니없는 꿈을 이야기하는 경우가 많았거든요. 저희가 가진 비전도 서울 경기권에서 5대 안과가 되자는 건데요. 남들이 보면 웃을 수도 있는 꿈이라 생각합니다. 그래도 그런 터무니없는 꿈이 있다 보니 여기까지 온 것으로 생각해요. 그런데 지금 후배들은 현실적인 문제 때문에 목표를 크게 갖기가 참 어려운 것 같아요.

그런데 "꿈을 크게 가져라!"라는 이야기는 사람에 따라 공허한 이야기입니다. 개인의 성향 차이가 있기 때문이죠. 그래서 저는 후배들에게 두 가지를 보통 이야기합니다. 이 두 가지는 개인의 성향과 관계없이 무조건 도움이 되거든요.

첫 번째는 환자에 대한 진정성입니다. 의사는 당장 진료를 보는 이 순간에 환자에게 최적의 해결책을 제시해줄 수 있어야 합니다. 결국, 의학적인 지식이죠. 끊임없이 공부하는 의사만이 환자에게 최적의 해결책을 제시해줄 수 있습니다. 많은 의사가 학교를 떠난 후에 아주

소홀할 수 있는 영역인데요. 병원을 꾸준히 성장시키기 위해서는 의학적인 지식이 뒷받침되어야 합니다.

두 번째는 비즈니스 마인드를 가져야 합니다. 고객의 이득과 나의 이득이 시너지가 되어야 비즈니스가 이루어지죠. 병원도 비즈니스의 영역이라는 것을 정확히 인지해야 합니다. 개원의라면 고객에게 이득이 되면서 나에게 이득이 되는 그 접점을 찾아내고, 그것을 설득해나가는 과정에 관심을 가져야 하고 또 이것을 실천해내야 합니다. 말로 하면 쉬워 보이지만, 실제로는 굉장히 어렵습니다. 이걸 성공적으로 이뤄내려면 흔들리지 않는 오너 원장의 철학이 있어야 하거든요. 그리고 이 철학은 외부에서 보았을 때도 보편타당해야 합니다. 그래야 함께 일하는 직원들과 병원을 찾아오는 환자들이 인정해줄 수 있잖아요.

손병국: 마지막 질문입니다. 개원이란 무엇일까요?

이호천: 개원은 의사의 운명이라고 생각합니다. 의사 커리어의 종점이죠. 대학병원에서 교수 생활을 하다가 개원하시는 분은 있어도 개원했다가 다시 대학병원으로 가는 경우는 거의 없거든요. 그래서 일단 개원을 하면 그 병원을 정말 소중하게 다루고 잘 성장시켜야 합니다. 약간 성장했다고 병원을 그냥 방치하는 순간, 병원이 망가질 수 있거든요. 앞서 말씀드린 것처럼 병원을 잘 키우기 위해 끊임없이 생각하고 행동으로 옮겨야 합니다.

저는 제 장인어른께서 소아청소년과 전문의셨는데 돌아가시기 두 달 전까지 진료를 보셨습니다. 연세가 78세가 되셨는데도요. 잠시 몸이 안 좋아서 병원 문에 잠깐 휴진한다고 적어두시고는 영원히 휴진하셨거든요. 저는 개원의로서 이런 자세를 가지고 싶습니다. 사실 저도 이제 나이가 점점 더 많아지다 보니 주변에서 "언제까지 진료하려고?"라는 이야기를 많이 합니다. 저는 죽기 전까지 할 생각입니다. 나는 의사고 이게 내 존재 의의인데 그 존재 의의를 실천하고 살아야지요. 어떻게 보면 종교적인 마인드일 수 있습니다. 그런데 이런 마인드가 있어야 성공적으로 병원을 운영할 수 있다고 생각합니다.

손병극: 『피터 드러커가 살린 의사들』1, 2권이 출판된 지 8년이 지났습니다. 출판 후 9년 동안 운영하시는 병원에서 어떤 일이 있었는지 궁금합니다.

김우성: 소아청소년과는 정말 아주 많이 힘들어졌습니다. 누구나 알겠지만 요즘 우리나라의 출산율이 매우 낮아졌지요. 특히 서울 합계 출산율은 0.6명대로 떨어졌다는 기사도 있습니다. 인구 구조의 변화는 거시적인 변화이기 때문에 개별 개원의들이 이에 대응하는 것은 거의 불가능하다고 봅니다. 제가 소아청소년과를 처음 개원했던 20년 전과 비교했을 때 출산율이 거의 2분의 1토막이 났습니다. 이는 소아청소년과 시장이 2분의 1로 줄어들었다는 것을 뜻하지요. 그래서 저희 병원도 전략을 대대적으로 수정해야만 했습니다.

가장 중요한 의사결정은 병원의 확장 전략을 포기했다는 것입니다. 저는 개원을 한 이래로 한 번도 확장을 목표로 두지 않은 적이 없습니다. 그리고 매년 병원이 꾸준히 성장해왔지요. 중국에 시범적으로 개원한 병원도 확장을 염두에 두고 시도한 것입니다. 하지만 시장이 급속도로 줄어들면서 슬프지만 지속적인 확장이 어렵다는 냉혹한 현실을 인식했습니다. 그래서 병원의 규모를 시장에 맞게 조절하는 라이트 사이징right-sizing 전략을 핵심 전략으로 삼았습니다. 과거보다 병원 규모를 줄였으니 다운 사이징down-sizing이라고 이야기할 수도 있겠네요.

손병극: 결국 시장이 감소하고 있으니 그에 맞게 고정비를 줄이는

의사결정을 하신 것이라 생각됩니다.

김우성: 맞습니다. 병원 임대료 감축을 위해 병원 임대 면적을 줄였고 병원에서 일하는 직원 수도 줄여서 운영하고 있습니다.

손병국: 조금 조심스러운 이야기지만, 쉽게 이야기해서 병원이 어려워서 규모를 줄였다는 말로 들리는데 맞을까요?

김우성: 맞는 말입니다. 다만, 중요한 포인트가 하나 빠져 있습니다. 개원의로서 제 이익은 이전과 큰 변화가 없다는 사실입니다. 보통 병원 규모가 줄어들면 개원의의 이익이 줄어들 것으로 생각하는 경우가 많은데 그렇지 않습니다. 현재 저는 줄어드는 시장 속에서 제 이익을 극대화할 수 있는 바람직한 지점을 찾아냈다고 자평하고 있습니다.

손병국: 저출산으로 인한 소아청소년과의 현실이 매우 안타까우면서도 굉장히 흥미로운 접근 방법인 것 같습니다. 말씀하신 적정한 규모는 어떻게 산출하셨는지요?

김우성: 병원을 오랫동안 운영해오다 보면 어느 정도에서 어느 정도의 환자들을 진료할 수 있겠다는 감이 잡힙니다. 일 단위로 보면 변동성이 클 수 있지만 장기적으로 보면 분명한 일관성이 있거든요. 병원 개원 당시부터 의료 경영에 관심이 많았기 때문에 저희 병원은 꾸준히 환자 데이터를 쌓아오고 있습니다. 이런 과거 경영 지표들을 분석해보면 현재 줄어드는 시장에서 어느 정도의 규모가 적정 수준인지 도출해낼 수 있습니다.

손병극: 규모를 줄이겠다는 결정을 실행하기도 어려울 것 같습니다. 특히 기존에 고용하던 인력을 줄이는 것이 매우 어려웠을 것 같은데 어떤 식으로 해결하셨나요?

김우성: 직원들에게 안식년을 부여하는 전략을 쓰고 있습니다. 월 단위 또는 년 단위로 오래 일한 직원들에게 유급 휴가를 부여하는 것이지요. 병원 입장에서는 직원들에게 인건비 전체를 지급하는 것이 아니니 인건비가 절약되는 측면이 있고 직원들 입장에서는 삶에서 여유로운 시간을 부여받을 수 있으니 만족도가 매우 높습니다. 또한 안식년을 간 직원이 없는 동안 병원이 잘 운영돼야 다른 직원들도 안식년을 갈 수 있으니 직원들이 서로 도와가면서 업무 역량을 끌어올리더라고요. 그래서 병원 운영의 효율성도 매우 좋아졌다고 생각합니다.

손병극: 역시 개원의들의 가장 큰 고민은 매출일 것 같습니다. 매출을 올리고자 하는 의사 선생님들에게 해주실 조언이 있으신가요?

김우성: 핵심은 차별화에 있다고 생각합니다. 우리 병원의 의료 서비스의 차별화 포인트를 잘 파악해서 그것에 맞는 전략을 짜야 합니다. 차별화에 성공한 병원은 자연스럽게 환자 수가 늘어나서 규모의 경제를 달성할 수 있습니다. 또한 병원의 진료 권역 또한 자연스럽게 넓어지지요. 물론 의료의 특성상 엄청 특별한 차별화 포인트를 만들어내는 것은 매우 어렵습니다. 하지만 의료 행위 외에 고객 접점에서는 차별화할 수 있는 영역들이 매우 다양합니다. 저희 병원은 아픈 아이가 오는 공간과 예방 접종을 하거나 건강 관리를 하는 아이가 오는 공간을 구분해놓았는데 이것에 대한 만족도가 매우 높습니다.

예방 접종을 하거나 건강 관리를 하는 아이 부모님은 아이가 아픈 아이와 함께 있을 때의 감염 이슈를 늘 걱정할 수밖에 없죠. 하지만 공간을 나누면서 이런 걱정이 사라졌고 이런 특징이 소문이 잘 났던 것 같습니다. 또한 저희 병원에서는 신생아 진료를 잘하기 위해 동물병원에서 강아지들을 치료할 때 쓰는 의자를 신생아용으로 개조하여 사용하고 있습니다. 보통 부모님들이 신생아를 안고 진료를 오면 신생아를 어떻게 돼야 할지 어려워하는 경우가 많거든요. 부모도 서투른데 아이는 목도 잘 못 가누고 있으니 의사에게 아이를 보여주는 것 자체를 어려워합니다. 이를 해결한 것이 동물병원용 진료 의자입니다. 지금 말씀드린 내용이 대단한 것들은 아니지만 저희 병원만의 차별화 포인트를 만들어주었고 이것이 결국 매출로 이어졌다고 생각합니다.

고객의 입장에서 병원 의료 서비스를 바라보면 차별화할 수 있는 포인트가 무조건 생깁니다. 그 포인트를 잘 파악하고 제대로 실행해내는 것이 중요하다고 봅니다.

손병극: 소아청소년과를 전공한 후배들에게 해주고 싶은 이야기가 있으신가요?

김우성: 소아청소년과 개원의는 지극히 지역 밀착형 의료 서비스 상품을 가지고 있습니다. 대표적인 급여과이기도 합니다. 비급여 진료 영역이 거의 없는 셈이죠. 거기다가 출산율이 줄어드는 상황에서 팬데믹이 오면서 정말 생존이 어려워지는 상황이라 볼 수 있습니다. 이런 상황일수록 더 새로운 비급여 상품을 개발하고 기존 상품을 업그레이드하는 것이 중요하다고 생각합니다. 현재까지는 99.9퍼센트

급여 진료를 하면서 많은 수의 환자를 보는 것을 목표로 했다면 이제는 환자 한 명당 올릴 수 있는 수익률을 높이는 방법을 고민해야합니다. 그렇지 않다면 개원의로서 생존하는 것이 거의 불가능해질 것이라 봅니다.

손병국: 김우성 원장님이 생각하는 개원이란 무엇인가요?

김우성: 개원이란 개원의가 자신의 꿈을 이루어나가는 하나의 무대라고 생각합니다. 저는 의사가 개원하는 이유가 여기에 있다고 봅니다. 자기 자신만의 이야기로 무대를 만들고 그 위에 관객인 환자들을 초대하여 나만의 이야기를 들려주는 것이지요. 내 이야기를 해줄 것이 아니라면 굳이 대학병원을 나와서 개원하는 게 의미가 없지 않을까요?

그리고 이 무대를 만들어가는 과정에서 의사 개인이 행복을 느낄 수 있으면 좋겠습니다. 그렇기 때문에 개원 과정에서 내가 꾸고 싶은 꿈을 명확히 하는 것이 매우 중요하고 병원 운영을 위한 의사결정을 할 때 내 꿈이 잘 반영될 수 있도록 노력해야 합니다. 과거 선배들의 모습을 그대로 답습하는 시대는 이미 끝났다는 것을 명심해야 합니다.

손병극: 『피터 드러커가 살린 의사들』1, 2권이 출판된 지 9년의 시간이 지났습니다. 그동안 어떤 일이 있었는지 궁금합니다.

제원우: 먼저 제가 40세에서 49세가 되었습니다. 의사 선생님의 일반적인 커리어를 생각해보면 대체로 40세를 전후해서 개원을 많이 하시고 49세가 되면 지역 내에서 의미 있는 거점 병원으로 자리 잡는 시기죠. 저 역시도 40세 때는 컨설팅 회사 대표로서 병원 경영을 연구하다가 그 틀을 벗어나서 새로운 도전을 하게 되었습니다. 특히 최근 4년간은 휴먼스케이프라는 헬스케어 IT 플랫폼 회사에서 최고전략책임자cso로 근무를 하면서 회사를 시리즈 B 단계까지 키워나가고 있습니다. 그리고 추가로 4권의 책을 더 집필했습니다. 대학병원에 관한 책, 대학병원에서 일하는 교수님에 관한 책, 전 세계의 전략 병원 사례를 연구한 책, 그리고 개원가에서 일하는 의사가 아닌 직원들의 삶을 다룬 책을 썼습니다.

손병극: 상당히 특이한 커리어를 밟아 오신 것 같습니다. 이사님께서 병원 경영 쪽 일을 시작하셔서 10년이나 이 업에 종사하시다가 결국 이 업을 떠나셨잖아요. 업을 떠나신 이유가 무엇인가요?

제원우: 제 입장에서 병원 경영은 30세부터 40세까지 세상 문을 열고 들어가 세상을 경험한 도구였습니다. 그래서 정말 열심히 그 일을 해왔습니다. 그런데 40세 즈음이 되니까 좀 더 넓은 세상을 경험하고 싶다는 생각이 들었어요. 새로운 경험을 하고 싶었던 거죠. 새로운 경험을 하면서 정말 다양한 배움을 얻고 있습니다. 스타트업에

조인해서 회사를 이만큼 키우는 경험을 한 것도 굉장히 소중하고요.

손병국: 다른 일을 하면서도 계속 의료 경영에 관심을 가지신 것 같습니다. 그렇다면 8년 동안 우리나라 1차 의료기관을 경영 관점에서 바라본다면 어떤 변화가 생겼나요?

제원우: 1차 의료기관은 정말 보수적입니다. 다른 산업과 비교해서 보았을 때 굉장히 느리게 변화하죠. 일반적으로 다른 산업들은 느리게 변화하면 생존의 위험을 겪게 됩니다. 그리고 생존의 위험을 이겨내기 위해 산업 내에서 다양한 혁신을 만들게 되죠. 그런데 1차 의료기관은 그럴 필요가 없었던 것 같습니다. 느리게 변화했지만 여전히 개원의들은 너무 잘살고 있었거든요. 그러다 보니 상대적으로 위기의식이 부족했고 8년이 지난 지금도 1차 의료기관을 내부적으로 본다면 과거 대비 큰 변화가 없는 것이 사실입니다.

하지만 외부 환경이 급격히 바뀌면서 지금 새로운 변화들이 생겨나고 있습니다. 의사 수가 늘어나고 환자들의 수준도 같이 올라가 경쟁이 치열해지고 있습니다. 또한 전 사회적으로 정보화에 대한 압력이 거세지고 있죠. 그렇게 외부 환경이 변하다 보니 드디어 1차 의료기관도 비즈니스로 인식되기 시작된 것 같습니다. 드디어 개원의가 병원 경영자로서 포지셔닝하는 움직임이 시작된 것이지요. 정리하면 내부적으로 본다면 큰 변화가 없지만 외부 환경으로 인한 인식 변화가 시작되었다는 점에서 희망적인 변화가 생겼다고 생각합니다.

많은 의사 선생님이 이번 책이 도발적이라 느낄 가능성이 크다고 생각합니다. 하지만 병원을 운영하는 개원의 입장에서 경영과 매출에 신경쓰는 사람 비율이 과거에는 10~20퍼센트 정도였다고 한다면 지금은 60~70퍼센트 정도로 늘었다고 생각합니다. 병원이 비즈니스로 성장해야만 한다고 많은 의사 선생님들이 느끼고 있다고 봅니다.

손병극: 맞습니다. 1980년대 의사면허를 취득한 전 세대 의사들은 보통 20년 정도 병원을 운영하면 자기 병원이 있는 건물을 샀다고 하더라고요. 하지만 지금 이제 막 면허를 취득한 의사들은 그럴 가능성이 거의 전무하다고 봅니다. 모든 의사가 과거 선배들과 유사한 경제적 이익을 얻으려면 훨씬 잘해야 그나마 가능성이 있다고 이야기하는 거죠.

제원우: 이런 현상을 좀 더 경제학적으로 이야기하면 과거 의료산업은 독과점 시장에 가까운 형태였습니다. 독과점에 의한 지대가 충분했던 상태였죠. 하지만 의사 수가 늘어나면서 이미 의료산업은 독점적 경쟁 시장으로 변화된 것 같습니다. 이제 이 시장에 참여한 플레이어들에게 전략이 필요해졌습니다.

손병극: 지속적으로 병원 경영이 중요하다고 이야기해온 것 같습니다. 그런데 저는 경영이 중요하다는 이야기가 의료계에서만 특이하게 나오는 이야기라고 생각합니다. 사실 병원이 아니라 다른 무언가를 할 때 경영이 중요한 것은 너무 당연한 이야기잖아요. 내 사업을 잘 운영해서 매출과 이익을 높이고 시스템으로 경영하는 구조를 만들고 이런 것들은 필수니까요. 그런데 병원은 의료가 이루어지는 공간이라는 점에서 매출과 이익을 높이기 위한 경영을 하는 것이 옳은 것인지에 대한 의문이 존재합니다. 이에 대한 이사님 생각은 어떠

신가요?

제원우: 기존 의사들이 매출 또는 경영 강화에 대한 거부감이나 반대의식에는 분명한 이유가 있어요. 의료 서비스만큼 수요자와 공급자의 정보 비대칭성이 심한 영역이 없거든요. 그렇다 보니 의사 집단은 다른 그 어떤 그룹보다도 윤리에 대한 강박증이 있을 수밖에 없습니다. 서비스 공급자가 수요자를 속일 수 있다는 점 때문에 의료 윤리가 없는 사람이 탐욕을 부리게 되면 사회적 문제가 커지게 되죠.

그런데 매출이나 이익을 높이기 위한 경영을 하면 의료 윤리를 저버려야 한다는 논리는 굉장히 단편적인 생각입니다. 당연히 모든 의료기관은 높은 수준의 의료 윤리를 지키면서 동시에 매출과 이익을 추구해야 합니다. 의료기관 대비 낮은 윤리 수준을 요구하는 일반 기업체들도 ESG(환경, 사회, 지배구조) 경영 같은 것들을 화두로 삼고 있거든요. 교과서적인 진료를 하면서 동시에 매출과 이익을 높이는 경영을 하라는 것이죠. 이번 책의 내용도 이런 연속선상에서 읽히면 좋겠다는 바람입니다.

손병극: 그렇다면 매출을 올리기 위한 경영에서 가장 중요한 것은 무엇이라고 생각하시는지요?

제원우: 먼저 의료 서비스의 본질이 무엇인지에 대해 제대로 정의 내리는 것이 필요합니다. 의료 서비스는 의사의 진단, 의사의 치료 행위, 의사의 손기술 등을 의미하는 것이 아닙니다. 의료 서비스는 '병원을 방문한 환자가 나아지기 위한 모든 과정의 총합'이라고 정의해야 합니다. 의사는 그 과정 전체를 책임지는 한 명의 경영자이자 동시에 일정 부분을 담당하는 전문가인 거죠. 저는 개원의가 이런 인

식을 명확히 가지는 것이 매우 중요하다고 생각합니다.

경영이 잘 안 되는 병원을 보면 의사의 진료 행위 외에 다른 것들을 거의 신경 쓰지 않는 경우가 많아요. 좋은 장비를 새로 장만하는 것도 아니고, 병원 인테리어도 거의 개선하지 않고, 환자들에게 병원을 알리기 위한 마케팅 활동도 하지 않아요. 의사 개인의 의료 능력은 탁월할 수 있지만 환자가 느끼는 의료 서비스는 떨어지는 것이지요. 반면 경영이 잘되는 병원은 환자들에게 더 나은 혜택을 주기 위해 노력합니다. 주로 보는 질환에 대해 더 많이 공부하고, 이용하는 시설을 더 좋게 만들고, 더 좋은 장비를 들여 정밀성을 높이고, 활발히 마케팅해서 병원을 알립니다.

우리는 모두 편한 것을 좋아합니다. 그러다 보니 경영자로서 정체성이 없는 개원의들은 경영을 자기가 해결해야 할 문제가 아니라고 생각하는 경향이 있습니다. 뛰어난 경영자가 되기 위해 투입해야 하는 에너지가 매우 크기 때문에 그냥 포기해버리는 것이지요. 하지만 개원의가 경영자가 되지 못했을 때 사회적으로 발생하는 손실이 얼마나 큰지, 개원의와 함께 일하는 주변 사람들에게 얼마나 큰 어려움을 겪게 하는지 꼭 따져볼 필요가 있습니다.

손병극: 현재 우리나라에 가장 많은 개원 형태는 개원의 한 명에 간호사 2~3명 정도로 소규모가 많다고 봅니다. 이런 작은 규모에서 무슨 경영이냐는 이야기를 하는 분들도 많은 것 같습니다. 이런 의견에 대해서는 어떻게 생각하시나요?

제원우: 저는 개인적으로 이런 병원들을 '나 홀로 병원'이라고 부릅니다. 지금까지는 이런 형태의 병원들이 살아남을 수 있었지만 장

기적으로 본다면 역사의 뒤안길로 사라질 가능성이 크다고 생각합니다. 옛날을 생각해보면 동네별로 구멍가게가 있고, 문구점이 있고, 세탁소도 있고 그랬는데요. 요즘은 서비스들이 고도화되고 전문화되면서 편의점이나 프랜차이즈들이 이 자리를 대체했지요. 이런 변화가 의료계에도 오고 있다고 생각합니다. 동네 구멍가게와 편의점의 가장 큰 차이가 무엇일까요? 시스템 경영입니다. 예전에 특정 통계에서 편의점의 가게 면적당 매출이 일반 구멍가게 매출의 5배 정도가 된다는 이야기를 본 적이 있습니다. 이런 상황에서 경쟁이 가능할까요? 1차 의료기관들도 이런 변화를 인지하고 대응해나가야 합니다.

손병극: 개원의는 정말 힘들 것 같습니다. 일단 하루에 8시간가량 진료를 해야 하고 그 외의 시간에도 경영자로서 에너지를 투입해야 하지 않겠습니까? 경영자가 되는 것이 너무 힘든 길은 아닐는지요?

제원우: 제가 경영자가 되라고 하면 의사 선생님들은 "그럼 쉬지 말고 일만 하라는 말이냐? 그걸 언제 다하느냐" 이런 이야기를 하는 경우가 있습니다. 하지만 시스템 경영을 하라는 것은 쉬지 말고 일만 하는 것과는 정반대를 추구하는 것입니다. 내가 아니라 시스템이 일을 하기 때문에 개인 시간이 점점 더 늘어나도록 만들 수 있습니다. 물론 시스템을 만들어가는 과정에서는 여러 노력이 필요하겠죠. 하지만 장기적으로 본다면 개원의가 좀 더 자유로워질 수 있는 방법이라고 생각합니다.

앞서 나 홀로 병원에 관한 이야기를 했는데 우리나라 의사 개인의 수입 통계를 보면 나 홀로 병원이 가장 높습니다. 의사가 두 명이 된다고 매출이 2배가 되는 것은 아니거든요. 비용을 거의 사용하지 않다 보니 이익이 굉장히 높게 나오는 것이죠. 하지만 나 홀로 병원을 운영하는 의사의 삶의 만족도는 매우 떨어질 수밖에 없습니다. 1년 내내 휴가도 제대로 가지 못하면서 계속 환자를 보는 데 대부분의 시간을 사용해야 하거든요. 이런 상황에서 벗어나야 하지 않겠습니까?

또한 국가 정책 또한 나 홀로 병원보다는 시스템으로 돌아가는 병원을 강력하게 지원할 겁니다. 전문병원 제도만 가지고 보더라도 국가가 개입해서 일정 이상의 투자를 하지 않는 병원은 특정 영역의 진료를 못 하도록 제한하거든요. 건강보험재정의 효율성 측면에서 보더라도 시스템으로 운영되는 병원이 많아져야 재정이 효율적으로 집행된다고 보고 있습니다.

손병극: 경영이 잘되는 병원을 추구하면 추구할수록 다른 병원과의 경쟁이 매우 심해질 것 같습니다. 여전히 의사들은 경쟁이라는 단어에 굉장한 부담감을 느끼고 있는 것 같습니다. 이 점에 대해서는 어떻게 생각하시나요?

제원우: 저는 의료산업이 선진화되면서 환자들이 선택하지 않는 병원들을 밀어내는 과정을 경쟁이라고 생각합니다. 고객의 관점에서 고객이 원하는 의료 서비스를 제공하기 위해 노력하면 당연히 경쟁이 생기겠죠. 그런데 "우리는 경쟁하기 싫으니 아무도 혁신하지 말자"라는 이야기를 하면 누가 봐도 잘못된 생각으로 들리지 않을까요.

손병극: 이번에는 연령대에 따라 개원의들의 고민에 관해서 이야기해보고 싶습니다. 60대 이상의 개원의들은 어떤 고민을 해야 할까요?

제원우: 60대 이상의 개원의들에게 가장 필요한 것은 출구 전략 exit plan입니다. 현재 우리나라 의료법상 병원이 영속성을 가지는 것은 매우 어렵습니다. 의사만 병원을 소유할 수 있기 때문입니다. 하지만 저는 시스템으로 운영되는 병원을 만들었다면 어느 정도 순차적으로 지분을 이양하는 형태로 출구 전략을 수립하는 것이 가능하다고 생각합니다. 나 홀로 병원이라면 출구 전략이 거의 불가능하다고 봅니다. 젊은 의사 입장에서 생각해보면 병원을 이어받기보다는 그냥 옆에 다른 병원을 세우면 되거든요. 병원이 시스템으로 운영되면서 브랜드가 확립되었을 때 부동산 가치 외에 다른 가치들이 병원에 쌓이게 되겠죠.

출구 전략을 실행하기 위해서는 병원을 이어받고 싶은 의사와 이양하고 싶은 의사가 상호 계약을 잘 맺어야 합니다. 젊은 의사가 병원에 합류하여 천천히 병원에 대한 지분율을 늘려가는 방법이지요. 동시에 의사결정권도 처음 계약서를 쓸 때 명확히 정의하여 순차적으로 이전돼야 합니다. 5년 정도 뒤에는 기존 의사의 지분율이 0이 되겠지요.

이런 형태 계약의 장점은 명확합니다. 은퇴를 앞둔 의사는 본인의 인생을 투자해서 만들어온 병원의 영속성을 살리고 또한 경제적인 효익을 얻을 수 있습니다. 반면, 젊은 의사는 적은 리스크로 개원 시장에 뛰어들 수 있다는 장점이 있지요. 앞으로 이런 시장이 분명히 활성화되리라고 생각합니다.

손병극: 40대 후반에서 50대 개원의들은 어떤 생각을 해야 할까요?

제원우: 저는 그 정도 연령대의 의사들은 어느 정도 개인의 부를 창출했다고 전제를 합니다. 개원해서 운영한 지 평균적으로 10년이라는 세월이 지난 시점이거든요. 개원할 때 대출한 금액을 상환하고 개인적으로 부동산을 가지는 등 자리를 잡은 상황이죠. 이분들에게 중요한 것은 재투자입니다. 이제 생존 단계를 넘어섰으니 대형화를 하고 시스템을 만들어야 합니다. 심지어 개원의는 경영에만 집중하고 환자들을 진료하는 것은 봉직의들에게 맡기는 형태를 만들어야 좋습니다. 이 시기에서 10년이 더 지나면 의사로서 진료 경쟁력이 떨어지는 시기가 올 수밖에 없거든요. 그때가 왔을 때도 개원의 개인기로 돌아가는 병원을 운영하고 있으면 불행한 결말을 맞이할 수밖에 없습니다. 그러므로 이 시기 의사 선생님들은 꼭 재투자해서 병원을 대형화하고 시스템으로 운영되도록 해야 합니다.

손병극: 마지막으로 30대 중반에서 40대 초반의 개원의들은 어떻게 해야 할까요? 어떻게 보면 역사상 가장 어려운 시기를 맞이하는 세대이다 보니 고민이 많을 수밖에 없거든요. 실제로 윗세대 의사들보다 돈도 없고 개원할 자리도 많이 없어진 것 같습니다.

제원우: 개원을 안 할 수 있다면 안 하는 것을 추천해 드립니다. 아무래도 외부 환경이 어려워지다 보니 예전과 같은 개원 성공률을 기대하는 것 자체가 많이 어려워졌다고 생각합니다. 하지만 꼭 개원해야 하는 상황에 있는 사람들이 있거든요. 이분들에게는 완벽히 경영자가 되기 위한 공부를 하실 것을 권합니다. 본인을 컨설턴트라고 생

각하고 병원을 개원했을 때 성공하기 위한 사업계획서를 작성하고 이를 외부에 평가받는 겁니다. 좀 더 과감하게 움직인다면 앞서 60 대 이상의 의사들이 운영하는 병원을 찾아가서 역으로 제안을 해볼 수도 있습니다. 내가 돈은 얼마밖에 없지만 이 병원을 위한 사업계획이 있으니 이를 실현해보자는 식으로요. 그래서 그 병원의 지분을 받고 추후에는 완벽히 병원 소유권을 이양받는 형태도 생각해볼 수 있겠죠.

하지만 나만 제공할 수 있는 차별화된 가치가 3개 이상 있지 않는 이상, 경쟁이 치열한 곳에서 개원을 하는 것은 말리고 싶은 것이 솔직한 심정입니다. 봉직의로 일을 하시면서 차별화된 가치를 만들기 위해 노력해야 합니다.

손병극: 제가 30대 의사 선생님들 입장이라면 굉장히 억울할 것 같습니다. 그냥 늦게 태어났을 뿐인데 이렇게 시장이 어려워져 개원하지 말라고 이야기하는 거니까요.

제원우: 선배와 비교하는 시각을 버려야 합니다. 이미 세상이 변해버렸습니다. 예를 들어, 저희 세대 때 삼성물산이 가장 좋은 회사였거든요. 그런데 지금은 완전히 변해버렸죠. 우리는 한 개인으로서 변해가는 시대 속에서 생존하기 위한 노력을 해야 합니다. 선배와 비교하면서 한탄만 하는 것은 어떤 도움도 되지 않습니다.

손병극: 마지막으로 이사님께서 독자분들에게 하고 싶은 이야기가 있을까요?

제원우: 개원을 하셨으면 꼭 성공하셨으면 좋겠습니다. 많은 개원

의가 진지하게 병원을 운영하지 않는 경우가 많은 것 같아요. 우리가 바둑을 둘 때 생각해보면 승리하기 위해 한 수 한 수를 굉장히 많은 고민을 담아서 두잖아요. 병원 경영도 이렇게 했으면 좋겠습니다. 영화 「인터스텔라」에 제가 굉장히 좋아하는 시가 나와요. 영국 시인 딜런 토머스Dylan Thomas가 쓴 「순순히 어두운 밤을 받아들이지 마오Do not go gentle into that good night」라는 시인데요. 브랜드 박사가 우주로 떠나는 단원들에게 들려주는 시죠. 이 시에 보면 끊임없이 분노하라는 이야기가 나와요.

순순히 어두운 밤을 받아들이지 마오
–딜런 토머스

순순히 어두운 밤을 받아들이지 마오
노인이여 날이 저물어감에 열 내고 몸부림쳐야 하오
꺼져가는 빛에 분노하고 또 분노하시오
지혜로운 자들은 마지막에 이르러서야 어둠이 맞다는 것을 알고 있지만
그들의 말로는 번개 하나 가를 수 없으니
순순히 어두운 밤을 받아들이지 마오
선한 자들은 마지막 파도가 지난 후에서야
덧없는 행실들이 푸른 바닷가 위에서 빛났음을 한탄하니
빛이 꺼져감에 분노하고 또 분노하시오
하늘 높이 떠 있는 해를 붙잡고 노래하던 거친 자들은
저물어가는 해를 늦게 깨닫고 슬퍼하니
순순히 어두운 밤을 받아들이지 마오

죽음의 문턱에서 엄숙해진 이들의 눈으로도

그 멀어버린 눈도 유성처럼 불타고 명랑할 수 있음을 깨닫고

빛이 사라짐에 분노하고 또 분노하시오

그리고 그대, 슬픔의 단 위에 선 나의 아버지여

당신의 성난 눈물로 나를 저주하고 축복하길 내가 기도하니

순순히 어두운 밤을 받아들이지 마오

빛이 사라짐에 분노하고 또 분노하시오

(1951년 아버지의 임종 앞에서)

개원의들도 그랬으면 좋겠습니다. 오늘 우리 병원을 찾아온 환자에게 이 정도밖에 의료 서비스를 제공해주지 못했다는 점에 대해서, 우리 병원에서 일하는 직원들에게 이 정도밖에 희망을 보여주지 못했다는 점에 대해서 분노해야 합니다. 우리 병원을 이용하는 환자들에게, 우리 병원에서 함께 일하는 직원들에게 좋은 영향력을 미칠 수 있는 병원 경영자가 되시면 좋겠습니다.

병원 매출 전략

초판 1쇄 발행 2022년 8월 19일
초판 2쇄 발행 2022년 12월 28일

지은이 제원우 김우성 손병극
펴낸이 안현주

기획 류재운 이지혜 **편집** 안선영 **마케팅** 안현영
디자인 표지 최승협 본문 장덕종

펴낸곳 클라우드나인   **출판등록** 2013년 12월 12일(제2013-101호)
주소 우) 03993 서울시 마포구 월드컵북로 4길 82(동교동) 신흥빌딩 3층
전화 02-332-8939 **팩스** 02-6008-8938
이메일 c9book@naver.com

값 19,000원
ISBN 979-11-91334-84-5 03320